Hussein Hamdan

Als Islamberater unterwegs durch Baden-Württemberg

Erfahrungen – Herausforderungen – Orientierungen

Matthias Grünewald Verlag

VERLAGSGRUPPE PATMOS

PATMOS
ESCHBACH
GRÜNEWALD
THORBECKE
SCHWABEN
VER SACRUM

Die Verlagsgruppe
mit Sinn für das Leben

Die Verlagsgruppe Patmos ist sich ihrer Verantwortung gegenüber unserer Umwelt bewusst. Wir folgen dem Prinzip der Nachhaltigkeit und streben den Einklang von wirtschaftlicher Entwicklung, sozialer Sicherheit und Erhaltung unserer natürlichen Lebensgrundlagen an. Näheres zur Nachhaltigkeitsstrategie der Verlagsgruppe Patmos auf unserer Website www.verlagsgruppe-patmos.de/nachhaltig-gut-leben

Bibliografische Information der Deutschen Nationalbibliothek
Die Deutsche Nationalbibliothek verzeichnet diese Publikation in der Deutschen Nationalbibliografie; detaillierte bibliografische Daten sind im Internet über http://dnb.d-nb.de abrufbar.

© 2023 Matthias Grünewald Verlag
Verlagsgruppe Patmos in der Schwabenverlag AG, Ostfildern
www.gruenewaldverlag.de

Umschlaggestaltung: Finken & Bumiller, Stuttgart
Umschlagabbildung: olrat / shutterstock (Moschee) und
Wirestock Creators / shutterstock (Fahne)
Gestaltung, Satz und Repro: Schwabenverlag AG, Ostfildern
Druck: CPI books GmbH, Leck
Hergestellt in Deutschland
ISBN 978-3-7867-3300-3

Inhalt

Für Rami

Vorwort der Projektpartner

In Baden-Württemberg leben über 800.000 Muslim*innen. Sie haben ihren Lebensmittelpunkt zwischen Hohenlohe und Bodensee, in Baden und Württemberg, in urbanen Zentren und ländlichen Gegenden. Selbst im kleinsten Ort findet sich ein Gebetshaus, ein Gräberfeld oder gar eine repräsentative Moschee, denn Muslim*innen sind fest verwurzelt in diesem Land. Das zeigt sich besonders in den Kommunen: Hier entfaltet sich das Leben der Menschen, Nichtmuslim*innen und Muslim*innen gleichermaßen. Hier werden die Menschen geboren, wachsen auf und gründen Familien. Dabei lebt kein Mensch für sich allein im luftleeren Raum. Vielmehr sind in derselben Kommune auch andere Menschen, die dort ebenfalls geboren werden, aufwachsen und Familien gründen, vielleicht Menschen mit ganz anderen Vorstellungen davon, wie das Leben ablaufen soll. Wo aber Menschen zusammenleben, zueinander in Beziehung treten und sich den öffentlichen Raum teilen, entstehen naturgemäß Gemeinsamkeiten, Dynamiken und Konflikte. Das große Plus der Kommunen ist es, dass sie diesen Entwicklungen am nächsten sind. Sie sind vertraut mit den Potenzialen und Bedarfen ihrer Bürger*innen, sie erkennen Konfliktlinien und sich abzeichnende Brüche, idealerweise schon, bevor sie aufbrechen. Die Kommunen sind daher die Orte, an denen am schnellsten und am besten neue Entwicklungen angestoßen werden können und wo auf Konflikte reagiert werden kann und muss.

Hier, auf der Ebene der Kommunen, setzt auch das 2015 gestartete Projekt »Muslime als Partner in Baden-Württemberg – Information, Beratung, Dialog. Gesellschaft gemeinsam gestalten (Islamberatung)« an. Die drei Projektpartnerinnen – die Akademie der Diözese Rottenburg-Stuttgart, die Robert Bosch Stiftung und die Hochschule für öffentliche Verwaltung Kehl – haben sich gemeinsam daran gemacht, die Zusammenarbeit zwischen Kommunalverwaltungen und Muslim*innen zu verbessern. Dabei war das Projekt von Anfang an darauf ausgerichtet, wechselseitige Wissenslücken zu überwinden und Wege zueinander aufzuzeigen: Kommunale Mitarbeitende sollten Beratung zum Islam allgemein und zum Zugang zu den konkret vor Ort vorhandenen islamischen Gemeinden und muslimischen Gruppen erhalten, muslimische Akteur*innen bei der Frage, welche Prozeduren und Strukturen beim Umgang mit Kommunen zu beachten sind. Auf diese Weise sollte ein Dialog ermöglicht werden, der Konflikte nicht zukleistert, sondern zu lösen hilft. Um das zu ermöglichen, wurde die Beratung durch eine professionelle und neutrale Person, den Islamberater Dr. Hussein Hamdan, durchgeführt und sollte so niederschwellig wie möglich zu erhalten sein. Sieben Jahre Förderung durch die Robert Bosch Stiftung zeigen die Wertschätzung, die das Projekt in der Stiftung hat. Mit Abschluss der Förderung im Januar 2022 kann es viele Erfolge vorweisen: In Baden-Württemberg wurden bis dato über 200 Beratungen durchgeführt. Hier war die Nachfrage so groß, dass inzwischen ein Beratungsteam um den ursprünglichen Islamberater gewachsen ist. Einige Fragestellungen aus dem Projekt wurden in das Curriculum der Hochschule Kehl aufgenommen, um künftige Verwaltungskräfte auf ihre Aufgaben in einer vielfältigen Gesellschaft vorzubereiten. Noch in der Laufzeit richtete die Akademie der Diözese Rottenburg-Stuttgart den Fachbereich »Muslime in Deutschland« unter der Leitung von Hussein Hamdan ein – damit haben Akademie und Diözese ein Fundament zur Verstetigung der Projektidee geschaffen. Dazu trägt auch das Land Baden-Württemberg bei, das das Projekt von Anfang an ideell und mit Expertise unterstützt hat und seit 2022 trotz schwieriger Haushaltslage die Islamberatung fördert. Zum Abschluss dieser unvollständigen Auflistung sei gesagt, dass es mittlerweile auch in den Bundesländern Bayern und Nordrhein-Westfalen eine Islamberatung gibt.

Nicht zuletzt ist das vorliegende Buch ein Ausweis dieses Erfolgs. Es zeigt die häufigsten, wichtigsten und auch streitträchtigsten Themen im Umgang zwischen Kommunen und islamischen Gemeinden und muslimischen Gruppen. Anhand von Praxisbeispielen werden die hierfür gefunden Lösungen vorgestellt – aus der persönlichen Erfahrung von Hussein Hamdan. Das Buch schließt damit an die 2020 erschienene Handreichung für das Zusammenleben in der Kommune an, vertieft und entwickelt diese weiter.

Die Projektpartner*innen verbinden mit dem Buch den Wunsch und die Hoffnung, dass es Mitarbeiter*innen von Kommunen, islamischen Gemeinden und muslimischen Gruppen als Inspiration dazu dienen kann, wie die Zusammenarbeit in der Kommune in gegenseitigem Respekt und Verständnis gestaltet werden kann. Nur so lässt sich die Gesellschaft, zu der Muslim*innen selbstverständlich gehören, gemeinsam gestalten.

Prof. Dr. Andreas Pattar
*Hochschule für
öffentliche Verwaltung Kehl*

Volker Nüske
*Senior Projektmanager Einwanderungsgesellschaft
Robert Bosch Stiftung*

Kommunales Grußwort

Beginnend mit der gezielten Anwerbung von Arbeitskräften aus dem ehemaligen Jugoslawien, dem Maghreb und insbesondere der Türkei in den 1950er und 1960er Jahren hat sich in den vergangenen Jahrzehnten ein vielfältiges muslimisches Leben in Deutschland entwickelt. Der Aufbau entsprechender Moscheegemeinden bereits seit den frühen 1970er Jahren erfolgte weitestgehend ohne größeres öffentliches Interesse. Diese fehlende öffentliche Wahrnehmung und Beachtung für die innerhalb der Gemeinden entstehende Binnenstruktur – nicht alleine die religiös-spirituellen und seelsorgerischen Bedürfnisse, sondern eben auch Soziales, Bildung und Kultur betreffend – findet sich ausdrucksstark wieder in dem von nicht-muslimischer Seite eingeführten Begriff der sog. »Hinterhofmoschee«. Anmietung oder Kauf von bezahlbaren Gebäuden für religiöse Nutzung war damals vor allem in Mischgebieten mit Wohnungen und Gewerbebetrieben möglich. Aufgrund der häufigen Ansiedlung in Randgebieten der Stadt wurden die organisatorische Leistung und sozialkohäsive Bedeutung der Moscheegemeinden und der alevitischen Cem-Häuser nicht gewürdigt.

Programmatisch war (und ist) der integrationspolitische Fokus hierzulande ein personenbezogener, zusammengefasst in der Formel des »Förderns und Forderns«. Diesen Ansatz ergänzend wächst die Einsicht, dass erfolgreiche Integration, verstanden als die Schaffung gleicher Teilhabechancen, unbedingt auch die Öffnung und Anpassung der institutionellen Strukturen an die migrationsbedingte Vielfalt erfordere, über die der je individuelle Weg in die Gesellschaft zu bahnen sei. Erst in jüngerer Zeit und ausgehend von den Kommunen, wo Integration de facto gestaltet wird, werden die Bedeutung, der Einfluss und das Potenzial der von den Migrant*innen selbst geschaffenen und getragenen Organisationen für eine gelingende Integration stärker berücksichtigt. Und es wird zunehmend versucht, diese auch systematisch in die kommunalen Integrationsansätze einzubinden.

Muslime mit ihrem hohen Bevölkerungsanteil von aktuell rund 7,4 % in Baden-Württemberg und mit einer ausgeprägten Binnendifferenzierung ihrer Gemeinden werden als wichtige Akteur*innen in der kommunalen Integrationsarbeit betrachtet, weil diese in ihrem Selbstverständnis, fester Teil dieser Gesellschaft zu sein, durch den – für die Gemeinden überaus kostenintensiven und über langjährige Kredite zu finanzierenden – Bau repräsentativer Moscheen diesem Zugehörigkeitsempfinden sichtbaren Ausdruck verleihen möchten. Und weil sie die Stadtgesellschaft im Rahmen ihrer Möglichkeiten mitgestalten wollen. Zugleich sind sich kommunale Politik und Verwaltung vor dem Hintergrund eines insgesamt eher kritischen öffentlichen Islamdiskurses nicht selten unsicher, wie die jeweiligen Gemeinden einzuschätzen sind, da es bislang schlicht an einem (regelmäßigen) direkten Austausch und Kooperationserfahrungen mangelt.

Die steigende kommunale Nachfrage nach dem nunmehr seit acht Jahren von der Akademie der Diözese Rottenburg-Stuttgart gemeinsam mit der Robert Bosch Stiftung und der Hochschule für öffentliche Verwaltung Kehl aufgelegten Projekt »Muslime als Partner in Baden-Württemberg«, das sich als »Islamberatung« etabliert hat, verdeutlicht diesen Bedarf an Information und kommunaler Handlungskompetenz für eine angemessene und tragfähige Zusammenarbeit mit den lokalen Islamgemeinden. Dank einer Anschlussförderung durch das Ministerium für Soziales, Gesundheit und Integration Baden-Württemberg kann diese wichtige Unterstützung für unsere Kommunen weitergeführt werden. Es bleibt der unabhängigen »Islamberatung« zu wünschen, dass sie aus ihrem Projektstatus entwachsen und als ein verlässliches Regelangebot verstetigt werden kann. Denn der Bedarf an Information und Handlungskompetenz besteht zweifelsohne auch seitens der islamischen Gemeinden in der von ihnen zunehmend angestrebten öffentlichen Rolle als kommunale Akteur*innen und Partner*innen bei der Mitgestaltung eines demokratischen, diskriminierungsfreien Zusammenlebens in unserer freiheitlichen, offenen Vielfaltsgesellschaft.

Claus Preißler
Integrationsbeauftragter
der Stadt Mannheim

Gari Pavković
Integrationsbeauftragter
der Landeshauptstadt Stuttgart

Danksagungen

Zum Erfolg der Islamberatung und zum Gelingen dieses Buches haben viele Menschen beigetragen. An erster Stelle danke ich den Partnereinrichtungen – der Robert Bosch Stiftung und der Hochschule für öffentliche Verwaltung Kehl – für die über die Jahre hinweg konstruktive Zusammenarbeit. Für die Förderung und Begleitung des Projekts möchte ich stellvertretend für die Stiftung Ottilie Bälz danken. Ohne diese Förderung hätte die Islamberatung nicht so lange wirken können. Besonders herzlich danke ich Volker Nüske (ebenfalls RBSG) für den stets offenen und ehrlichen Umgang, die vielen Anregungen und das kritische Gegenlesen des Buches. Prof. Dr. Andreas Pattar (Hochschule Kehl) danke ich herzlich für die vielen vertrauensvollen Austauschgespräche sowie die Begleitung der Islamberatung mit fachlichem und juristischem Sachverstand.

Den Mitgliedern des Expertenkreises, die ich hier nicht alle namentlich aufführen kann, danke ich für die kritische Begleitung des Projekts.

Für sein Vertrauen in meine Person und die damit verbundene Entscheidung, mich fest einzustellen, möchte ich Dr. Gebhard Fürst, dem Bischof der Diözese Rottenburg-Stuttgart, herzlich danken. Dieser Dank gilt auch den verantwortlichen Personen in der Diözese, die diese Entscheidung mitgetragen haben. Der Akademiedirektorin, Dr. Verena Wodtke-Werner, die mit Nachdruck an der Etablierung meiner Stelle gearbeitet und die Islamberatung stetig unterstützt hat, danke ich herzlich für dieses Engagement.

Von kommunaler Seite hat die Islamberatung enorm große Unterstützung erfahren. Hierbei könnte ich viele Namen aufzählen. Mein besonderer Dank gilt an dieser Stelle Gari Pavković und seinem Team sowie Claus Preißler, Anne Kathrin Müller und Roswitha Keicher.

Im Laufe des Schreibprozesses haben einige Personen – unter anderem Projektpartner*innen und kommunale Verantwortliche – einzelne Kapitel oder Abschnitte und zum Teil das komplette Buch gelesen und mir damit geholfen, die Darstellung der Themen zu optimieren. Ihnen allen möchte ich von Herzen danken!

Einen herzlichen Dank richte ich an die Personen, die neben mir als Islamberater*innen agieren: Simone Trägner und Karim Saleh sowie meine geschätzte langjährige Kollegin Christina Reich, die entscheidenden Anteil an der Weiterentwicklung der Islamberatung hatte. Sie sind alle ein Glücksfall für das Projekt.

Für die gute Zusammenarbeit danke ich den ehemaligen Mitarbeiterinnen im Projekt, Martina Weishaupt (Assistentin) und Ottilie Bitschnau (wissenschaftliche Assistentin) herzlich.

Abir Rebmann, Assistentin meines Fachbereichs danke ich von Herzen für ihre wunderbare Arbeit und ihre erfrischende Art, die uns allen im Team gut tut.

Tim Florian Siegmund, wissenschaftlicher Assistent im Projekt, kann ich nicht genug danken. Durch seine hervorragende Arbeit hat die Islamberatung in den letzten Jahren an Qualität gewonnen. Er hat mich im gesamten Schreibprozess kritisch und konstruktiv begleitet, Anregungen gemacht und mich in Diskussionen herausgefordert. Lieber Tim, dafür danke ich dir von ganzem Herzen!

Meiner geliebten Frau danke ich herzlich insbesondere dafür, dass sie mich im Sommer 2016 – einer entscheidenden und für mich nicht einfachen Phase im Projekt – ermutigt hat, die Islamberatung nicht aufzugeben und sie stattdessen zu »meinem Projekt« zu machen.

Stuttgart, 29. September 2022
Hussein Hamdan

1. Einleitendes Kapitel

1.1 Warum dieses Buch?

Am 2. Juni 2015 war es endlich soweit: Nach vier Monaten Projektvorbereitung, Vernetzungsarbeit und Werbeaktionen stand die erste Beratung an. Telefonisch beriet ich die Abteilung eines Landratsamts im Südwesten Baden-Württembergs. Es wurde um eine Einschätzung zu einem Sufi-Verein gebeten. In der Anfrage hieß es, dass eine Person aus dem Netzwerk auf das Amt zugekommen sei und angeboten habe, gemeinsam mit anderen aus dem Verein Unterstützungsleistungen für Asylbewerber*innen in einer Gemeinschaftsunterkunft zu leisten. Die Mitarbeiter*innen des Landratsamtes waren sich unsicher, ob diese Gruppe als seriös zu bewerten sei, und baten daher um meine Stellungnahme als Islamberater.

Dieser Sufi-Verein war mir bis dahin kaum bekannt. Das Landratsamt hatte mir den Link zur Homepage des Vereins übermittelt und damit begann die allererste Recherche des Islamberatungsteams. Dabei kontaktierten wir unter anderem Personen aus unserem Netzwerk, die selbst dem mystischen Islam angehören und sich im Umfeld der Sufis in Deutschland auskennen. In die Vorbereitungen auf diese Beratung waren neben mir auch meine Co-Beraterin Christina Reich, die damals als wissenschaftliche Assistentin im Projekt tätig war und akribische Recherchen unternahm, sowie mein Kollege Dr. Christian Ströbele, Leiter des Fachbereichs Interreligiöser Dialog an der Akademie, der die Islamberatung die ersten beiden Jahre begleitete, eingebunden. Wir betrieben also einen großen Aufwand, um diese erste Beratung bestmöglich durchzuführen und die in uns gesetzten Erwartungen zu erfüllen.

Das Beratungsgespräch lief aus meiner Sicht erfolgreich und mein Gegenüber bestätigte mir, dass es ihm weitergeholfen habe. Ich war etwas aufgeregt und mir meiner Rolle noch ein wenig unsicher. An diesem Tag war ich nämlich zum ersten Mal der »Islamberater« – das fühlte sich merkwürdig und wunderbar zugleich an. Mir gingen nach der Beratung viele Fragen durch den Kopf, Fragen nach dem Sinn und Unsinn des Projekts. Und obwohl ich mich schnell an die Rolle des Islamberaters gewöhnte und mir zugegebenermaßen auch darin gefalle, beschäftigen mich solche Fragen – nach all den Jahren Wirken in der Islamberatung – manchmal immer noch. Bald nach der ersten Beratung war aber klar: Solch einen Aufwand sollten wir für eine telefonische Beratung nicht mehr aufbringen. Das war bei den vielen Anfragen und den später hinzugekommenen Aufgaben nicht mehr möglich und durch die Routine, die wir schnell entwickelten, auch nicht mehr notwendig.

In den darauffolgenden Wochen und Monaten schlossen sich weitere Beratungen an. Die Arbeit am Projekt aber begann schon lange vor der ersten Beratung. Ende April 2015 hatten wir in Akademiemanier gemeinsam mit unseren beiden Projektpartner*innen, der Robert Bosch Stiftung und der Hochschule für öffentliche Verwaltung Kehl, in einer Eröffnungsveranstaltung mit rund achtzig Teilnehmenden aus Kommunen, Islam- und Migrant*innenvereinen, kirchlichen Einrichtungen sowie Landesministerien die Projektidee vorgestellt. Bereits auf dieser Tagung war zu spüren, dass das neue Beratungsangebot einen Nerv treffen würde. Relativ bald erreichten uns mehrere spannende Anfragen. In der ersten Phase – vom 1. Februar 2015 bis zum 31. Januar 2017 – des Projekts Islamberatung, dessen vollständiger Name »Muslime als Partner in Baden-Württemberg – Information, Beratung, Dialog« lautet, hatten wir als Ziel die Durchführung von ca. 15 bis 20 Beratungen formuliert. Am Ende waren es über 60 Beratungen. Allerdings hatten alle am Projekt beteiligten Partner*innen zu Beginn noch geglaubt und vielleicht ebenso gehofft, dass wir direkt in Prozesse wie etwa konfliktbehaftete Moscheebauprozesse eingebunden werden, die eine größere öffentliche Aufmerksamkeit erfahren. Ich persönlich verstand schnell, dass – zumindest für den Anfang – auch »kleinere« Beratungen, die eher einen Vermittlungs- und Auskunftscharakter hatten, nötig waren, um erstens Erfahrungen in der Beratungsarbeit zu sammeln und sich zweitens besser in verschiedenen Regionen in Baden-Württemberg zu vernetzen, damit die Islamberatung bekannter werden konnte.

Das Beratungsangebot stellte zu Beginn seiner Laufzeit noch ein Novum dar und existierte exklusiv in Baden-Württemberg. Dass es in kürzester Zeit Anerkennung und öffentliche Aufmerksamkeit gewonnen hat, wird durch die bisher über 200 durchgeführten Beratungen (Stand August 2022) deutlich. Wir genießen in zahlreichen Kommunen großes Vertrauen, werden von einigen Stellen immer wieder zu Beratungsgesprächen eingeladen und können nach wie vor zu unterschiedlichen Themen Hilfestellungen leisten. Einen besonderen Höhepunkt unserer Arbeit bildete die Anfrage des baden-württembergischen Ministerpräsidenten Winfried Kretschmann zur Bildung eines Expertenkreises, der ihn zu aktuellen islambezogenen Fragen berät. Der Ministerpräsident war am Rande einer Veranstaltung im Januar 2017 persönlich auf mich zugekommen und hatte mich darauf angesprochen. Drei Monate später fand das erste Beratungsgespräch im Staatsministerium statt und es sollten über die Jahre noch einige dazukommen. Für mich ist die Leitung dieses Kreises eine der interessantesten Aufgaben, die das Projekt hervorgebracht hat.

Außerdem erfährt die Islamberatung regelmäßig Beachtung in den Medien.[1] Unter anderem beschäftigte sich die ZDF-Sendung »Forum am Freitag« im Mai 2018 in einem Beitrag ausführlich mit dem Projekt.[2] Damals wurde ich als Deutschlands erster Islamberater vorgestellt.

Inzwischen wurden – und das ist besonders erfreulich – ähnliche Angebote in zwei anderen Bundesländern ins Leben gerufen, die von der *Eugen-Biser-Stiftung*[3] (Bayern) sowie *Der Paritätische Nordrhein-Westfalen*[4] getragen werden. Mit beiden Stellen sind wir gut vernetzt und versuchen, uns gegenseitig über die jeweilige Entwicklung auf dem Laufenden zu halten. Mittelfristig ist angedacht, Kooperationen in Form von gemeinsamen Veranstaltungen einzugehen.

Aber warum schreibe ich nun dieses Buch? Und was möchte ich damit erreichen? Die Idee zu diesem Buch entstand gemeinsam mit den beiden Projektpartner*innen. Bereits nach zwei Jahren Projektlaufzeit kamen wir überein, dass zu gegebener Zeit Ergebnisse und Erfahrungen zu Themenschwerpunkten der Islamberatung in schriftlicher Form einem größeren Publikum zugänglich gemacht werden sollten. So entstanden im Laufe der Jahre unserer Beratungstätigkeit einige Artikel, die in diversen Zeitschriften veröffentlicht wurden, und eine Handreichung, die Christina Reich und ich gemeinsam verfassten. Diese im Dezember 2020 online veröffentlichte Handreichung führt Erfahrungen aus der Beratungspraxis zusammen, beschreibt Herausforderungen in ausgewählten Themenfeldern und präsentiert kompakte und alltagstaugliche Handlungsempfehlungen für das Zusammenleben in der Kommune. Es werden darin ausgewählte Islamverbände in die muslimische Landschaft in Deutschland eingeordnet und Hinweise zur Zusammenarbeit mit ihnen gegeben. Darüber hinaus stellt sie vier Themen vor, die für das

16

1 | Siehe dazu ausführlich: https://www.akademie-rs.de/themen/themenuebersicht/aktuell/medienecho-islam-beratung/ [Zugriff: 16.03.2022].
2 | https://www.zdf.de/kultur/forum-am-freitag/forum-am-freitag-vom-11-mai-2018-100.html [Zugriff: 16.03.2022].
3 | https://www.islamberatung-bayern.de/ [Zugriff: 16.03.2022].
4 | https://www.paritaet-nrw.org/soziale-arbeit/projekte/qualifizierung-muslimischer-und-alevitischer-wohlfahrtspflege/ [Zugriff: 16.03.2022].

Zusammenleben vor Ort von besonderer Bedeutung sind: Moscheebau-prozesse, öffentliche Fastenbrechen im Ramadan sowie Fragen von mus-limischer Bestattung und der Pflege muslimischer Patient*innen.[5] In der Einleitung erklären wir, dass die Handreichung als Vorgeschmack auf dieses Buch verstanden werden kann.

Ich möchte also an die Handreichung anknüpfen, versuchen, die dort behandelten Schwerpunkte ausführlicher einzuordnen, und weitere The-men aufgreifen.[6] Dabei werde ich in meiner Funktion als Projektleiter und Hauptberater diverse Themenfelder der Islamberatung auf eine zum Teil persönliche Art und Weise verarbeiten und, wie es in unserer Bera-tungsarbeit Usus ist, konkrete Handlungsempfehlungen formulieren. Dieses Buch ist eine Art Mischung aus einem Sachbuch, das Informa-tionen und Orientierung liefert, und einem persönlichen Erfahrungsbe-richt, in dem meine Beobachtungen und Erfahrungen im Beratungsalltag erzählt werden. Einen ausführlichen Überblick über alle beschriebenen Gruppen und Sachverhalte kann dieses Buch hingegen nicht leisten. An entsprechenden Stellen wird daher auf weiterführende Literatur ver-wiesen.

Für diese Art der Darstellung habe ich mich aus mehreren Gründen entschieden: Ich war von Anfang an hauptverantwortlich für die inhalt-liche Ausrichtung des Projekts und musste neben Fachwissen auch durch mein Auftreten für Vertrauen in unsere Arbeit werben. Beratungsgesprä-che sind nicht zu vergleichen mit Vorträgen, Tagungen oder Seminaren. Es wurde oft in einer kleinen Runde gesprochen und Vertraulichkeit

5 | Die Handreichung ist auf der Akademiehomepage kostenlos verfügbar: Hussein Hamdan – Chris-tina Reich, Handreichung für das Zusammenleben in der Kommune. Islamberatung in Baden-Württemberg, Stuttgart 2020, online unter: https://www.akademie-rs.de/handreichung-fuer-kommunen [Zugriff: 16.03.2022]. Neben der erwähnten Handreichung basiert das vorliegende Buch in Teilen auf folgenden Texten: Hussein Hamdan – Hansjörg Schmid, Junge Muslime als Partner. Ein empiriebasierter Kompass für die praktische Arbeit, Weinheim – Basel 2014; Hus-sein Hamdan, Muslime als Partner. Ein Projekt zur Einordnung von Islamfragen in Kommunen, in: Journal für politische Bildung 7 (3/2017), S. 30–35; Hussein Hamdan, Zusammenleben ge-meinsam gestalten. Islamberatung für Kommunen, in: die:gemeinde (Magazin für Städte und Gemeinden – Organ des Gemeindetages Baden-Württemberg) Januar 2022, S. 42–43, online un-ter: https://www.akademie-rs.de/fileadmin/akademie-rs/redaktion/pdf/Fachbereiche/ISL/2022-01_die_gemeinde_Islamberatung.pdf [Zugriff: 16.09.2022]; Hussein Hamdan, Die ›Islamberatung‹ in Baden-Württemberg in Zeiten der Corona-Pandemie, in: Mahmoud Abdal-lah et al. (Hg.), Religiöse Institutionen in Krisenzeiten zwischen Tradition und Transformation (Theologie des Zusammenlebens, Bd. 5), Ostfildern, im Erscheinen.

6 | Das Thema Pflege muslimischer Patient*innen ist nicht Gegenstand dieses Buches. Als Einfüh-rung dazu siehe die Handreichung: Hussein Hamdan – Christina Reich, Handreichung für das Zusammenleben in der Kommune. Islamberatung in Baden-Württemberg, Stuttgart 2020, on-line unter: https://www.akademie-rs.de/handreichung-fuer-kommunen [Zugriff: 16.03.2022], S. 29–34.

vereinbart. Dafür musste ich – und das hatte ich nach kurzer Zeit verstanden – die Islamberatung auf meine Weise durchführen, denn ich war im Feld tätig und damit auch das Gesicht dieses Projekts. Dabei war und ist es mir ein Anliegen, den Menschen authentisch zu begegnen und an vielen Stellen auch nahbar zu sein. Es gehörte aber auch dazu – und das ist etwas, das ich gerne mache –»Klartext zu sprechen«. Wie mir immer wieder rückgemeldet wurde, trug dieses Auftreten entscheidend dazu bei, dass beratene Stellen uns ihr Vertrauen schenkten und sich mehrfach von uns beraten ließen oder auch unsere Veranstaltungen besuchten. Allerdings machte ich mir durch diese Art der Kommunikation – und insbesondere durch mein kritisches Hinterfragen bei Veranstaltungen – nicht überall nur Freund*innen. Außerdem möchte ich klar

herausstellen, dass es sich bei den im Buch beschriebenen Einschätzungen meist um meine eigenen handelt und nicht zwangsläufig auch die aller weiteren in die Islamberatung involvierten Personen und Einrichtungen oder der Akademie insgesamt. Zu guter Letzt möchte ich einen Einblick in meinen Arbeitsalltag gewähren, damit einige Aspekte verständlicher werden. In den letzten Jahren war ich viel in Baden-Württemberg unterwegs und habe unzählige Beobachtungen und Erfahrungen gemacht. Es ist mir wichtig zu betonen, wie entscheidend dies für meine Arbeit ist und dass ein Großteil der Reflexionen in diesem Buch darauf basiert. Ich habe zahlreiche Menschen kennengelernt und mich mit ihnen ausgetauscht. Erkenntnisse aus diesen Gesprächen fließen in Beratungen sowie auch dieses Buch ein.

An dieser Stelle sei jedoch auch erwähnt, dass die Islamberatung sehr diskret mit den Beratungsgesprächen umgeht. In der Öffentlichkeit werden beratene Kommunen und andere Stellen in der Regel von uns nicht genannt. Den beratenen Stellen wird garantiert, dass Inhalte aus den Beratungen nur anonymisiert in Texten, Vorträgen und bei weiteren Gelegenheiten wiedergegeben werden. Manche Kommunen haben allerdings öffentlich gemacht, dass sie unsere Beratung in Anspruch genommen haben; zum Teil haben lokale Medien darüber berichtet. In solchen Fällen können wir diese Beratungen als Beispiel heranziehen und uns öffentlich dazu äußern. Im Buch wird nur vereinzelt von der Nennung beratener Kommunen oder Stellen Gebrauch gemacht. Dies ist mit den entsprechenden Verantwortlichen abgesprochen. Personen, die namentlich erwähnt werden oder durch die genannte Position erkennbar sind, gaben uns vor der Veröffentlichung des Buches dafür ihr Einverständnis.

Dieses Buch richtet sich an alle Zielgruppen des Projekts und dabei vor allem an kommunale Stellen sowie an alle an Themen und Fragen rund um muslimisches Leben in Baden-Württembergs Kommunen interessierte Personen. Ich hoffe sehr, dass meine Ausführungen für sie und weitere Interessierte bei der Arbeit in der Praxis hilfreich sein können.

1.2 Was ist die Islamberatung?

Die Islamberatung in Baden-Württemberg steht in der Tradition der Projekt- und Tagungsreihe »Gesellschaft gemeinsam gestalten« (GGG), die seit 2006 einen festen Bestandteil der Angebote an der Akademie der Diözese Rottenburg-Stuttgart bildet. Darin werden Strukturen von islamischen Vereinigungen in Baden-Württemberg untersucht und der Dialog mit muslimischen Verbänden und Akteur*innen im gesellschafts-politischen Bereich geführt. Im Rahmen dieser Reihe wurden zwei Forschungsprojekte – »Islamische Vereinigungen als Partner« (2006–2008) und »Junge Muslime als Partner« (2012–2014) – durchgeführt und die Ergebnisse in Publikationen veröffentlicht.[7] Daran anknüpfend wurden diese Erkenntnisse und verwandte Themen in Tagungsreihen vertieft diskutiert.[8]

Die Idee zur Islamberatung kam während der Projektlaufzeit von »Junge Muslime als Partner«. Wir wurden damals von einigen kommunalen Stellen zur Einordnung verschiedener Themen im Zusammenhang der islamischen Jugendverbandsarbeit angefragt. Die Robert Bosch Stiftung hatte zu dieser Zeit einen Förderschwerpunkt auf Projekte von jungen Muslim*innen gesetzt und sah sich mit ähnlichen Fragen konfrontiert. So entstand in der Stiftung die Idee, Kommunen sowie muslimischen Akteur*innen mit einer neutralen Beratungsstelle Hilfestellungen zu diesen Themenbereichen anzubieten. Diese Idee mündete dann schließlich in das Projekt »Muslime als Partner in Baden-Württemberg –

7 | Siehe dazu: Hansjörg Schmid – Ayşe Almıla Akca – Klaus Barwig, Gesellschaft gemeinsam gestalten. Islamische Vereinigungen als Partner in Baden-Württemberg, Baden-Baden 2008. (Das Buch ist bereits vergriffen, steht aber als Online-Publikation zur Verfügung: http://www. akademie-rs.de/fileadmin/user_upload/image_archive/buecher/pdf/20120229gesellschaftge meinsamgestalten.pdf [Zugriff: 16.03.2022]) und Hussein Hamdan – Hansjörg Schmid, Junge Muslime als Partner. Ein empiriebasierter Kompass für die praktische Arbeit, Weinheim – Basel 2014.

8 | Für Dokumentationen und Berichte zu den Tagungen der Reihe Junge Muslime als Partner siehe: https://www.akademie-rs.de/themen/themenuebersicht/aktuell/junge-muslime-als-partner [Zugriff: 16.03.2022].

Information, Beratung, Dialog«, das schon bald unter dem Begriff Islamberatung bekannt war.

Etwas allgemeiner betrachtet entsteht das Projekt vor dem folgendem Hintergrund: In Baden-Württemberg leben über 11 Millionen Menschen. Davon sind rund 800.000 muslimischen Glaubens.[9] Ihre Einbeziehung in kommunale Handlungsfelder ist aber noch längst keine Selbstverständlichkeit. Vielmehr stellen sich sowohl vonseiten kommunaler Einrichtungen wie auch vonseiten muslimischer Organisationen zahlreiche Fragen mit Blick auf die Gestaltung des gemeinsamen Zusammenlebens: Wo und mit welchen Akteur*innen ist eine Zusammenarbeit möglich? Wie kann diese gestaltet werden? Welche gemeinsamen Ziele gibt es, welche Potentiale können gestärkt werden und wie können mögliche Barrieren oder Vorbehalte überwunden werden?

Der kurz umrissene Beratungsbedarf zu diesen Themen vor allem bei kommunalen Einrichtungen erfordert ein überwiegend auf Einzelfälle zugeschnittenes Angebot, da sich die Situation im jeweiligen kommunalen Kontext sehr unterschiedlich darstellen kann. Mit einem fachkundigen Team von Berater*innen stellt die Islamberatung daher – vorwiegend für Kommunen – Expertise zur Verfügung. Das Angebot vermittelt Informationen und begleitet an manchen Stellen in Konflikt- bzw. Dialogprozessen, um zum Gelingen von Kommunikation und zur Stärkung von Kompetenzen auf lokaler Ebene beizutragen.

Das Projekt verfolgt drei Hauptziele:

- **Stärkung Islam-bezogener Kompetenzen in Kommunen**
  Die Vielfältigkeit islamischer Vereinigungen stellt für Kommunen eine

---

9 | Zur Zahl der Muslim*innen in Baden-Württemberg siehe: Werner Brachat-Schwarz, Wie viele Musliminnen und Muslime leben in Baden-Württemberg. Ansatz und Ergebnisse einer Schätzung zur muslimischen Bevölkerung im Südwesten, in: Statistisches Monatsheft Baden-Württemberg 4/2020, S. 3–10, online unter: https://www.statistik-bw.de/Service/Veroeff/Monatshefte/PDF/Beitrag20_04_01.pdf [Zugriff: 22.08.2022]. Für aktuelle Zahlen zur muslimischen Bevölkerung in Deutschland siehe: Katrin Pfündel – Anja Stichs – Kerstin Tanis, Muslimisches Leben in Deutschland 2020. Studie im Auftrag der Deutschen Islam Konferenz, Nürnberg 2021, S. 30–55, online unter: https://www.bamf.de/SharedDocs/Anlagen/DE/Forschung/Forschungsberichte/fb38-muslimisches-leben.html [Zugriff: 22.08.2022]. Die Methodik zur Bestimmung der Zahl von Muslim*innen in Deutschland wurde in den letzten Jahren wiederholt kritisch bewertet. Unter anderem äußerte sich der Religionswissenschaftler Michael Blume mehrfach zu dieser Problematik. Siehe dazu z. B.: Michael Blume, Deutsche Muslime zwischen Säkularisierung und Radikalisierung – Die Mär vom starken Islam, in: Herder Korrespondenz 72 (9/2018), S. 19–22, online unter: https://www.herder.de/hk/hefte/archiv/2018/9-2018/die-maer-vom-starken-islam-deutsche-muslime-zwischen-saekularisierung-und-radikalisierung/ [Zugriff: 16.09.2022].

große Herausforderung dar, auf die sie oft nicht ausreichend vorbereitet sind. Mittels des Beratungsangebots sollen kommunale Akteur*innen gestärkt werden, damit sie zu begründeten Entscheidungen gelangen und diese innerhalb der kommunalen Gremien und Organe sowie nach außen vertreten können.

- **Einbindung islamischer Akteur*innen in kommunale Kommunikationsprozesse**
  Das Beratungsangebot soll islamischen Vereinigungen den Zugang zu kommunalen Handlungsfeldern erleichtern. Durch die Beratung sollen Kommunen in Prozessen der Einbindung islamischer Vereinigungen etwa in kulturelle, soziale und bildungsbezogene Aktivitäten unterstützt werden.

- **Klärung typischer Konfliktfälle in Bezug auf das Zusammenleben mit Muslim*innen**
  Das Beratungsangebot soll zu einer konstruktiven Klärung von Konflikten beitragen und die daraus gewonnenen Erkenntnisse einem breiteren Kreis von Interessent*innen zugänglich machen.

Es ist wichtig zu betonen, dass wir keine fertigen Lösungen anbieten, sondern Handlungsempfehlungen formulieren, damit die beratenen Stellen ihre eigenen Lösungen finden und über das weitere Vorgehen selbst entscheiden. Wir werben zwar für den Dialog, denn miteinander zu sprechen ist in der Regel immer besser, als es nicht zu tun. In manchen Fällen kamen wir allerdings mit den beratenen Stellen überein, dass eine Dialogpause erforderlich war, wenn sich Beteiligte etwa nicht an Absprachen oder an Konventionen hielten. Wir versuchen stets neutral zu beraten, hinterfragen dabei viele Annahmen kritisch, sprechen manchmal auch Unangenehmes aus und müssen – ob es anderen gefällt oder nicht – fair in unseren Bewertungen bleiben. Unser Ansatz ist es, konkreten Fragestellungen nachzugehen und die Situation in der jeweiligen Kommune zu berücksichtigen.

Beratungsadressat*innen

Das Beratungsangebot richtet sich an Kommunen und in der Kommunalpolitik verortete Akteur*innen sowie muslimische Vereinigungen in Baden-Württemberg, darunter:

- Gemeinden, Städte und Landkreise
- Jugendämter und Jugendverbände
- Kommunal getragene stationäre Einrichtungen, z. B. Alters- und Pflegeheime
- Kindertagesstätten
- Stellen für soziale Dienste und Beratungsstellen
- Muslimische Verbände und Organisationen, z. B. Jugendgruppen
- Moscheegemeinden
- Kirchliche Träger
- Landeseinrichtungen

Themenfelder

Auf kommunaler Ebene gibt es Interaktionen mit islamischen Vereinigungen und Muslim*innen in unterschiedlichen Themenfeldern. Die Islamberatung umfasst hauptsächlich folgende Schwerpunkte:

- Fragen der Einbindung und Anerkennung islamischer Gruppierungen und Organisationen
- Moscheebau
- Islamische Gräberfelder
- Einbindung von muslimischen Akteur*innen in kommunale Handlungsfelder, z. B. in kulturelle, soziale, bildungsbezogene Aktivitäten
- Kooperationen zwischen kommunalen oder kirchlichen Einrichtungen und muslimischen Akteur*innen, z. B. in Gremien und Arbeitskreisen, Dialogprojekten und -kooperationen
- Jugendarbeit
- Umgang mit muslimischen Kindern in kommunal getragenen Einrichtungen
- Seelsorge und Umgang mit pflegebedürftigen Personen, Menschen mit Behinderung und Kranken
- Umgang mit muslimischen Geflüchteten

Im Hinblick auf die Beratungsanfragen versucht das Projekt in der Regel offen und flexibel zu sein und hat sich im Laufe der Zeit weiterentwickelt. Beispielsweise wurden im Bereich der Arbeit mit Geflüchteten Fragen zur islamischen Alltagspraxis oder zu Geschlechterrollen an uns herangetragen. Bei Anfragen, die thematisch nicht in unsere Aufgabenfelder fallen, waren wir bemüht auf andere (Beratungs-)Stellen hinzuweisen. So wurden wir z. B. mehrmals kontaktiert, als es um anscheinend radikalisierte junge Menschen an Schulen und anderen Orten ging. Solche Anfragen gehören nicht in unseren Beratungsbereich. Durch unser breites Netzwerk konnten wir aber meist auf Personen oder Einrichtungen verweisen, die für diese Felder zuständig sind und die notwendige Expertise haben.

Begleitende Projektveranstaltungen

Seit Beginn der Islamberatung sind projektbegleitende Veranstaltungen ein wichtiger Bestandteil des Projekts. Wie bereits erwähnt, wurde im April 2015 in einer Eröffnungsveranstaltung die Projektidee einem größeren Publikum vorgestellt. Im Herbst 2016 veranstalteten wir zum Abschluss der ersten Projektphase die Tagung »Muslime als Partner in Baden-Württemberg. Islamberatung im kommunalen Kontext: Einblicke und Zwischenbilanz«, auf der Beratungsschwerpunkte auf Podien und in Arbeitsgruppen diskutiert und die Fortführung der Islamberatung verkündet wurden.

Seit 2017 besteht die Tradition einer Jahrestagung, die im Herbst stattfindet. Darin werden aktuelle und zentrale Themenschwerpunkte der Beratungen aufgegriffen und in einer eintägigen Veranstaltung mit Expert*innen diskutiert. Die Tagungen richten sich an ein Fachpublikum aus Kommunen, Kirchen, Zivilgesellschaft und muslimischen Institutionen und dienen deren Erfahrungsaustausch und Vernetzung. Zudem wird über inhaltliche, organisatorische sowie personelle Entwicklungen der Islamberatung berichtet.

Die bisherigen Jahrestagungen beschäftigten sich mit folgenden Themenschwerpunkten[10]:

- 2017: Engagement in der Flüchtlingsarbeit mit und für Muslime
- 2018: Muslimisches Leben in der Kommune
- 2019: Moscheen und Moscheebaukonflikte in Baden-Württemberg
- 2020: Die Islamberatung in Baden-Württemberg – Status Quo
- 2021: Die Rolle der Frauen in Islamgemeinden

Diese Tagungen waren allesamt gut besucht und sind vor allem für Integrationsbeauftragte eine gute Gelegenheit, sich mit dem jeweiligen Thema vertieft zu beschäftigen und mit uns in den Austausch zu kom-

---

10 | Zu den Veranstaltungs-Dokumentationen und weiteren Informationen zu den Jahrestagungen siehe: https://www.akademie-rs.de/themen/themenuebersicht/aktuell/moscheen-und-moscheebaukonflikte [Zugriff: 16.03.2022].

men. Zu erwähnen ist an dieser Stelle noch, dass wir auf Wunsch der Robert Bosch Stiftung versucht haben, dabei den Transfer der Islamberatung in andere Bundesländer zu unterstützen. Wir organisierten eine Qualifizierungstagung für Einrichtungen aus anderen Bundesländern, die Interesse am Aufbau eines ähnlichen Projekts hatten. Sie fand am 13./14. Februar 2020 in unserem Tagungshaus in Stuttgart-Hohenheim statt. Leider erhielt dieses aufwendig vorbereitete und gemeinsam mit der Robert Bosch Stiftung breit beworbene Programm jedoch nur wenig Resonanz.

Bisherige Entwicklung

Seit dem Projektbeginn im Februar 2015 hat sich die Islamberatung sehr erfolgreich entwickelt und das Angebot wird auch nach über 200 durchgeführten Beratungen weiterhin stark nachgefragt. Der Erfolg der Islamberatung spiegelt sich zudem in ihrem Wachstum wider: Nach der 100. Beratung im Jahr 2018 wurde ein Beratungsteam geschaffen. Bereits 2016 hatten wir uns die Frage gestellt, wie man der großen Nachfrage nach Beratungen gerecht werden könnte. Die drei Projektpartner*innen vereinbarten, dass ich Verstärkung bekommen sollte, und baten mich um die Bildung eines Teams aus Berater*innen. Meine Kollegin Christina Reich – im interreligiösen Dialog geschulte katholische Theologin – ist seit September 2018 als Fachbereichsleiterin an der Akademie tätig und fungiert als meine Co-Beraterin. Sie hatte das Projekt von Anfang an begleitet und konnte so ohne großen Vorlauf in die Rolle der Beraterin schlüpfen. Zudem gelang es uns, mit Simone Trägner und Karim Saleh zwei Islamwissenschaftler*innen als externe Berater*innen zu gewinnen, die diese Aufgabe exzellent ausfüllen. Während sich durch Simone Trägner – wissenschaftliche Mitarbeiterin und Doktorandin am Zentrum für Islamische Theologie an der Universität Tübingen – z. B. der Themenschwerpunkt Gender ausbauen ließ, war Karim Saleh insbesondere eine Verstärkung im Bereich der Einordung islamischer Gruppen. Außerhalb der Islamberatung war er zunächst Leiter des Projekts »turuq – *Prävention durch Bildung*« bei der Aktion Dritte Welt e. V. (iz3w) und ist inzwischen Fachreferent an der Fachstelle Extremismusdistanzierung im Demokratiezentrum Baden-Württemberg. Beide lernten in einer kurzen Ausbildungszeit die strategische Ausrichtung des Projekts kennen und eigneten sich Methoden an, wie sie die grundlegende Haltung zu den Schwerpunktthemen vermitteln. Außerdem begleiteten sie mich zu einigen

Terminen. Anschließend übernahmen sie selbst Beratungen. Als Team waren wir nun flexibler und konnten unser Themenrepertoire erweitern. Manche Beratungen führen wir inzwischen auch im Tandem durch, z. B. wenn die an uns herangetragenen Fragestellungen verschiedene Schwerpunkte beinhalten. Für mich persönlich war diese Teambildung zunächst etwas gewöhnungsbedürftig. Ich tat mich anfangs mit der »Ausbildung« von anderen Personen zu Islamberater*innen schwer, deren Beratungen ja auch von mir koordiniert und mit vorbereitet werden mussten. Allerdings merkte ich bald schon, wie entlastend es war, nicht mehr allein beraten zu müssen, denn im Jahr 2018 sollten sich entscheidende Entwicklungen ergeben.

Anfang 2017 hatte ich neben der Islamberatung ein zusätzliches Projekt übernommen. »Islam im Plural« ist ein Qualifikationsangebot für einen differenzierten Umgang mit dem Islam und seinen Richtungen für kirchliche und kommunale Mitarbeitende sowie Ehrenamtliche in der Geflüchtetenarbeit, das im Auftrag von Dr. Gebhard Fürst, dem Bischof der Diözese Rottenburg-Stuttgart, an der Akademie entwickelt wurde. Durch den vermehrten Zuzug von muslimischen Geflüchteten war der Bedarf nach Informationen zum Glauben der Muslim*innen größer und dringender denn je geworden. Gemeinsam mit Stellen der Erwachsenenbildung der Diözese wurde diese zweieinhalbtägige Fortbildung bestehend aus fünf Themenmodulen und dem Besuch einer Moschee in den Jahren 2017 und 2018 jeweils acht Mal angeboten und fand großen Zuspruch.[11] Es war eine wertvolle Ergänzung zur Islamberatung, denn viele Personen aus Kommunen und den beratenen Stellen insgesamt nahmen dieses Angebot wahr. Durch »Islam im Plural« wurde die Islamberatung wiederum bekannter und uns erreichten Beratungsanfragen von Teilnehmenden der Fortbildungen.

Der Erfolg dieser beiden Projekte sollte schließlich zu einem Schritt führen, der bis dahin eigentlich ausgeschlossen war. Bischof Fürst entschied, mich fest einzustellen. In Gesprächen mit der Akademiedirektorin Dr. Verena Wodtke-Werner ist diese Entscheidung gefällt worden. Eine solche Entfristung stand seit Beginn meiner Tätigkeit an der Akademie im Juni 2012 aufgrund des fehlenden Bekenntnisses zum Katholizismus nie zur Debatte, auch wenn die Akademiedirektorin mir bereits 2014 signalisierte, dass sie sich das vorstellen könne und wünschen

11 | Für weitere Information zu diesem Qualifikationsangebot siehe: https://www.akademie-rs.de/projekte/islam-im-plural [Zugriff: 17.03.2022].

würde. Ich selbst war daher sehr überrascht, aber natürlich auch glücklich über diese Entscheidung. Vor allem als Bischof Fürst mir erklärte, dass er diese Entscheidung getroffen habe, weil er mich und meine Arbeit sehr schätze, war ich dankbar, zufrieden und stolz. Denn – auch wenn es in der Öffentlichkeit gerne mal so interpretiert wird – ich war nicht der Quotenmuslim. Und diese Rolle hätte ich auch nicht ausfüllen wollen.

An der Akademie wurde schließlich zum 1. Januar 2019 der Fachbereich »Muslime in Deutschland« unter meiner Leitung etabliert. Die Islamberatung sollte ein Schwerpunkt meiner Tätigkeit bleiben und nimmt heute noch etwa 30 % meiner Arbeitskapazität in Anspruch. Damit war der Weg für eine langfristige Weiterführung des Projekts geebnet. Zum Team der Islamberatung gehören noch die Assistenz des Fachbereichs und eine wissenschaftliche Assistenz, ohne die die Islamberatung kaum in diesem Umfang realisierbar wäre. Denn die wissenschaftliche Assistenz führt unter anderem Recherchen zu den Beratungen durch, um die Umstände in der anfragenden Kommune zu analysieren und aktuelle Informationen zum Themenbereich zusammenzutragen. Darüber hinaus übernimmt die wissenschaftliche Assistenz die Nachbereitung und wissenschaftliche Auswertung der durchgeführten Beratungen. Außerdem ist sie bei der inhaltlichen Vorbereitung und organisatorischen Durchführung der projektbegleitenden Veranstaltungen maßgeblich beteiligt und leistet insgesamt einen entscheidenden Beitrag zum Gelingen der Islamberatung. Diese Stelle genauso wie die Honorare der externen Berater*innen können nicht von der Akademie bzw. der Diözese übernommen werden. Daher benötigt die Islamberatung dauerhaft Drittmittel, um den Kommunen und anderen Stellen weiterhin kostenlos zur Verfügung zu stehen. Dass die Beratungen kostenlos für die Kommunen und andere Stellen angeboten werden können, ist eine große Stärke des Projekts und hat maßgeblich zu seinem Gelingen beigetragen. Eine Finanzierung zu finden, die uns die Möglichkeit gibt, dauerhaft oder zumindest für einige Jahre zu planen, scheint aktuell jedoch leider nicht realistisch.

Die Projektpartner*innen

Paritätische Partner*innen des Projekts sind bzw. waren die Hochschule für öffentliche Verwaltung Kehl und die Robert Bosch Stiftung. Gemeinsam mit beiden Einrichtungen diskutierten wir die Inhalte der Beratungen, die gesamtstrategische Ausrichtung, wie etwa die Öffentlichkeitsarbeit des Projekts und seine Etablierung, und führten die Jahrestagung der Islamberatung durch.

Robert Bosch Stiftung
Die Robert Bosch Stiftung ist seit vielen Jahren eine wichtige Partnerin der Akademie, besonders in Fragen des Zusammenlebens mit Muslim*innen in Deutschland. Sie war bereits maßgeblich an den Vorgängerprojekten und Tagungsreihen beteiligt und hat diese finanziell gefördert. Die Islamberatung wurde seit ihrem Beginn 2015 sieben Jahre lang durch die Stiftung und mit einem Fördervolumen von insgesamt knapp einer halben Million Euro gefördert. Für die Stiftung ist dies ein langer Zeitraum, der kaum einem anderen Projekt gewährt wird, was unterstreicht: Die Islamberatung war für die Stiftung ein zentrales Projekt. Die verantwortlichen Mitarbeiter*innen der Robert Bosch Stiftung betonen, dass die Islamberatung einen grundlegenden und profilgebenden Beitrag für die Strategie und Förderung im Thema Muslim*innen in Deutschland hat. Wegen des Erfolgs des Modells Islamberatung hat die Stiftung den Transfer in andere Bundesländer angestrebt. In Bayern ist das zusammen mit der Eugen-Biser-Stiftung und mit Unterstützung der Akademie auch gelungen. Auf diesen Erfahrungen aufbauend führte die Stiftung 2018 zusammen mit der Deutschen Kinder- und Jugendstiftung eine Weiterbildungsreihe zum Thema Muslim*innen in ländlichen Räumen in Sachsen, Sachsen-Anhalt und Thüringen durch, die sich sowohl an das Personal der Kommunalverwaltungen als auch an muslimische Akteur*innen richtete. Die dazugehörige Publikation wurde gemeinsam mit der Friedrich-Ebert-Stiftung erstellt.[12] Am 31. Januar 2022 endete die Förderung der Robert Bosch Stiftung für die Islamberatung. Sie begleitet das Projekt nun ideell und verfolgt seine Weiterentwicklung. Durch die großzügige Förderung der Stiftung konnten wir die Beratungen stets kostenlos anbieten. Die beratenen Stellen mussten bisher nur für Fahrtkosten und Spesen aufkommen.

Hochschule für öffentliche Verwaltung Kehl
Die Hochschule für öffentliche Verwaltung Kehl ist weiterhin Partnerin des Projekts. Sie verfügt über eine breite Expertise zu verschiedenen

---

12 | https://www.bosch-stiftung.de/de/publikation/musliminnen-und-muslime-laendlichen-raeumen-sachsen-sachsen-anhalt-und-thueringen [Zugriff: 01.06.2022].

Aspekten kommunaler Handlungsfelder (etwa Recht, Finanzen, Projektmanagement), die für das Projekt bedeutsam sind. So fungiert sie als »Türöffnerin« gegenüber den Kommunen und Multiplikator*innen auf kommunaler Seite. Im Jahre 2019 evaluierte die Hochschule das Projekt.[13] Um die späteren Fachkräfte der öffentlichen Verwaltung schon in der Ausbildung mit Fragen des Umgangs mit dem Islam in der Kommune vertraut zu machen und mit der nötigen Fachkompetenz auszustatten, bietet die Islamberatung seit 2017 mindestens einmal jährlich ein Seminar zu diesem Themenbereich für Studierende der Hochschule an. Das Seminar ermöglicht es dem Verwaltungsnachwuchs, das Angebot der Islamberatung kennen zu lernen und sich auf mögliche Fragen der Berufspraxis in den Kommunen vorzubereiten. Durch diese Kooperation werden die angehenden Verwaltungsbeamt*innen für die Bedeutung des Zusammenwirkens von muslimischen, christlichen und kommunalen bzw. staatlichen und bürgerschaftlichen Akteur*innen im Lebensraum Kommune sensibilisiert.[14] Schon vor Beginn des Projekts kam in gemeinsamen Studienwochen von Hochschule und Akademie ein großes Interesse der Studierenden (und damit künftiger kommunaler Mitarbeiter*innen und Akteur*innen) an Fragen des Umgangs mit islamischen Vereinigungen zum Ausdruck.

Förderung durch das Land Baden-Württemberg

Seit dem 1. Februar 2022 wird die Islamberatung erfreulicherweise aus Mitteln des Landes Baden-Württemberg gefördert. Das Ministerium für Soziales, Gesundheit und Integration hat uns trotz der angespannten Haushaltslage des Landes Mittel bis Ende 2023 bewilligt. Dank dieser Finanzierung können die Beratungen weiterhin kostenlos angeboten werden. Zudem hilft dies der Islamberatung, sich auf verschiedenen Ebenen – inhaltlich, strategisch und organisatorisch – weiterzuentwickeln.

Der Expert*innenkreis

Das Projekt wird von einem Expert*innenkreis begleitet, an dem Vertreter*innen von Ministerien, Einrichtungen des Landes, der kommunalen Spitzenverbände, Kirchen und islamischen Verbände sowie Medien

---

13 | https://www.akademie-rs.de/themen/themenuebersicht/aktuell/positives-fazit-nach-knapp-fuenf-jahren-islam-beratung [Zugriff: 23.03.2022].
14 | Siehe dazu https://www.akademie-rs.de/programm/meldungen/einzelansicht/news/islamberatung-an-der-hochschule-kehl [Zugriff: 23.03.2022].

mitarbeiten. Der Expert*innenkreis kommt mindestens einmal im Jahr zusammen. Er bietet Austausch sowie Expertise und trägt zur Legitimierung des Projekts nach außen bei. Dabei kommen Impulse von vielen Seiten und Fachrichtungen zusammen. Insgesamt wird offen, interessiert und vertraut zusammengearbeitet, aber auch kontrovers diskutiert. Dieses Gremium soll das Projekt begleiten, solange die Islamberatung in der jetzigen Form existiert. Mit einigen der Expert*innen verbinde ich inzwischen seit Jahren ein freundschaftliches Verhältnis und sie standen auch über den Kreis hinaus kontinuierlich für inhaltliche und strategische Austausche zur Verfügung.

1.3 Die Islamberatung als Antwort auf gesellschaftliche Entwicklungen: Diskurse, Schwerpunkte und Stimmungen[15]

Als wir 2015 die Islamberatung starteten, standen der Islam und muslimisches Leben in Deutschland seit Jahren im Fokus gesellschaftlicher, politischer und medialer Diskurse. Mehrere Ereignisse spielten dabei eine große Rolle. In Syrien und Irak verbreitete der sogenannte »Islamische Staat« (IS) mit seinen Gräueltaten Angst und Schrecken, während in Deutschland die salafistische Szene stetig anwuchs und mit ihren Aktionen, wie der Koranverteilungskampagne »Lies!«, für Aufsehen sorgte. Besonders die deutschen Ausreisenden nach Syrien, die sich dem IS anschlossen, verstärkten damals die ohnehin kontrovers geführte Debatte bezüglich der Integration von Muslim*innen. Zeitgleich erstarkte auch das rechte Lager. Im Oktober 2014 kam es in Dresden zur ersten Demonstration der Pegida-Bewegung (das Akronym steht für »Patriotische Europäer gegen die Islamisierung des Abendlandes«). Außerdem etablierte sich in dieser Zeit die 2013 gegründete und damals noch rechtskonservative Partei AfD (Alternative für Deutschland), die bei den Landtagswahlen 2016 in Baden-Württemberg bereits 15% der Wählerstimmen erhalten sollte. Dies alles begünstigte auch den seit Jahren wachsenden antimuslimischen Rassismus in der deutschen Gesellschaft. Muslim*innen werden – auch wenn sie hier geboren und aufgewachsen sind oder viele »Integrationskriterien« erfüllen – weiterhin als »Fremde« wahrgenommen und viele beklagen im Alltag Rassismuserfahrungen

---

15 | Bei diesem Kapitel hätte ich noch einige weitere Themen und Diskurse benennen und diskutieren können. Ich habe mich hier allerdings auf die für unsere Arbeit wesentlichsten Themenfelder beschränkt.

und Ausgrenzungen. Vermehrt werden islamische Einrichtungen und Muslim*innen zur Zielscheibe von Drohungen und Angriffen.[16]

Schon in den Jahren zuvor drehte sich der Diskurs vor allem um die Frage: Gehört der Islam zu Deutschland? Nicht unwesentlich dazu beigetragen hatte die Aussage des ehemaligen Bundespräsidenten Christian Wulff vom 3. Oktober 2010, der Islam gehöre zu Deutschland. Sie wurde – und das kann ich aus den Erfahrungen meines (beruflichen) Alltags behaupten – über die Jahre hinweg bei vielen Gelegenheiten intensiv diskutiert. Trotzdem hatte ich das Gefühl, dass Dialogprozesse mit Muslim*innen und den Islamverbänden im Großen und Ganzen funktionieren. Als wir im September 2014 die Studie »Junge Muslime als Partner« auf einer Veranstaltung in Hohenheim vorstellten und diskutierten, war eine Vielzahl an Vertreter*innen der Verbände und anderer Gruppen anwesend und zum Teil an den Programmpunkten beteiligt. Die Stimmung zur weiteren Entwicklung islamischer Themen in Deutschland war dabei vorsichtig optimistisch. Nach Beginn des Projekts Islamberatung im Jahr 2015 hatten die ersten Beratungsanfragen direkt die Einschätzung islamischer Verbände und Gruppen zum Gegenstand. Dabei fiel auf, dass auf kommunaler Seite Basiswissen zu Entstehungsgeschichte, Strukturen und Wirken der einzelnen Verbände teilweise fehlte. Schon in der Anfangszeit meines Wirkens als Islamberater äußerte ich mich dazu, ohne es despektierlich zu meinen. Denn Integrationsbeauftragte und andere Verantwortliche in Kommunen sind in erster Linie keine Islamexpert*innen, haben sie doch noch viele weitere Aufgabengebiete, die sie stemmen müssen. Allerdings bemerkte ich schon relativ früh, dass das Verhältnis zu den Islamgemeinden nicht selten von Misstrauen geprägt war. Die Islamberatung schien für kommunale Akteur*innen eine Chance zu sein, Aussagen und Handlungen der Islamgemeinden besser einordnen zu können. Über die ganzen Jahre hinweg war und ist die Einordnung islamischer Gruppen der größte Themenschwerpunkt unserer Arbeit. In weit mehr als der Hälfte der durchgeführten Beratungen ging es – zumindest teilweise – um solche Fragen und Zusammenhänge. Ich habe über diese Erfahrungen schon früh in den begleitenden Gremien und bei anderen Begegnungen berichtet, bei denen muslimische Vertreter*innen anwesend waren.

Auffällig ist, dass die Islamberatung bei den islamischen Verbänden nicht durchgehend geschätzt wird. Aus meinen Beobachtungen und Gesprächen mit Expert*innen auf diesem Gebiet scheint es mir zum einen so, dass es eine Sorge bei einigen Verbandsvertreter*innen gibt, sie könnten bloßgestellt werden, wenn die Islamberatung darauf hinweist, dass uns kommunale Akteur*innen zum Teil auch über schwierige Erfahrungen mit den Islamgemeinden berichten. Zum anderen glaube ich, dass sie ihre Rolle als Ansprechpartner*innen für Fragen des Zusammenlebens vor Ort durch unsere Arbeit gefährdet sehen. Wir haben in vielen Gesprächen und zu verschiedenen Anlässen versucht, unser Konzept deutlich zu machen und darüber hinaus zu erklären, dass wir auch Islamverbände und -gemeinden in ihren kommunalen Anliegen beraten können und wollen. Aber dieses Angebot wurde kaum angenommen. Junge Muslim*innen hingegen taten sich damit weniger schwer, wie in Kapitel 5 zu sehen sein wird.

Ab dem Sommer 2015 erlebte Deutschland einen der größten Zuzüge von Geflüchteten. Vor allem Menschen aus Syrien, aber auch dem Irak, Afghanistan und afrikanischen Ländern fanden in Deutschland Zuflucht. Damit kamen auch für uns neue Themen auf. Alltagspraktische Fragen, etwa zum Umgang mit Gebetszeiten in Deutschkursen oder zum Fasten im Monat Ramadan sowie im Bereich Gender und allgemeiner Integrationsthemen, beschäftigten uns immer wieder. Der Herbst 2015 läutete auch für mich persönlich eine sehr intensive Zeit ein, die etwa zwei Jahre anhalten sollte. Die Beratungsnachfrage war groß. Daneben fanden zahlreiche Informations- und Vortragsveranstaltungen zu Islamthemen statt, die es mir ermöglichten, an vielen verschiedenen Orten mit Menschen aus unterschiedlichsten Gesellschaftsspektren zu sprechen, sie zu hören oder manchmal einfach nur zu erleben: kommunale und kirchliche Verantwortliche, ehrenamtlich engagierte Bürger*innen in der Flüchtlingsarbeit, geflüchtete Menschen, alteingesessene Muslim*innen, aber auch Menschen mit einer rechten Gesinnung. Daneben war ich an prominent besetzten Veranstaltungen beteiligt. Im Oktober 2015 moderierte ich auf Einladung der Konrad-Adenauer-Stiftung in

Stuttgart den Bürgerdialog mit dem damaligen Bundesinnenminister Thomas de Maizière[17], nahm als Podiumsgast auf dem Forum »Flüchtlinge in Deutschland: Integration ermöglichen – Zusammenhalt stärken« des Bundespräsidenten Joachim Gauck und der Robert Bosch Stiftung im Schloss Bellevue teil[18] und durfte auf dem Iftar-Empfang des baden-württembergischen Ministerpräsidenten Winfried Kretschmann im Juni 2016 eine Rede halten[19]. Diese Erfahrungen waren spannend – an manchen Stellen vielleicht etwas zu spannend – und brachten mich inhaltlich und ein Stück weit auch menschlich weiter. Sie gaben mir Gelegenheit, einen tiefen Einblick darin zu bekommen, wie Themen auf verschiedenen Ebenen diskutiert werden.

Im Sommer 2016 sollte sich mit dem Putschversuch in der Türkei etwas nachhaltig verändern. Die Hizmet-Bewegung (besser als Gülen-Bewegung bekannt), wurde in der Türkei schnell als Schuldige für dieses Ereignis ausgemacht. Daraufhin kam es zu Massenverhaftungen und Forderungen nach einer Auslieferung des in den USA lebenden Fethullah Gülen, dem Mentor der Bewegung. Dies sollte auch in Deutschland schnell seine Spuren hinterlassen. Anhänger*innen Gülens wurden in breiten Teilen der türkeistämmigen Community in Deutschland isoliert. Es kam zu Bespitzelungen durch Imame, Angriffen auf Einrichtungen der Bewegung und Anfeindungen. DİTİB, auf Seiten der islamischen Verbände seit Jahren der wichtigste Partner von Politik und Kirchen, stand aufgrund seiner Nähe zum türkischen Staat nun endgültig am Pranger. Schon in den Jahren zuvor war in der deutschen Gesellschaft ein stets wachsender Unmut hinsichtlich des Verbands zu spüren. Dieser Unmut hatte hauptsächlich mit Haltungen und Entwicklungen der türkischen Politik zu tun. Der DİTİB-Verband wurde mehr als zuvor als Vertretung des türkischen Staates in Deutschland wahrgenommen und an vielen Stellen wurden Forderungen nach einer Verurteilung dieser Art von Politik durch DİTİB laut. Für die Islamberatung bedeutete dies, dass die DİTİB-Gemeinden auch auf kommunaler Ebene in den Fokus gerieten und wir in verschiedenen Orten um eine – zum Teil erneute – Einordnung der türkisch-islamischen Gruppen, allen voran der DİTİB, ge-

17 | https://www.kas.de/de/veranstaltungsberichte/detail/-/content/dialog-mit-dem-schwarzbrot-minister- [Zugriff: 09.05.2022].

18 | https://www.bosch-stiftung.de/de/publikation/bericht-zum-forum-fluechtlinge-deutschland [Zugriff: 09.05.2022].

19 | https://www.baden-wuerttemberg.de/de/service/presse/pressemitteilung/pid/iftar-empfang-anlaesslich-des-muslimischen-fastenbrechens-im-ramadan-1/ [Zugriff: 09.05.2022].

beten wurden. Bis heute ist der Umgang mit DİTİB-Gemeinden ein zentrales Thema unserer Beratungen. In der Zeit zwischen 2016 und 2018 wurde mir endgültig bewusst, dass die Islamberatung eigentlich kein »Projekt« sein darf. Vielmehr muss sie sich zu einer dauerhaften Institution etablieren, denn Entwicklungen in den Verbänden und die Entstehung neuer Gruppen sowie damit zusammenhängende Themen werden wahrscheinlich noch in zwanzig Jahren Fragen aufwerfen und zu Irritationen führen.

Als im Sommer 2018 die Vorfreude auf die Fußball-Weltmeisterschaft in Russland groß war, sollte ein gemeinsames Foto von Mesut Özil und İlkay Gündoğan mit dem türkischem Präsidenten Recep Tayyip Erdoğan die Stimmung in Deutschland kippen. Wochenlang wurde zum Teil heftig und emotional darüber gesprochen und diskutiert. Als ich das Foto zum ersten Mal im Fernsehen sah, dachte ich mir, dass es eine neue Integrationsdebatte herbeiführen würde. Allerdings hatte ich nicht damit gerechnet, dass es zum Gegenstand von mehreren Beratungsgesprächen und verschiedenen Veranstaltungen werden würde. Dabei wurde an der einen oder anderen Stelle »im Eifer des Gefechts« in Bezug auf türkeistämmige Menschen und Muslim*innen insgesamt ein Vokabular verwendet, das sich für mich manchmal an der Grenze des Erträglichen bewegte. Das machte mich damals sehr nachdenklich. Bei aller Kritik, die man an dem gemeinsamen Foto natürlich äußern kann und vielleicht auch muss, wäre meines Erachtens – medial und gesellschaftlich – ein souveräner und sachlicher Umgang angemessener gewesen. Das Foto schien wie ein Ventil für viele Menschen zu sein, um Vorurteile wieder hervorholen zu können. Die deutsche Gesellschaft ist doch viel stärker, als sich über einen so langen Zeitraum von so einer Debatte einnehmen zu lassen, dachte ich mir immer wieder.

Die Diskussionen dieser Zeit sollten mich nachhaltig prägen. Der Begriff »Integration« war in aller Munde und beschäftigte auch mich sehr. Ob in Beratungen für Kommunen und kirchliche Stellen, bei Gesprächen mit (Lokal-)Politiker*innen oder Vortragsveranstaltungen, aber auch bei privaten Begegnungen vernahm ich, wie die Menschen über den Integrationsgrad von Migrant*innen urteilten. Und ich fragte mich: Wann gilt man eigentlich als integriert? Wie messen wir überhaupt Integration? Wann kann ein Mensch mit ausländischen Wurzeln sagen, dass er integriert oder dass er gar Deutscher sei? Integriert seien die Menschen, wenn sie Deutsch sprechen, heißt es oft. Ja, Sprache ist sehr wichtig und meines Erachtens auch identitätsstiftend. Aber was machen wir mit Menschen, die keine ausreichenden intellektuellen Mittel mitbringen, um vernünftig Deutsch zu lernen? Wie sieht es denn mit Geflüchteten aus, die ihre Muttersprache nie richtig lernen konnten und es wahrscheinlich nie schaffen werden, die deutsche Sprache gut zu beherrschen? Sind sie nicht integrierbar?

Was hört man nicht alles an auf den ersten Blick logisch erscheinenden Argumenten. Etwa: Wer für die deutsche Nationalmannschaft spielen will, der muss auch die Nationalhymne singen. Im Prinzip finde ich das gut, aber ist das der Maßstab für Integration? Man müsse deutsche Sitten und Gepflogenheiten übernehmen und diese leben, hörte ich auch oft. Aber entscheidet sich Integration wirklich daran, ob Männer und Frauen sich die Hand geben oder muslimische Frauen das Kopftuch ablegen? Wer sich nicht in Deutschland bestatten lasse, sei nicht gut integriert, wurde einmal bei einer Gesprächsrunde von politischer Seite geäußert. Man habe ja inzwischen durch ein neues Bestattungsgesetz eine rechtliche Grundlage für muslimische Bestattungen geschaffen. Ist es wirklich so einfach?

Nein, ich glaube, es ist weitaus komplizierter. Denn wie Integration gelingt, entscheidet sich ganz individuell. Integration ist eng verbunden mit Emotionen, tiefer (Glaubens-)Überzeugung, Identitätsfragen, Ängsten und persönlichen sowie gesellschaftlichen Hürden und vielen weiteren Aspekten. Wir können nicht einfach so pauschal über die Integration von Menschen urteilen. Natürlich müssen Maßstäbe gesetzt werden. Und die Maßstäbe des Zusammenlebens in Deutschland bestimmt das Grundgesetz; dieses darf nicht verhandelbar sein. Wer hier lebt, ob deutschstämmig, »eingedeutscht«, Migrant*in oder Asylsuchende*r, alle Menschen haben das zu akzeptieren! Vielleicht sollte das auch in Zusammenhang mit Integrationsfragen der oberste Maßstab sein. Und wer die Regeln bricht, der muss mit Sanktionen rechnen.

Interessanterweise ebenfalls 2018 erschien das viel beachtete Buch »Das Integrationsparadox. Warum gelungene Integration zu mehr Konflikten führt« von Prof. Aladin El-Mafaalani.[20] Der Autor vertritt die These, dass die Integration in Deutschland im Grunde große Fortschritte gemacht habe. Dass Migrant*innen auch Ansprüche formulierten, sei genauso eine logische Konsequenz ihrer Partizipation am gesellschaft-

20 | Aladin El-Mafaalani, Das Integrationsparadox. Warum gelungene Integration zu mehr Konflikten führt, Köln 2018.

lichen Leben wie die Abwehrhaltung aus der Mehrheitsgesellschaft, die sich an die neuen Verhältnisse gewöhnen müsse. Diese Erklärungen El-Mafaalanis kamen zum richtigen Zeitpunkt. Sein Buch ordnete die Situation treffend ein und viele Migrant*innen und insbesondere Muslim*innen fühlten sich nach meiner Beobachtung dadurch repräsentiert und verstanden. Persönlich beschäftigten mich diese ganzen Fragen damals sehr. Denn ich musste – wie viele Muslim*innen auch – selbst einmal mehr die Erfahrung machen, bei vielen verschiedenen Anlässen, ja sogar in Beratungsgesprächen, mit Gesinnungs- und Integrationsfragen konfrontiert zu werden. Ich weiß mir in solchen Situationen schon zu helfen und kann meinen Gegenübern auch Grenzen setzen. Aber ich fragte mich immer wieder, wie es in Zukunft aussehen wird. Werden sich die nächsten Generationen auch mit solchen Fragen auseinandersetzen müssen?

Die Corona-Pandemie sollte uns nicht nur inhaltlich beschäftigen, sondern sich auch auf unsere Arbeitsweise auswirken: Mit Beginn des ersten Lockdowns im März 2020 gingen wir davon aus, dass unser Beratungsangebot einen herben Rückschlag erleiden würde. Doch wir sollten uns irren. Im Schnitt gab es zwar weniger Beratungen als in den ersten fünf Jahren des Projekts, aber die Nachfrage sank nicht so dramatisch, wie wir zunächst vermutet hatten. Allerdings fand aufgrund der Corona-Maßnahmen zwei Jahre lang nur etwa ein Drittel der Beratungen in Form von persönlicher Begegnung vor Ort bei den anfragenden Stellen statt. Stattdessen wurden viele Beratungen telefonisch durchgeführt und wir erweiterten das Angebot um Online-Beratungen. Und obwohl die direkte Begegnung durch ein digitales Meeting nicht eins zu eins ersetzt werden kann, eröffnete uns diese Erweiterung neue Möglichkeiten. Termine für Anfragen können schneller gefunden werden. Außerdem werden so zum einen Reisekosten für die beratenen Stellen gespart und zum anderen bleibt den Berater*innen der Reiseaufwand erspart. Von daher wird unsererseits auch in Zukunft das Angebot von Online-Beratungen aufrechterhalten bleiben. Viele Anfragen während der Pandemie bezogen sich – wie sonst auch – auf die Einordnung islamischer Gruppen und deren Anliegen, mit denen sie in erster Linie auf kommunale Stellen zugegangen waren. Unter anderem äußerten muslimische Gemeinden in mehreren Städten den Wunsch, den Gebetsruf (*azan*) öffentlich ausführen zu dürfen. Zudem wurde im Jahre 2021 – besonders während des islamischen Fastenmonats Ramadan, der von Mitte April bis Mitte Mai dauerte – am Rande zu anderen Beratungen oder in Gesprächsterminen die Frage gestellt, wie Muslim*innen mit Corona-Impfungen umgehen bzw. ob es religiöse Vorbehalte gegen das Impfen in der Fastenzeit gebe.[21]

Im Herbst 2021 machten wir uns Gedanken darüber, wie wir das Angebot der Islamberatung für die Islamverbände attraktiver gestalten könnten, sodass sie es (häufiger) aktiv für sich in Anspruch nehmen. Im Zuge der Antragstellung beim Sozialministerium für eine Projektförderung durch das Land Baden-Württemberg arbeiteten wir an einer Neuausrichtung. Dabei fiel mir auf, dass unsere Kontaktpartner*innen und weitere Personen aus den Verbänden unseren Einladungen zu den Jahrestagungen und weiteren Veranstaltungen meist nachgekommen sind und sich häufig an Podiumsdiskussionen beteiligt haben. Gleichwohl nahmen sie das Beratungsangebot fast überhaupt nicht in Anspruch. Daher entschieden wir uns, den Verbänden und anderen islamischen Gruppen die Islamberatung nochmals aktiv anzubieten und versuchten dabei, erste mögliche Beratungsbedarfe zu erfassen. Dies führte tatsächlich dazu, dass einige Beratungsanfragen von muslimischen Gruppen an uns herangetragen wurden und die ersten bereits durchgeführt werden konnten. Zudem – und das ist die eigentlich interessante Idee – nahmen wir uns vor, in den Jahren 2022 und 2023 jeweils eine Qualifizierungstagung für muslimische Akteur*innen anzubieten. Im Juli 2022 fand die erste Tagung in dieser Form mit dem Schwerpunkt Medien statt. Sie ging aus einem Fachtag im Oktober 2021 hervor, der – zusammen mit dem Demokratiezentrum Baden-Württemberg und der SWR-Rundfunkrätin Derya Şahan – ausgewählte Vertreter*innen von Islamverbänden sowie Muslim*innen aus verschiedenen Arbeitsbereichen mit Journalist*innen und Rundfunkrät*innen miteinander ins Gespräch gebracht hat. Sie diskutierten die Darstellung von Muslim*innen in den Medien und darüber, wie diese verbessert werden könnte.

Muslim*innen beklagen oft – nicht zu Unrecht –, dass in deutschen Medien ein sehr verzerrtes und hauptsächlich problemorientiertes Bild von Islam und muslimischem Leben gezeichnet wird. Immer wieder

36

---

21 | Um darauf möglichst fundierte und authentische Antworten zu geben, organisierten wir unter dem Titel »Ramadan in Zeiten von Corona« ein Gespräch mit zwei Gästen, die einen ausführlichen Einblick in die Thematik geben konnten. Neben der Juniorprofessorin für Islamische Glaubensgrundlagen, Philosophie und Ethik am Berliner Institut für Islamische Theologie, Prof. Dr. Mira Sievers, stand uns auch Erdinç Altuntaş, Vorsitzender des Landesverbands der islamischen Religionsgemeinschaft DİTİB Baden-Württemberg, zur Verfügung. Das Video ist auf der Homepage der Akademie zu finden: https://www.akademie-rs.de/programm/meldungen/einzelansicht/news/ramadan-in-zeiten-von-corona [Zugriff: 04.04.2022].

wurde uns von muslimischen Akteur*innen aus Verbänden, Vereinen und Initiativen von schlechten Erfahrungen mit Medienvertreter*innen berichtet. Bei dem Fachtag wie auch in anderen Gesprächen wurde offensichtlich, wie wenig Vertrauen auf muslimischer Seite in die Medien bestand. Akteur*innen aus den Medien erklärten uns gegenüber mehrfach, dass dies in erster Linie am Fehlen von Migrant*innen und Muslim*innen in den Redaktionen liege, die aufgrund ihres Hintergrunds Expertise zu bestimmten Bereichen mitbringen könnten. Außerdem müssten viele Journalist*innen verschiedene Themengebiete bearbeiten und seien keine expliziten Islamexpert*innen. Dies sind zwar nachvollziehbare Gründe. Wenn aber Studien zeigen, dass etwa drei von vier Berichten zum Islam und Muslim*innen negativ behaftet sind, dann kann es nicht nur an fehlender Expertise liegen.[22] Muslimische Akteur*innen wiederum nehmen Medienangebote zum Islam, wie etwa die ZDF-Sendung »Forum am Freitag«[23] oder die SWR-Kolumne »Islam in Deutschland«[24], die es bereits seit vielen Jahren gibt, erfahrungsgemäß nur wenig in Anspruch. Außerdem ist ihre Öffentlichkeits- und Medienarbeit insbesondere auf Gemeindeebene sehr ausbaufähig und bedarf dringend einer Professionalisierung.

Die Qualifizierungstagung wurde schließlich von verschiedenen islamischen Verbänden und Gruppen bereits in der Vorkommunikation positiv angenommen. Sie wurde mit ca. 25 Personen aus insgesamt etwa zehn Organisationen umgesetzt. Dabei wurden diese im Umgang mit den Medien weitergebildet und ihnen wurden in Workshops Kompetenzen für eine professionelle Medienarbeit vermittelt. Einige Gruppen mel-

---

22 | Siehe dazu exemplarisch die Langzeitstudie (Dezember 2013 bis November 2016) von Media Tenor: http://de.mediatenor.com/de/bibliothek/newsletter/1100/das-medienbild-zum-islam-treibt-die-angst-bedford-strohm-und-papst-franziskus-setzen-positive-aktzente-fuer-ihre-kirchen [Zugriff: 29.07.2022]. Im Juli 2022 hielt die Journalistin Julia Ley einen Vortrag zur Thematik im Tagungshaus der Akademie in Hohenheim und machte auf diese Defizite aufmerksam: Siehe dazu: https://www.akademie-rs.de/programm/meldungen/einzelansicht/news/wie-laesst-sich-das-islambild-in-den-medien-veraendern und https://www.akademie-rs.de/programm/meldungen/einzelansicht/news/julia-ley [beide Zugriffe: 29.07.2022]. Zum Islambild der deutschen Medien ist weiterhin empfehlenswert: Kai Hafez, Der Islam in den Medien. Ethno-religiöse Wahrnehmungen von Muslimen und Nicht-Muslimen in Deutschland, in: Mathias Rohe et al. (Hg.), Handbuch Christentum und Islam in Deutschland. Grundlagen, Erfahrungen und Perspektiven des Zusammenlebens, Freiburg 2014, S. 929–963; Kai Hafez, Das Bild des Islam in den Medien. Rassismus im neuen Gewand, in: Herder Korrespondenz S2/2015 S. 42–45, online unter: https://media.herder.de/files/herkorr-69-2015-spezial-2-42-45-rassismus-im-neuen-gewand-das-bild-des-islam-in-den-medien-id-23672.pdf [Zugriff: 14.09.2022].

23 | Für mehr Informationen zur Sendung siehe: https://www.zdf.de/kultur/forum-am-freitag [Zugriff: 29.07.2022].

24 | Für mehr Informationen zur Kolumne siehe: https://www.swr.de/swraktuell/radio/islam-in-deutschland-100.html [Zugriff: 29.07.2022].

deten auch Interesse an konkreten Beratungsgesprächen in naher Zukunft an.

Wie sich die Islamberatung inhaltlich und strategisch weiterentwickeln wird – diese Zeilen entstehen im August 2022 –, muss man abwarten. Fragen um die Einordung islamischer Gruppen und deren Wirken werden wahrscheinlich noch lange beantwortet werden müssen. Auch andere Schwerpunkte, wie etwa Moscheebau und Gräberfelder, werden die Kommunen beschäftigen und uns vermutlich auch. Die Stärke unseres Angebots war allerdings immer seine inhaltliche Flexibilität. Und diese wollen wir uns – solange wir die Islamberatung anbieten – auch möglichst beibehalten, um auf gesellschaftliche und politische Entwicklungen und Diskurse auch angemessen reagieren zu können.

In den folgenden Kapiteln soll der Beratungsalltag anhand verschiedener Themenfelder, die uns in den letzten Jahren beschäftigten, beleuchtet werden. Dass ich mit einem Kapitel zu Moscheebau und Moscheebaukonflikten beginne, ist eine bewusste Entscheidung. Denn dieses Themenfeld ist nicht nur besonders spannend, sondern verdeutlicht auch besonders gut die Arbeitsweise der Islamberatung.

2. Moscheebau und Moscheebaukonflikte

Fragen rund um die Moscheebauthematik beschäftigen uns seit Beginn der Islamberatung. In den letzten Jahren haben wir in verschiedenen Kommunen dazu beraten. Dabei ging es nicht immer primär um den Moscheebau, sondern oft auch um die Einordnung der jeweiligen Gruppe, die eine Moschee bauen möchte oder nach städtischen Räumlichkeiten zur Nutzung als Gebetsraum angefragt hatte. Wie wir schon in unserer Handreichung aus dem Jahr 2020 erklärten, ist die Akzeptanz für den Bau von Moscheen nicht überall eine Selbstverständlichkeit. In Beratungen und auch in anderweitigen Gesprächen mit kommunalen, kirchlichen oder islamischen Akteur*innen haben wir immer wieder Skepsis und Ablehnung von Teilen der Verwaltung sowie der Bevölkerung registriert. Dies hängt in erster Linie mit der islamkritischen Stimmung und einer öffentlichen Wahrnehmung zusammen, die mit Islam und Muslim*innen überwiegend negative Aspekte und Bedrohung in Verbindung bringt. So werden Moscheebauprojekte nicht selten als Teil einer angeblich schleichenden Islamisierung unserer Gesellschaft interpretiert. Vor allem wird sich nach wie vor an Minaretten oder zumindest ihrer Höhe gestört und kritisch nach der Finanzierung dieser Bauten gefragt.[25]

Gerade bei Moscheen der DİTİB wird die Vermutung geäußert, dass die Mittel für den Bau aus Ankara kämen und damit ein Plan der türkischen Regierung bzw. der Religionsbehörde verfolgt werde. Für Irritationen sorgt auch, dass in den Bau von Moscheen viel Geld investiert wird, die Verbände aber in Zusammenhang mit anderen zentralen Themen – unter anderem auf unseren Akademieveranstaltungen – betonen, dass sie nicht über die nötigen finanziellen Mittel verfügten, um hauptamtliche Strukturen aufzubauen. Dazu gehören etwa gut geschulte Ansprechpartner*innen in den Gemeinden und eine professionellere Jugendarbeit. Dieses Argument habe ich in den letzten Jahren oft gehört und selbst bei vielen Gelegenheiten zur Diskussion gestellt. Aber wie kann man mit diesen Fragen und Vorbehalten in der Verwaltung und der Bevölkerung umgehen? Dies war einer der zentralen Aspekte, die im Zusammenhang des Moscheebaus an uns herangetragen wurden. Des

---

25 | Zum Thema Moscheebaukonflikte entstehen seit Jahren immer wieder Studien und wissenschaftliche Abhandlungen, die man empfehlen könnte. An dieser Stelle soll auf einen Band verwiesen werden, der einen umfassenden Einblick in die Situation in deutschsprachigen Ländern gibt: Reinhold Bernhardt – Ernst Fürlinger (Hg.), Öffentliches Ärgernis? Moscheebaukonflikte in Deutschland, Österreich und der Schweiz, Zürich 2015.

Weiteren wurde vereinzelt danach gefragt, ob eine repräsentative Moschee alle Muslim*innen in der jeweiligen Stadt vereinen könne.

Die häufigste Frage, die mir auf verschiedenen Ebenen und bei unterschiedlichen Gelegenheiten – Beratungen, Vorträge oder Besprechungstermine – zum Moscheebau begegnet, ist die, warum Muslim*innen in Deutschland Moscheen bauen dürfen sollen, wenn Christ*innen in Ländern wie etwa Saudi-Arabien der Bau von Kirchen untersagt wird. Diese Frage hört sich zunächst sehr verständlich an. Es ist menschlich, dass solche Vergleiche gezogen werden, um sich eine Meinung zu diesen schwierigen Fragestellungen zu bilden. Allerdings muss ich gestehen, dass ich diese Frage als sehr problematisch empfinde. Ihr liegt nämlich ein Verständnis von einer eingeschränkten Religionsfreiheit für Muslim*innen zugrunde, da ihnen der Bau repräsentativer Gebetshäuser im Gegensatz zu anderen Religionsgemeinschaften nicht selbstverständlich zugestanden wird. Zudem werden dabei Muslim*innen in Deutschland pauschal in Haftung für die Situation von Christ*innen in Ländern genommen, in denen Religionsfreiheit – im Sinne europäischer Demokratien – nicht vorhanden ist, auch wenn sie vielleicht wenig oder gar keine Beziehung zu diesen Ländern haben. Wir müssen uns in Deutschland natürlich zugleich fragen, mit welchen Ländern wir uns messen wollen, wenn es um solch elementare Themen wie Religionsfreiheit geht. Messen wir uns mit nichtdemokratischen Ländern – gleich ob islamisch, christlich oder anderweitig geprägt –, deren Haltung zu Religionsfreiheit sehr kritisch zu bewerten ist, dann legen wir die Messlatte nicht sehr hoch und laufen damit Gefahr, demokratische Werte ein Stück weit aufzugeben.

Viele Menschen, die diese oder ähnliche Fragen stellten, verfolgten nicht unbedingt eine böse Absicht, denn wenn wir ins Gespräch kamen und ich meine Gegenargumente einbrachte, stimmten sie mir im Großen und Ganzen zu. Daher ist mir an dieser Stelle besonders wichtig, Folgendes zu betonen: Solche Fragen haben ihre Berechtigung und die Menschen, die diese Fragen stellen, dürfen nicht sofort der rechten Ecke oder islamfeindlichen Lagern zugeordnet werden. Das wird der Sache nicht gerecht! Es ist sehr wichtig, dass auch solche Fragen oder auch Sorgen geäußert werden, damit sie diskutiert werden können. Es kommt immer auf die Art und Weise an, wie sie geäußert werden. Ich habe es – vor allem bei Vortragsveranstaltungen – natürlich auch erlebt, dass manche Personen solche Fragen stellen, um die Stimmung anzuheizen und Misstrauen zu säen. Dennoch möchte ich ausdrücklich vor Pauschalurteilen warnen.

Solange ein angemessenes Gesprächsklima herrscht, muss auch Raum für solche Fragen gegeben werden. In unseren Beratungen ermuntern wir unsere Gegenüber zu Beginn der Gespräche regelrecht dazu, auch ihre kritischen Fragen loszuwerden. Erfahrungsgemäß fühlen sie sich dann ernst genommen und lassen sich auf einen guten Austausch ein.

2.1 Exkurs: Die Moschee – eine kurze Einführung[26]

Über Moscheen wird viel gesprochen. Um dafür eine wissensbasierte Grundlage zu legen, soll im Folgenden die Bedeutung einer Moschee und ihrer Bestandteile kurz erläutert werden.

In der arabischen Sprache gibt es zwei Hauptbegriffe für Moschee, die unter Muslim*innen weltweit bekannt sind. Diese Begriffe machen auch die doppelte Bedeutung der Moschee deutlich. Der erste Begriff ist *masjid* (türk. *mescit*), was mit »Niederwerfungsplatz« übersetzt werden kann. Mit der Niederwerfung sind hier der Kniefall und die Berührung des Bodens mit der Stirn während eines islamischen Gebets gemeint. Mit diesen beiden Gebetselementen wird die Niederwerfung vor Gott ausgedrückt. Die Moschee ist also zunächst ein Gebetshaus. Darüber hinaus wird sie als *djami* (türk. *cami*) bezeichnet. Im klassischen Sinne steht dieser Begriff für eine große Freitagsmoschee und kann mit »Versammlungsplatz« oder »die Versammelnde« übersetzt werden. Dieser Begriff deutet auch auf soziale Aspekte hin, die eine Moschee erfüllt. Die Menschen kommen dort zum Gebet, aber unter anderem auch zum Koranunterricht sowie zu den Feiertagen oder bei Trauerfällen zusammen. Besonders für Muslim*innen in Gesellschaften mit mehrheitlich nichtmuslimischer Bevölkerung ist das ein wichtiger Faktor für das Alltagsleben in der Moschee.

Eine Moschee muss stets nach Mekka ausgerichtet sein. Diese Gebetsrichtung wird vorwiegend durch eine Gebetsnische (arab. *mihrab*) gekennzeichnet. Bei einem Gemeinschaftsgebet steht der Imam (Vorbeter) vor der Nische, um das Gebet zu leiten, während die Gemeinde sich hinter ihm aufreiht. Ein weiterer Bestandteil, der vor allem in den Freitagsmoscheen nicht fehlen darf, ist die Kanzel (arab. *minbar*). Von der

26 | Als Einführung in die Thematik ist dieses Buch empfehlenswert: Lorenz Korn, Die Moschee. Architektur und religiöses Leben, München 2012. Für einen Einblick in den islamischen Alltag in Moscheen in Deutschland siehe die ausführliche Darstellung: Ayşe Almıla Akca, Moscheeleben in Deutschland. Eine Ethnographie zu islamischem Wissen, Tradition und religiöser Autorität, Bielefeld 2020.

Kanzel aus hält der Imam beim Hauptgottesdienst freitags um die Mittagszeit die rituelle Freitagspredigt und andere Predigten, wie etwa an den islamischen Festtagen am Ende des Fastenmonats Ramadan und dem Opferfest. Dringend notwendig ist auch eine Waschgelegenheit, da vor den Gebeten eine rituelle Waschung vollzogen werden muss. Dabei werden unter anderem Füße, Arme und das Gesicht gewaschen.

Im Gegensatz zu einer Kirche lassen sich in Moscheen keine Bilder oder Abbildungen von Personen finden. Das hängt mit dem islamischen Bilderverbot zusammen. Abbildungen von Muhammad oder anderen Propheten könnten laut der islamischen Tradition die Menschen vom Eigentlichen, nämlich von Gott, ablenken, auf den man sich während des Gottesdienstes konzentrieren sollte.

Das Minarett (arab. *manara*) kann wörtlich mit »Leuchtturm« übersetzt werden und gehört seit Jahrhunderten zu den architektonischen Bestandteilen von vielen Freitagsmoscheen. Von dort aus ruft der Muezzin den *azan* (Gebetsruf). Es gibt – wie bei den anderen Bestandteilen auch – keine theologische Vorschrift, die die Höhe eines Minaretts festlegt oder besagt, dass es überhaupt obligatorisch ist. In Deutschland ist die größte Gruppe der Muslim*innen türkischer Herkunft; die größten Islamverbände haben eine türkische Prägung. Daher orientiert man sich bei Moscheebauten gerne an dem in der Türkei vorherrschenden osmanischen Baustil, zu dem hohe Minarette gehören.

2.2 Moscheen in Deutschland und Baden-Württemberg

In Deutschland gibt es Schätzungen zufolge etwa 2.800 Moscheen[27], davon über 450 in Baden-Württemberg.[28] Die meisten sind provisorische Gebetsplätze. Sie sind von außen nicht als Moscheen erkennbar und werden umgangssprachlich als »Hinterhofmoscheen« bezeichnet. In den letzten zwanzig Jahren hat allerdings der Bau repräsentativer Moscheen zugenommen. Die ersten Moscheen in Deutschland entstanden bereits ab dem 18. Jahrhundert. Besonders bekannt ist die Moschee im Garten

---

27 | Zur Zahl der Moscheen in Deutschland siehe: Thomas Schmitt – Jonas Klein, Moscheen – islamische Sakralbauten in Deutschland, Leibniz Institut für Länderkunde 2019, online unter: http://aktuell.nationalatlas.de/moscheen-6_09-2019-0-html/ [Zugriff: 13.06.2022].

28 | Die Diözese Rottenburg-Stuttgart hat für Baden-Württemberg die Zahl der islamischen Einrichtungen zu erheben versucht und hat knapp 600 ermittelt. Wir haben an dieser Stelle die Anzahl der alevitischen Gemeinden sowie der Hizmet-Einrichtungen herausgerechnet und sind auf etwas über 450 Moscheegemeinden gekommen. Siehe dazu: https://glaubensfragen-oekumene.drs.de/interreligioeser-dialog/schwerpunkt-islam.html [Zugriff: 13.06.2022].

des Schwetzinger Schlosses. Wie auch bei anderen Bauten dieser Art (z. B. in Potsdam oder Dresden) handelt es sich hierbei jedoch nicht um sakrale Gebäude, sondern um Profanbauten, die im Stil einer Moschee errichtet wurden. Die älteste noch bestehende Moschee wurde in Berlin-Wilmersdorf gebaut und 1927 fertiggestellt.[29]

Zur Errichtung von Moscheen gibt es unterschiedliche Meinungen. Wie bereits erwähnt sehen viele Menschen darin einen Prozess der »Islamisierung« unserer Gesellschaft. Andere wiederum empfinden öffentlich sichtbare Moscheen als Öffnung zur Gesellschaft hin. Muslimisches Leben wird dadurch transparent gemacht und findet nicht mehr im Hinterhof statt. Für die Entwicklung hin zum Bau solcher Moscheen kann es aber auch eine einfache Erklärung geben: Die Hinterhofmoscheen waren für die erste Generation von türkischen Gastarbeiter*innen und anderen Muslim*innen noch geeignet, weil sie hauptsächlich an einen befristeten Aufenthalt in Deutschland dachten und nach einigen Jahren Arbeit in ihre Heimatländer zurückkehren wollten. Doch viele von ihnen sind hiergeblieben und haben Kinder bekommen. Damit hat sich die Zahl der Muslim*innen in Deutschland vergrößert und die Moscheegemeinden haben mehr Mitglieder sowie mehr Besucher*innen des Freitagsgebets und der Festtagsgebete bekommen, sodass größere Räumlichkeiten gebraucht werden. Zudem wird muslimisches Leben dauerhaft in Deutschland präsent bleiben und daher streben Muslim*innen nach würdigen Gebetsstätten für sich und ihren Nachwuchs.

In Baden-Württemberg entstanden bereits in den 1990er Jahren die ersten repräsentativen Moscheen mit Minarett und Kuppel. Die erste wurde 1992 in Pforzheim eingeweiht. Auch damals lösten solche Bauvorhaben kontroverse Debatten aus.[30] In Mannheim entstand 1995 mit der Yavuz-Sultan-Selim-Moschee das damals größte islamische Gotteshaus Deutschlands. Sie steht im Gegensatz zu vielen anderen Moscheen und islamischen Zentren nicht abgelegen in einem Gewerbegebiet, sondern zentral im Stadtteil Jungbusch gegenüber der Liebfrauenkirche. Weitere

29 | Zu wichtigen Phasen in der Geschichte muslimischen Lebens in Deutschland siehe die kurze Darstellung in Hussein Hamdan, Muslime in Deutschland. Geschichte – Gegenwart – Chancen, Heidelberg 2011. Der Band ist abrufbar unter: https://www.akademie-rs.de/fileadmin/veranstaltungen/publikationen/pdf/20180426_e-book_hussein_muslime-in-deutschland-2011.pdf [Zugriff: 04.04.2022]. Ebenfalls empfehlenswert ist: Mathias Rohe, Der Islam in Deutschland. Eine Bestandsaufnahme, München ²2018, S. 53–74.

30 | Empfehlenswert zum Moscheebau in Pforzheim ist folgender Artikel aus der Stuttgarter Zeitung aus dem Jahre 2017 anlässlich des 25-jährigen Bestehens des Gotteshauses: https://www.stuttgarter-zeitung.de/inhalt.erste-moschee-im-land-halbmond-am-ortsrand.8531e424-116a-4ce2-be85-78d7ed78b744.html [Zugriff: 07.04.2022].

solcher repräsentativen Moscheen, die hauptsächlich dem DİTİB-Verband angehören, entstanden im Laufe der Jahre in Rheinfelden, Ravensburg, Ulm oder Esslingen, um einige wenige Beispiele zu nennen.

Wie eingangs erwähnt sind Moscheebauten und damit verbundene Fragen seit Beginn der Islamberatung immer wieder Gegenstand von Beratungen und weiteren Gesprächen mit Verantwortlichen aus verschiedenen Bereichen, aber insbesondere aus den Kommunen.[31] An mehreren Orten wird an Moscheebauprojekten gearbeitet oder solche werden von den dortigen Islamgemeinden angestrebt. Die Jahrestagung der Islamberatung im Jahre 2019 fand daher zum Schwerpunkt Moscheen und Moscheebaukonflikte in Baden-Württemberg statt. Um einen Einblick in unsere Beratungsarbeit in der Praxis zu geben, soll im Folgenden einer der ergiebigsten Fälle im Bereich des Moscheebaus ausführlicher dargestellt werden. Zudem sollen das Eckpunktepapier zum Moscheebau der DİTİB in Tuttlingen vorgestellt und anschließend Handlungsempfehlungen formuliert werden.

2.3 Streit um Minarett und Kuppel

In einen auch wegen der langen Dauer sehr interessanten Fall rund um den Anbau eines Minaretts und einer Kuppel an eine bestehende Moschee wurden wir während der Corona-Pandemie eingebunden. Dieser Fall, zu dem ich in dieser Zeit mehrfach zu Rate gezogen wurde, steht meines Erachtens sinnbildlich für den Kern der Arbeit der Islamberatung. Man muss auch dahin gehen, wo es – wie es so schön heißt – weh-tun kann. In unserem Alltag jenseits der Islamberatung haben wir oft nur die Diskussionen und Konflikte in größeren Städten vor Augen, denen ein Großteil der medialen Aufmerksamkeit gilt. Gerade aber auch in kleineren Kommunen gibt es Unsicherheiten und kontroverse Prozesse. Zu Beginn der Islamberatung hätte ich, wie wahrscheinlich alle am Projekt beteiligten Personen, nicht gedacht, dass mich einer der interessanten Beratungsfälle – zumal in der Rubrik Moscheebau – in einen Ort mit ca. 8.000 Einwohner*innen führen würde.[32]

31 | Unter anderem fand im Wintersemester 2016/17 am Institut für Architekturgeschichte der Universität Stuttgart das Studienprojekt »Schwäbische Moscheen« statt, das wir beratend unterstützten. Dabei wurde eine Bestandsaufnahme von Moscheen in Baden-Württemberg vorgenommen. Daraus gingen eine Ausstellung und ein interessanter Band hervor. Siehe dazu Ulrich Knufinke, Schwäbische Moscheen, Petersberg 2018.
32 | Auch wenn die Einbindung der Islamberatung in diesem Fall von der Kommune öffentlich ge-

Alles begann mit der Jahrestagung der Islamberatung zum Thema Moscheen und Moscheebaukonflikte in Baden-Württemberg. Die Verwaltungsspitze und die Bauamtsleitung des Ortes hatten die Veranstaltung besucht und kamen kurz danach auf uns mit der Bitte um Beratung zu folgendem Anliegen zu: Die örtliche türkisch-islamische Gemeinde hatte 2002 ein Areal im Gewerbegebiet des Ortes erworben und ein Jahr später mit dem Bau eines Vereinsheims als Moschee begonnen. 2006 konnte die Moschee bereits genutzt werden und 2009 fand im Rahmen eines dreitägigen *Kermes* die Einweihung des Gebäudes statt. Nun plante die Gemeinde den Anbau einer Glaskuppel und eines Minaretts an das bestehende Vereinsheim. Ein positiver Bauvorbescheid des zuständigen Landratsamts lag vor. Der Verkauf des Grundstücks, auf dem das Vereinsheim steht, von der Gemeinde an den Verein war allerdings an Bedingungen geknüpft: In der künftigen Moschee durfte weder öffentlich zum Gebet gerufen werden, noch durften weitere Bebauungen ohne die Genehmigung des Gemeinderats vorgenommen werden. Im September 2019 wurde in einer öffentlichen Gemeinderatssitzung über eine formelle Bauvoranfrage der Moscheegemeinde beraten. Dabei wurde in einer geheimen Abstimmung der Beschluss gefasst, das Einvernehmen nach dem Baugesetzbuch zu erteilen. Der Bau eines Minaretts in Höhe von 15,5 Metern war demnach zulässig. Der Beschluss und das Bauvorhaben lösten in der Bevölkerung eine Welle der Empörung aus, die durch einige aufgebrachte Bürger*innen verursacht wurde. Um das Thema gab es unter anderem Diskussionen in einer Facebook-Gruppe. Zugleich war es das erklärte Ziel des Moscheevereins, einen Bauantrag für sein Vorhaben schnellstmöglich einzureichen und die Maßnahme dann im Jahr 2021 baulich umzusetzen. Damit standen wir vor der an uns herangetragenen Frage, wie nun am besten mit dieser Situation umgegangen werden kann.

Zunächst führte ich ein Vorgespräch mit der Bauamtsleitung. Dabei wurde sich darauf geeinigt, dass die Moscheegemeinde zu dem Beratungsgespräch eingeladen werden sollte. Auch sie sollte die Möglichkeit bekommen, ihre Sicht auf die Situation zu schildern. Erfreulicherweise nahm die Gemeinde die Einladung an und war bereit, bis zum Beratungstermin mit der Einreichung des Bauantrags zu warten. Dies wertete ich als positives Zeichen, denn es war keine Selbstverständlichkeit, dass der Vorstand des Moscheevereins diesen Schritt unternehmen

macht wurde, sollen hier aufgrund der Komplexität des Falls weder der Ort noch handelnde Personen genannt werden.

würde. Die eigentliche Beratung fand dann Ende Mai 2020 online statt. Zuvor hatten Tim Florian Siegmund, wissenschaftlicher Assistent der Islamberatung, und ich eine umfangreiche Recherche unternommen und uns mehrfach über die gesammelten Informationen ausgetauscht. Insgesamt war dies der aufwendigste Fall in sieben Jahren Beratungsarbeit. Mir ging während der Vorbereitungen vor allem die Frage durch den Kopf, warum einer Islamgemeinde in einem so kleinen Ort ein solcher Anbau dermaßen wichtig war, dass man sich schon seit mehreren Jahren darum bemühte und für die Bauanfrage 2015 sogar juristischen Beistand hinzugezogen hatte.

Zu Beginn des Beratungsgesprächs wurden der Sachverhalt und der damalige Stand der Dinge von städtischer Seite vorgestellt und von der Islamgemeinde bestätigt. Der Vorsitzende der Gemeinde erklärte, dass der Bau einer Glaskuppel und eines Minaretts seit Jahren einen dringenden Wunsch der Vereinsmitglieder darstelle. Daher würde man einen zeitnahen Start des Baus anstreben. Auf meine Rückfragen nach der Motivation für den Anbau hin wiederholte er stets das Verlangen der Gemeindemitglieder nach einem würdigen Bau. Dies ist natürlich legitim, auch wenn die Art und Weise des Vorgehens vielleicht an der einen oder anderen Stelle etwas ungeschickt war. Mir war nach dem Gehörten und eigentlich schon in der Vorbereitungsphase klar, dass ich versuchen musste, die Gemeinde zu einer Verschiebung des Vorhabens zu bewegen. Zur damaligen Zeit konnte kaum jemand absehen, wie lange die Pandemie uns noch derart beschäftigen und vor allem einschränken würde. Es war jedoch klar, dass bereits aufgrund des ersten Lockdowns und der weiteren Maßnahmen zur Eindämmung der Pandemie viele Menschen finanziell unter Druck geraten würden. In dieser Situation konnte sich der unter einigen Bürger*innen des Ortes schon verbreitete Unmut stark vergrößern, wenn Menschen ihre Arbeit verlieren oder in Kurzarbeit gehen müssen und gleichzeitig Kuppel und Minarett angebaut werden. Dies wäre für die (Islam-)Kritiker*innen in der Region auch ein gefundenes Fressen, um immer wieder die Stimmung gegen die Gemeinde anzuheizen. Die Moscheegemeinde hatte – wie alle am Gespräch beteiligten Personen äußerten – bis dahin ein überwiegend positives Bild in der Bevölkerung und hatte seitens der Stadtverwaltung Unterstützung erfahren. Das konnte sie möglicherweise aufs Spiel setzen, wenn sie nun in einer Art agieren würde, die ihr als unsensibel ausgelegt werden könnte. Daher machte ich den Vorschlag, mit der Einreichung des Bauantrages sowie der Umsetzung des Baus noch zu warten. Zudem empfahl ich Maßnahmen umzusetzen, um Akzeptanz für den Prozess bei der Bevölkerung zu schaffen. So sollte die Gemeinde z. B. an ihrem öffentlichen Auftritt (Facebook, Homepage etc.) arbeiten und auch Inhalte auf Deutsch und nicht ausschließlich in türkischer Sprache posten. Des Weiteren sollte der neu gewählte Gemeinderat in die Räumlichkeiten der Moschee eingeladen werden, wenn die Corona-Vorschriften dies wieder zuließen. Dies sollte spätestens zum Fastenbrechen im Ramadan 2021 erfolgen. Abschließend machte ich das Angebot, dass danach ein weiterer Termin mit der Islamberatung vereinbart werden könnte, um die aktuelle Situation gemeinsam zu bewerten und das weitere Vorgehen zu besprechen. Dieser Vorschlag wurde von allen begrüßt und angenommen.

Ein Jahr später war die pandemische Lage immer noch kritisch und ließ erneut keine größeren Versammlungen im Fastenmonat Ramadan zu. Daher konnte die Einladung des Gemeinderats nicht realisiert werden. Alle formulierten Empfehlungen hinsichtlich der Verbesserung der Öffentlichkeitsarbeit wurden von der Moscheegemeinde ignoriert. Außerdem wurde nicht auf das vereinbarte Gespräch mit uns gewartet. Stattdessen wurde im Mai 2021 das Baugesuch vorgelegt und auf eine Entscheidung des Gemeinderats bestanden. Die Verwaltungsspitze informierte uns über diese Entwicklungen und wir setzten kurzfristig eine Online-Beratung an, die ohne Beteiligung der Moscheegemeinde stattfand. Der Moscheevorstand sah laut Stadtverwaltung keinen Sinn in diesem Gespräch und gab zu verstehen, dass man vereinbart hatte, ein Jahr zu warten und dann das Gesuch an den Gemeinderat heranzutragen. Für diese Beratung holte ich meinen Kollegen Karim Saleh hinzu. Er ist Mitglied im Freiburger Gemeinderat und sollte mich nun in diesem komplexen Fall mit seiner Erfahrung im Umgang mit Gemeinderäten unterstützen. Mit Nachdruck empfahlen wir der Verwaltungsspitze, den Moscheevorstand zu kontaktieren und diesen von einer Rücknahme des Gesuchs zu überzeugen. Doch die Moscheegemeinde beharrte auf eine Entscheidung des Gemeinderats. Bei seiner nächsten Sitzung lehnte der Gemeinderat das Baugesuch schließlich ab. Dieses Ergebnis hatten wir – nach den Entwicklungen in diesem Fall – bereits erwartet.

Am darauffolgenden Tag wurde ich über das Ergebnis informiert und darüber, dass die Verwaltungsspitze und die Mitglieder des Gemeinderats von mehreren Mitgliedern der Moscheegemeinde eine im Text fast identische Nachricht per E-Mail bekommen hatten. Darin äußerten diese ihre Enttäuschung über die Entscheidung. In einem höchst bedenklichen Abschlusssatz werfen die Autoren der Nachricht einen Blick in die Zukunft und äußern ihre Hoffnung und Zuversicht, dass sich der Gemeinderat in zwanzig Jahren bei der Moscheegemeinde für diese Entscheidung entschuldigen werde. Einige Gemeinderatsmitglieder – Befürworter*innen wie Kritiker*innen der Anbaupläne – reagierten auf diese E-Mails und machten unter anderem darauf aufmerksam, dass der fehlende Dialog zum Bauantrag und die ursprüngliche Beschlussfassung, die den Bau des Vereinsheims erst ermöglicht hatte, ein Kriterium für die Ablehnung waren. Es waren aber auch Formulierungen grundsätzlicher Ablehnung zu lesen, etwa dass ein Minarett nicht in unsere Kulturlandschaft passe.

Die Reaktionen von allen Seiten machten mich in den darauffolgenden Tagen sehr nachdenklich. Was wollte die Moscheegemeinde eigentlich bezwecken? Es war schon im Vorfeld der Abstimmung so gut wie klar, dass der Antrag abgelehnt werden würde. Die verschickten Nachrichten an den Gemeinderat mussten vorbereitet gewesen sein; anders konnten wir es uns nicht erklären. Mich ließ das Gefühl nicht los, man habe es darauf ankommen lassen, dass der Antrag abgelehnt wird, um womöglich einen Eklat zu provozieren. Auf der anderen Seite war ich etwas angefasst, als ich las und hörte, dass einige Bürger*innen dieser Stadt nach der Verkündung des Ergebnisses applaudierten. Und ich fühlte mich darin bestätigt, wenn ich immer wieder darauf aufmerksam mache, dass Moscheebau ein »Reizthema« in unserer Gesellschaft ist und wahrscheinlich noch lange bleiben wird. Muslimische Anliegen werden nicht immer als selbstverständlich und legitim angesehen. Zugleich gehen Islamgemeinden mit diesen Reizthemen nicht immer sensibel um. Alle Seiten müssen in solchen Prozessen ihre Einstellungen und ihr Wirken überdenken. Beim Thema Moscheebau habe ich – wenn es auch etwas platt klingen mag – zu vielen Anlässen davon gesprochen, dass alle Seiten sprichwörtlich die Kirche im Dorf lassen müssen. Gleichzeitig reizte es mich, diese Stadt zu besuchen und mit den beteiligten Personen zu sprechen. Außerdem entschied ich bereits in jenen Tagen, den Prozess um den Anbau von Kuppel und Minarett in diesem Buch als Beispiel für die Moscheebauthematik darzustellen. Aus meiner Sicht – und darin wurde ich auch von Tim Florian Siegmund und Andreas Pattar, unserem Partner von der Hochschule Kehl, bestätigt – bot dieser Fall einfach alles, was unsere Arbeit ausmacht. In einem Telefonat mit der Verwaltungsspitze nahm ich die Einladung an, in eine der nächsten Gemeinderatssitzungen zu kommen, um über den Fall sowie den weiteren Umgang mit der Moscheegemeinde zu sprechen. Der Verwaltungsspitze hatte ich empfohlen, weiterhin den Dialog mit den Verantwortlichen der Gemeinde zu suchen, doch diese lehnten weitere Gesprächsangebote ab.

Zwei Monate nach der Entscheidung gegen das Baugesuch saß ich vor den Gemeinderät*innen und beschrieb zunächst die Arbeitsweise der Islamberatung. Ich erklärte dabei, dass wir eine neutrale Haltung einnehmen und uns in diesem Fall weder für noch gegen das Minarett positionieren. Ich hatte bis dahin schon einige Erfahrungen mit Beratungsgesprächen in Gemeinderatssitzungen. Dieser Termin verlangte mir dennoch viel ab. Es herrschte eine vorwiegend kritische Stimmung. Die Kritik an dem Anliegen der Moscheegemeinde wurde von mehreren Personen deutlich geäußert. Vereinzelt fielen aber auch Seitenhiebe gegen meine Person. Bei einigen Personen hatte ich das Gefühl, dass ich als Muslim automatisch als Anwalt der Moscheegemeinde angesehen wurde. Meine Botschaft in diesem Gespräch war es, dem Gemeinderat nahezulegen, dem Moscheevorstand einen Dialog anzubieten. Daraufhin wurde mehrfach grundsätzlich hinterfragt, warum man denn das Gespräch mit dem Vorstand der Moschee suchen solle. Von einigen eher gemäßigten Stimmen wurde nach einiger Zeit danach gefragt, wie dieser Dialog aussehen könne. Meine Empfehlung lautete, der Moscheegemeinde von Anfang an ehrlich mitzuteilen, dass der Rat keinen ergebnisoffenen Dialog hinsichtlich der Baumaßnahmen suchen würde. Die Entscheidung des Gemeinderats habe Gültigkeit und man könne dazu stehen. Es sei allerdings wichtig, den Mitgliedern der Moscheegemeinde deutlich zu machen, dass ihre Teilhabe am Stadtleben auch zukünftig erwünscht ist. Des Weiteren sollten die örtlichen Kirchengemeinden in ein solches Gespräch einbezogen werden. Sie hatten eine positive Haltung zum Anliegen der Muslim*innen und genießen somit das Vertrauen beider Seiten. Dies würde eine potenzielle Vermittlerrolle erleichtern. Eine Überlegung könnte die erneute Einbindung der Islamberatung oder eventuell besser die Begleitung des Gesprächs durch eine Person mit Erfahrungen in der Mediation sein. Allerdings verwies ich auch darauf, dass ich aufgrund der Gesamtentwicklung Grund zur Annahme hatte, dass die Moscheegemeinde das Gesprächsangebot ablehnen würde. Dann aber hätte der Gemeinderat seine Schuldigkeit getan und müsste sich nicht vorwerfen lassen, es nicht versucht zu haben, im Dialog zu bleiben.

In diesem Fall hätte die Moscheegemeinde aus meiner Sicht etwas mehr Geduld und Sensibilität im Umgang mit dem eigenen Anliegen aufbringen sollen. Vielleicht hätte sie größere Chancen auf Erfolg gehabt, wenn sie die Einreichung des Baugesuchs nochmals verschoben und nicht auf eine Entscheidung gedrängt hätte. Mit etwas mehr Öffentlichkeitsarbeit und Dialogaktivitäten hätte man eventuell die Bevölkerung und mehr Gemeinderatsmitglieder für das Anliegen gewinnen können. All dies sind natürlich nur Vermutungen. Ob das erhoffte Ziel mit solchen Maßnahmen erreicht worden wäre, darüber kann nur spekuliert werden. Allerdings hätte man damit guten Willen gezeigt und verhindert sich dem Vorwurf auszusetzen, dass man es nicht versucht hätte, Vertrauen zu schaffen. Auch der Gemeinderat hätte in diesem Fall mehr guten Willen zeigen und der Moscheegemeinde Gesprächsangebote machen können. Die Verwaltungsspitze hat unseres Erachtens diesen guten Willen gehabt und versucht, diesen Prozess zielführend zu moderieren. Dies reicht aber – wie an diesem Fall zu sehen ist – nicht immer aus.

Kurz vor dem Ende der Sitzung berichtete ein langjähriges Mitglied des Gemeinderates etwas erregt, dass man vor zwanzig Jahren eine Vereinbarung mit dem Vorstand der Moschee getroffen hatte: kein Minarett und keine Kuppel. Wenn nun diese Erweiterungsbaumaßnahmen genehmigt worden wären, was könnte dann als Nächstes kommen? Folgte dann vielleicht in einigen Jahren der nächste Antrag, nämlich öffentlich zum Gebet rufen zu dürfen? Das würde man doch nicht wollen. Diese Äußerung verlangte mir ein Lächeln ab. Denn der öffentliche Gebetsruf war ein spezielles Thema, zu dem ich insbesondere 2020 in Beratungen und darüber hinaus Stellung beziehen musste. Und meine Meinung dazu sollte umstritten sein, wie noch zu sehen sein wird.

2.4 Das Eckpunktepapier zum Moscheebau der DİTİB in Tuttlingen[33]

Nach Tuttlingen fuhr ich im ersten Jahr der Islamberatung zweimal. Die damalige Integrationsbeauftragte lud mich zunächst ein, mit dem Oberbürgermeister zusammenzukommen und einige Monate später an einer Sitzung des begleitenden Arbeitskreises für den Moscheebau der DİTİB teilzunehmen. An beiden Terminen ging es um die Einordnung islamischer Gruppen und natürlich um die sich bereits im Bau befindliche

---

33 | Da der Moscheebau in Tuttlingen auf unserer Tagung öffentlich diskutiert wurde, muss die Darstellung hier nicht anonym erfolgen.

Moschee sowie damit verbundene Fragen. In der Vorbereitung auf den ersten Termin bekam ich einige Informationen zur Situation in der Stadt. Dabei stach das Eckpunktepapier zum Moscheebau heraus.[34] Dieses Papier – auch wenn es eigentlich sehr einfach gehalten ist und inhaltlich an manchen Stellen durchaus kontrovers diskutiert werden kann – bewerteten wir im Team als gute Grundlage für künftige Moscheebauten. Darin werden drei Gesichtspunkte – Grundlagen für ein interkulturelles Miteinander, soziale und integrationsspezifische Aspekte sowie städtebauliche Aspekte – festgehalten und erläutert. Betont wird ein gleichberechtigter Dialog zwischen der Stadtverwaltung, der Arbeitsgemeinschaft Christlicher Kirchen (ACK) – vor allem den evangelischen und katholischen Gesamtkirchengemeinden – und der DİTİB-Gemeinde, der durch Öffentlichkeitsarbeit und Transparenz Vorurteile beseitigt und Vertrauen schafft. Des Weiteren sollen sich alle Beteiligten für die Förderung der deutschen Sprachkompetenz und Religionsfreiheit weltweit einsetzen. Die Moschee wird als »Ort der Integration, des Dialogs und der Transparenz« verstanden. Sie soll an einem zentralen Ort gebaut werden und die sakralen Elemente in der Architektur sollen angemessen ausgeprägt sein. Von der Moscheegemeinde wird in diesem Dialogprozess verlangt, dass sie die Finanzierung offenlegt, die vermittelten Lerninhalte darstellt und die Stellung des Imams sowie der Frauen erklärt. Das Papier wurde 2010 verabschiedet und vom Oberbürgermeister sowie Vertreter*innen der beiden großen Gesamtkirchengemeinden und der DİTİB-Gemeinde unterzeichnet.

Auf der Jahrestagung zum Moscheebau im November 2019 diskutierte ich dieses Papier mit dem damaligen Integrationsbeauftragten der Stadt Tuttlingen und dem Vorsitzenden des DİTİB-Landesverbandes Baden-Württemberg, Erdinç Altuntaş. Der Integrationsbeauftragte erklärte, dass mit dem Bau der Moschee 2014 begonnen wurde. Aufgrund zwischenzeitlicher Probleme mit der Finanzierung verzögerte sich die Fertigstellung.[35] Dies löste zwar einige Unruhe bei den Beteiligten aus, die Vereinbarung sei allerdings immer noch gültig. Der DİTİB-Vertreter war bei der Bewertung des Papiers eher kritisch. Es sei zwar ein positives

34 | https://www.tuttlingen.de/de/Die-Stadt/Tuttlingen-aktuell/Pressemitteilungen/Pressemittei lung?view=publish&item=article&id=1451 [Zugriff: 09.04.2022].
35 | Es kam zwischenzeitlich zu großen Kommunikationsproblemen zwischen der Stadt und den Kirchen mit der DİTİB in Tuttlingen. Siehe dazu: https://www.tuttlingen.de/de/Die-Stadt/Tutt lingen-aktuell/Pressemitteilungen/Pressemitteilung?id=9643; https://www.schwaebische.de/ landkreis/landkreis-tuttlingen/tuttlingen_artikel,-tuttlinger-dekane-beklagen-kontaktverlust-zu-ditib-_arid,11026262.html [Zugriff: 09.04.2022].

Signal, aber ihn beschäftigten einige Fragen. Warum solle man die Finanzierung des Baus offenlegen oder erklären, welche Inhalte den Kindern im Koranunterricht vermittelt werden? Dies sei ein Eingriff in das Selbstbestimmungsrecht und ein Zeichen des Misstrauens, das der Gemeinde und dem Verband insgesamt entgegengebracht werde. Das Papier sei seiner Meinung nach »kein allgemeines Kochrezept für die Moscheebauten im Land«, aber man könne damit in den Dialog gehen. Er räumte allerdings ein, dass der Verband und seine Gemeinden noch Nachholbedarf bezüglich der Professionalisierung in der Öffentlichkeitsarbeit sowie hauptamtlicher Strukturen hätten.[36]

Die Einwände von Erdinç Altuntaş sind nachvollziehbar. Das Eckpunktepapier stellt Forderungen an die Gemeinde, die sehr vorurteilsbehaftet sind. Es erscheint mir legitim, dass Informationen zur Finanzierung eines solchen Projekts gefordert werden. Allerdings darf die betonte Gleichberechtigung zwischen den Dialogpartner*innen hinterfragt werden, wenn die Moscheegemeinde mit einigen Stereotypen konfrontiert wird. Dass man sich seitens der DİTİB-Gemeinde darauf eingelassen hat, scheint daher weniger aus Überzeugung erfolgt zu sein. Vielmehr war es wohl die Suche nach einem Kompromiss, der den Weg zur Moschee ebnen konnte.

Besonders auffällig ist, dass die im Eckpunktepapier mehrfach genannte Transparenz tatsächlich umgesetzt wird: Die Stadt Tuttlingen hat das Papier auf ihre Homepage gesetzt und damit die Vereinbarung für alle Bürger*innen zugänglich gemacht. Damit hatten alle Bürger*innen die Möglichkeit, sich über die vereinbarten Inhalte zu informieren und ein Bild von dem Prozess zu machen. Dieses Eckpunktepapier haben wir in den letzten Jahren an verschiedenen Stellen als Beispiel für den Umgang mit Moscheebauten eingesetzt. Auch wenn es wie bereits erwähnt nachvollziehbare kritische Anmerkungen geben kann, könnte es eine Grundlage für schriftliche Vereinbarungen zwischen Kommunen und Islamgemeinden sein. Nicht umsonst haben wir dieses Papier auf der Jahrestagung diskutiert.

---

36 | Siehe zur Tagung den Bericht auf der Akademiehomepage: https://www.akademie-rs.de/programm/meldungen/einzelansicht/news/islam-beratung-ist-ein-grosser-erfolg [Zugriff: 08.04.2022].

Empfehlungen

- Wir sind mehrfach danach gefragt worden, ob eine repräsentative Moschee für alle Muslim*innen in der Stadt offen sein und diese eventuell auch vereinen könnte. Diese und ähnliche Fragen waren mit einer Sorge verbunden: Was könnte man tun, wenn eine im Ort ansässige Gemeinde eine große Moschee baut und einige Jahre später eine weitere Gemeinde ebenfalls den Bau eines islamischen Gotteshauses beansprucht? Schließlich sind nicht in jeder Stadt zwei repräsentative Bauten vermittelbar. Von der Vorstellung der einen Moschee für alle als Ideallösung sollten sich Kommunen verabschieden. Mehrfach hatten wir das Gefühl, dass man sich dadurch einen einfacheren Dialog mit den Muslim*innen in der Stadt erhoffte. Aber das ist einfach nicht realistisch. Muslim*innen in Deutschland sind vielfältig und werden immer vielfältiger. Durch den Bau einer Moschee werden sich andere Gemeinden nicht auflösen und sich dem Verband anschließen, der die Moschee gebaut hat. Daher ist wichtig: Über den Bau einer Moschee sollte seitens der Verwaltung offen und möglichst mit vielen Gruppen in der Kommune kommuniziert werden. Die Islamgemeinden könnten dabei darauf vorbereitet werden, dass ein zweiter Bau in der Stadt auf absehbare Zeit nicht realisierbar sein wird. Trotzdem sollten Anliegen der anderen Islamgemeinden – etwa, wenn sie größere Räumlichkeiten benötigen – ernst genommen und mit ihnen Gespräche geführt werden.

- Der Bau von Moscheen ist nicht überall eine Selbstverständlichkeit. Kuppel, Minarett oder der öffentliche Gebetsruf sind – und das soll an dieser Stelle nochmals betont werden – immer noch »Reizthemen«. Das ist für Muslim*innen oft schwer nachzuvollziehen und enttäuschend. Die Realität in Deutschland ist aber eher von einer islamkritischen Stimmung geprägt und dies sollte von muslimischer Seite mitbedacht werden. Wie ein Teil dieser Gesellschaft zu Fragen der muslimischen Sichtbarkeit steht, kann nicht einfach ignoriert werden – wenngleich es schwerfällt, mit diesem ablehnenden oder stereotypen Klima umzugehen. Daher braucht es von Anfang an eine offene und klare Kommunikation zwischen der Islamgemeinde und der Verwaltung sowie möglicherweise einer kritischen Nachbarschaft im Umfeld des Moscheegebäudes. Nicht selten stehen lange Aushandlungsprozesse an, um zu einem Kompromiss zu kommen, der für alle Seiten tragbar ist. Daher sollten die Moscheegemeinden –

wenn nötig – bereit sein, sich und ihr Vorhaben auf Informationsveranstaltungen vorzustellen. Diese Veranstaltungen sollten möglichst von erfahrenen Moderator*innen oder professionellen Mediator*innen geleitet werden. Insgesamt sollten Islamgemeinden bei den oft kontrovers diskutierten Themen, wie etwa der Höhe des Minaretts, prüfen und hinterfragen, wie sie die eigenen Ansprüche formulieren und wie sie zu einer angemessenen Planung kommen können.

- Des Weiteren sollten Moscheegemeinden – auch wenn es zu Recht als Eingriff in die Selbstbestimmung empfunden wird – transparenter mit der Frage nach der Finanzierung des Bauprojekts umgehen. So können Vertrauen geschaffen und eventuelle Vorbehalte beseitigt werden. Insbesondere bei Moscheebau-Prozessen ist die Kommunikation über Jahre hinweg wichtig.

- Wird der Bau einer Moschee genehmigt, dann sollte die Verwaltung auch öffentlich zu dieser Entscheidung Stellung beziehen und das Recht der Muslim*innen auf würdige Gebetsstätten erklären. Ein Moscheebau sollte seitens der Verwaltung gut begleitet werden, vor allem damit die Transparenz gewährleistet werden kann. Ein gutes Instrument könnte ein Arbeitskreis sein, der etwa mit kommunalen Vertreter*innen, Repräsentant*innen der Islamgemeinde und kirchlichen Akteur*innen besetzt ist. Insbesondere die Kirchen könnten aufgrund eventueller Erfahrungen im interreligiösen Dialog eine Brückenfunktion in der Kommunikation übernehmen. Ein solcher Arbeitskreis würde den Prozess über die Jahre hinweg begleiten.

- Empfehlenswert ist es, auch den Rahmen für den Moscheebau und damit verbundene Fragen gemeinsam zu klären und in Form einer Erklärung zu veröffentlichen. Unseres Erachtens könnte man sich dabei an dem Vorgehen beim Moscheebau der DİTİB in Tuttlingen orientieren, auch wenn es – wie bereits beschrieben – an der einen oder anderen Stelle an die Rahmenbedingungen angepasst werden müsste. Außerdem sollte man bedenken, dass die festgehaltenen Punkte nicht ewig werden gelten können. Daher wäre es eine Möglichkeit, die Gültigkeit der vereinbarten Eckdaten für eine bestimmte Zeitspanne – vielleicht von zehn Jahren – schriftlich festzuhalten, damit diese von einem neuen Gemeinderat dann auf ihre Aktualität hin überprüft werden.

3. Der öffentliche Gebetsruf (azan)

Während des Fastenmonats Ramadan 2020 und kurz davor wandten sich mehrere kommunale Akteur*innen mit sich ähnelnden Anfragen an uns. Islamische Gemeinden äußerten den Wunsch, den islamischen Gebetsruf in ihren Städten öffentlich rufen zu dürfen. Auch in den Folgemonaten wurden wir bei Beratungsgesprächen zu anderen Schwerpunkten, aber auch bei anderen Anlässen von hauptsächlich kommunalen Verantwortlichen um die Einordnung solcher Anfragen seitens der Muslim*innen gebeten. Im ersten Lockdown waren durch die Corona-Schutzmaßnahmen Gottesdienste und Versammlungen untersagt. Als Zeichen der Solidarität unter den Menschen läuteten in den Kirchen bundesweit um 19 Uhr die Glocken. Anfragen der islamischen Gemeinden nach einer vergleichbaren Aktion mit dem öffentlichen Gebetsruf im Ramadan gab es in verschiedenen Regionen Deutschlands. Die DİTİB-Merkez-Moschee in Duisburg war die erste, die den *azan* zur gleichen Uhrzeit wie das Glockengeläut öffentlich rufen durfte. Die Moscheeleitung war von der benachbarten Kirchengemeinde angefragt worden, ob sie sich an der Aktion beteiligen wolle. Mehrere Städte folgten diesem Beispiel und erlaubten den öffentlichen Gebetsruf. Mancherorts galt diese Erlaubnis nur für den Fastenmonat.[37] Als Beispiel sei hier Rottenburg am Neckar genannt. Dort wurde der Gebetsruf jeden Abend im Ramadan zum Sonnenuntergang – also zur Zeit des täglichen Fastenbrechens – durch einen Lautsprecher gerufen. Dieser war allerdings nur in unmittelbarer Entfernung der Moschee zu vernehmen.[38] Andere Kommunen taten sich mit dieser Vorstellung schwer und hatten solche Anfragen bereits abgewiesen, bevor sie mit uns Kontakt aufnahmen.

In mehreren Gesprächen mit Verantwortlichen in den Kommunen spürte ich deutlich, dass diese mit derartigen Anfragen nicht gerechnet hatten und nicht darauf vorbereitet waren. In diesem Zusammenhang waren natürlich viele Fragen zu berücksichtigen. Würde man den öffentlichen Gebetsruf im Ramadan oder während des Lockdowns zulassen, dann könnten die Islamgemeinden nach der Pandemie eventuell auf

---

37 | Siehe dazu: https://www.domradio.de/themen/islam-und-kirche/2020-05-01/und-ploetzlich-gruesst-der-muezzin-corona-zeiten-ertoent-vielen-orten-der-gebetsruf-lautsprecher [Zugriff: 07.04.2022].

38 | Siehe dazu: https://www.schwarzwaelder-bote.de/inhalt.rottenburg-appell-an-religioese-toleranz.53a3b4d8-a396-48dc-8f64-c2b14a194344.html [Zugriff: 07.04.2022].

diese Ausnahmeregelung verweisen und argumentieren, dass schon einmal eine Lösung gefunden wurde. Deshalb könnten sie den Anspruch erheben, jedes Jahr während des Fastenmonats oder vielleicht auch dauerhaft öffentlich zum Gebet rufen zu dürfen. Aber wie würden das die Bürger*innen aufnehmen und wie könnte man mit potenziellen Protesten umgehen? Würden rechtspopulistische Bewegungen und Parteien das Thema nicht für sich nutzen und Stimmung machen, indem sie die »Islamisierung des Abendlandes« heraufbeschwören? Und was könnte den Muslim*innen stattdessen angeboten werden? Die Bewertung dieses Themenkomplexes stellte mich vor eine große Herausforderung. Für die anfragenden Muslim*innen wäre es ein Zeichen der Gleichberechtigung, wenn sie mit dem öffentlichen Gebetsruf in der Pandemie ebenfalls Trost und Mitgefühl hätten ausdrücken können. Dies war zumindest ihre Erklärung, die auch mir gegenüber geäußert wurde. Ich kann mich z. B. noch gut an ein Telefonat mit einem Mitglied eines der großen Islamverbände erinnern. Dabei gab er dieses Argument mehrfach als Motivation für die Anfrage seiner Gemeinde an. Für die Kommunen wiederum war die Genehmigung des öffentlichen Gebetsrufs mit verschiedenen Unsicherheiten verbunden.

An dieser Stelle möchte ich festhalten, dass ich bereits im ersten Lockdown entschieden hatte, diese Thematik – wenn auch nur in einem kurzen Kapitel – zum Gegenstand dieses Buches zu machen. Denn der Umgang damit macht das Selbstverständnis und die Zielsetzungen der Islamberatung deutlich. Zum besseren Verständnis müssen hier kurz die Ziele der Islamberatung wiederholt werden: Hauptziel unserer Beratungen ist es, die jeweils beratene Stelle zum angefragten Sachverhalt zu informieren und darüber hinaus nach bestem Wissen und Gewissen Empfehlungen für sie zu formulieren. So versuchen wir eine Grundlage zu bieten, auf der die beratenen Stellen die bestmögliche Lösung für sich finden können. Dabei – und das wird in der Bewertung unserer Arbeit nicht selten vergessen – versuchen wir auch mögliche Risiken mitzudenken, die im Umgang der beratenen Stelle mit den jeweiligen Angelegenheiten auftreten könnten. Die Islamberatung zielt mit ihren Empfehlungen nicht darauf ab, immer den vollen Umfang des rechtlich Möglichen auszuschöpfen. Der rechtliche Rahmen bildet natürlich die Grundlage für das, was grundsätzlich möglich ist, und das wird auch in der Beratung reflektiert. Aber unsere Empfehlungen beziehen auch die lokalen Gegebenheiten und unterschiedlichen Interessen mit ein und treffen dabei eine Abwägung, die wir auch transparent machen. Daher empfahl ich den Kommunen, den Anfragen der islamischen Gemeinden in der damaligen Situation erst einmal nicht stattzugeben. In den meisten Fällen war bereits – wie schon erwähnt – eine Absage erteilt worden. Angesichts der Unsicherheiten, die in den Gesprächen zum Vorschein kamen, schien mir dies – nach langer Überlegung und Auseinandersetzung mit den damit verbundenen Fragen – die beste Empfehlung für die Kommunen zu sein. Sie hatten schließlich um Beratung gebeten und es war die Aufgabe, für sie eine Empfehlung zu formulieren.

Aus meiner alltäglichen Arbeit und aus den Erfahrungen der letzten Jahre, die ich vor allem auf Vortragsveranstaltungen gemacht habe, weiß ich, dass viele Menschen schon lange vor der Corona-Pandemie Sorge hatten, dass der öffentliche Gebetsruf in Deutschland dauerhaft eingeführt werden könnte. Es ist in jedem Fall ein Thema mit viel Konfliktpotenzial. Das heißt nicht, dass man vor allen geäußerten Sorgen und Ängsten einknicken oder immer Rücksicht nehmen muss. Aber beim öffentlichen Gebetsruf haben wir es mit einem Thema zu tun, das meines Erachtens viel Aufklärungsarbeit benötigt und transparent diskutiert werden sollte.

Es sind innerhalb der Kommunen Entscheidungen notwendig, die sich nachhaltig gut vertreten und der Öffentlichkeit mit Überzeugung vermitteln lassen. Sollte eine Kommune z. B. ihre Entscheidung aufgrund des öffentlichen Drucks revidieren müssen, dann könnte dies auch für die Muslim*innen vor Ort kontraproduktiv sein. Wahrscheinlich wäre ihre Enttäuschung größer und das Vertrauen in die kommunalen Akteur*innen würde schwinden. Außerdem könnten Islamgegner*innen eine solche Umkehrung einer Entscheidung zum Anlass nehmen und bei zukünftigen Anliegen von Muslim*innen wieder zu ähnlichen Mitteln greifen, um diese zu verhindern. Ich habe mich zu diesem Thema auf der Jahrestagung 2020 und bei anderen Anlässen geäußert und musste dafür auch Kritik einstecken. Oft hatte ich aber auch den Eindruck, dass meine Argumentation nicht ganz verstanden wurde bzw. meine Gegenüber zu schnell in den Kontra-Modus schalteten. Ich habe nicht erwartet, dass meine Meinung angenommen wird. Dafür ist der Sachverhalt zu komplex und eine eindeutig richtige Position kann es wahrscheinlich nicht geben. Solche Diskussionen werden nicht selten zu schnell emotional geführt und man wird manchmal leider auch zu schnell als Gegner des Moscheebaus oder des *azans* verurteilt – im Übrigen nicht nur von

Muslim*innen. Das machte es so schwierig, meine Position an manchen Stellen hinreichend erklären zu können.

Umso wichtiger – und darin sehe ich auch eine Stärke der Islamberatung – ist es, die an uns herangetragenen Fragen in größere Zusammenhänge zu stellen und weiterzudenken, um andere Perspektiven zu erweitern und damit auch die Tür für umfassende Lösungen aufzustoßen. Im konkreten Fall des öffentlichen Gebetsrufs bedeutete dies auch, dass die muslimischen Akteur*innen in interreligiösen Feiern, gemeinsamen Gebeten für das Ende der Pandemie und ähnlichen Veranstaltungen eingebunden werden und eine angemessene Rolle einnehmen sollten.

Die Stadt Köln verkündete im Oktober 2021 den Start eines zweijährigen Modellprojekts, das den örtlichen islamischen Gemeinden den öffentlichen Ruf zum Freitagsgebet ermöglicht. Wer nun glaubte, dass Muslim*innen vor Ort die Antragstellung sofort in Angriff nahmen, der wurde enttäuscht. Von 35 Kölner Moscheegemeinden waren im August 2022 nur zwei Anträge[39] bei der Stadt eingegangen, darunter von der DİTİB-Zentralmoschee in Köln-Ehrenfeld. Diese Zurückhaltung kann damit zusammenhängen, dass viele kleinere Moscheegemeinden erst einmal beobachten wollen, wie es um die Akzeptanz der Öffentlichkeit für den Gebetsruf steht.[40] Aber auch innerislamisch gibt es durchaus verschiedene Auffassungen im Zusammenhang mit der Notwendigkeit des öffentlich gerufenen *azans*. Beispielsweise diskutierten die beiden bekannten Islamwissenschaftler*innen Lamya Kaddor und Prof. Mouhanad Khorchide im ZDF kontrovers darüber[41]. Gleich nach der Nachricht aus Köln wurden wir von verschiedenen Seiten gefragt, ob ein vergleichbares Projekt auch in einer Kommune in Baden-Württemberg umgesetzt werden könnte. Basierend auf unseren Beobachtungen sowie Gesprächen mit anderen Expert*innen auf diesem Gebiet schien mir das zunächst kein Thema zu sein. Auch solche Einschätzungen müssen wir in unsere Bewertungen und Empfehlungen integrieren.

Zum Abschluss dieses Themas ist es mir ein Anliegen, noch einen weiteren Aspekt anzureißen. Im Kontext des islamischen Gebetsrufs machen wir immer wieder die Erfahrung, dass von Nichtmuslim*innen

---

39 | https://www.welt.de/regionales/nrw/article240229177/Erster-Muezzin-Ruf-in-Koeln-weiter-nicht-abzusehen [Zugriff: 23.08.2022].
40 | https://www.deutschlandfunkkultur.de/gebetsrufe-koeln-moschee-beantragt-muezzin-ruf-100.html [Zugriff: 11.04.2022].
41 | https://www.zdf.de/nachrichten/panorama/islam-oeffentlicher-gebetsruf-koeln-debatte-100.html [Zugriff: 11.04.2022].

zwischen »Allah« und »Gott« unterschieden wird. Muslim*innen würden dabei Allah über alles stellen, ist oft zu hören. Die im Gebetsruf enthaltene Aussage, »es gibt keine Gottheit außer Gott«, kann in der Tat so verstanden werden. Einfach dargestellt lässt sich sagen, dass die islamische Lehre aber die Auffassung vertritt, dass der Gott Abrahams der Gott der Jüd*innen, der Christ*innen und auch der Muslim*innen sei, also Gott aller Angehöriger der drei abrahamitischen Religionen. Allah ist nur der arabische Begriff für Gott und wird auch von arabischsprachigen Christ*innen verwendet. Ich habe in meinen Vorträgen so oft erlebt, dass Zuhörer*innen mich erstaunt anschauen, ungläubig nachfragen oder vehementen Einspruch einlegen, wenn ich dies erklärt habe. Der Islamwissenschaftler Heinz Halm, langjähriger Professor an der Universität Tübingen, erklärt dazu, dass Allah kein Eigenname sei, wie etwa Zeus oder Jupiter. Und weiter: »*Allâh* sollte daher auch im Deutschen korrekt mit ›Gott‹ übersetzt werden, so wie ja auch *Dieu* oder *God* nicht als Eigennamen benutzt werden.«[42] Dass solche Missverständnisse gegenwärtig noch weit verbreitet sind, macht deutlich, dass der interreligiöse Dialog noch viel zu leisten hat.

Empfehlung

- Es ist sehr schwer, zum Thema *azan* eine Empfehlung zu formulieren. Ich möchte es dennoch wagen: Muslim*innen, denen der öffentliche Gebetsruf wichtig ist, sollten meines Erachtens erkennen, dass es noch wesentliche Fragen in diesem Zusammenhang gibt, die zunächst einer Klärung bedürfen, um eine breite Akzeptanz zu erreichen. Ohne gesellschaftliche Akzeptanz kann es immer wieder zu Spannungen kommen. Auch wenn aus der im Grundgesetz verankerten Religionsfreiheit heraus eine rechtliche Regelung hierfür gefunden werden kann, sollten die gesellschaftlichen Bedingungen und Spannungen vor Ort berücksichtigt werden. Deutschland verändert sich und diese Veränderungen sorgen bei vielen Menschen auch für Unsicherheiten. Dies sollte man ernst nehmen. Ich frage mich, ob es nicht viele andere Themen des islamischen Lebens in Deutschland

---

42 | Heinz Halm, Der Islam. Geschichte und Gegenwart, München ¹⁰2015, S. 10. Als Beispiel für die Kritik am *azan* unter anderem aus theologischen Gründen siehe die Ausführungen des CDU-Politikers Christian Gehring aus dem Wahlkreis Schorndorf: https://www.christian-gehring.de/aktuelles/oeffentliche-gebetsrufe-durch-muezzins-von-moscheen/ [Zugriff: 11.04.2022].

gibt, die dringlicher sind und daher prioritär behandelt werden sollten. Dabei denke ich z. B. an die große Muslimfeindlichkeit in der
Gesellschaft mit all ihren Facetten, an die strukturelle Ausgrenzung
unter anderem auf dem Arbeitsmarkt, etwa für Frauen, die ein Kopftuch tragen, an das Ringen um die Einführung eines flächendecken-
den islamischen Religionsunterrichts in Baden-Württemberg, an das
überwiegend verzerrte Bild des Islam und der Muslim*innen in den
Medien oder an die ausbaufähigen Strukturen in den Islamgemeinden. Sind das nicht wichtige Themen, die Muslim*innen, Kommunen, Politik und Zivilgesellschaft verstärkter angehen sollten? Vielleicht noch vor einem öffentlichen Gebetsruf?

4. Einordnung islamischer Gruppen

Die Einordnung islamischer Gruppen ist der größte Schwerpunkt unseres Beratungsangebots. So wurden Fragen rund um diese Thematik in etwa drei Viertel der über 200 durchgeführten Beratungen auf unterschiedliche Weise behandelt. Insbesondere Kommunen, aber auch kirchliche Einrichtungen oder Landesstellen nahmen die Islamberatung in Anspruch, um Informationen zu den vor Ort jeweils vertretenen islamischen Gruppen einzuholen sowie Empfehlungen für den Umgang mit ihnen im Hinblick auf die Einbindung in kommunale Handlungsfelder – zum Teil auch über konkrete Projekte oder Anliegen – zu erhalten. Die große Nachfrage zu diesem Schwerpunkt ist nachvollziehbar, ist aber zum Teil auch etwas überraschend. Eigentlich sollte davon auszugehen sein, dass inzwischen grundlegende Kenntnisse zu den jeweiligen islamischen Gruppen vorhanden sind, da Muslim*innen und ihre Vereine seit Jahrzehnten in vielen Kommunen existieren. Dies war aber nicht immer der Fall.

Nachvollziehbar ist die Nachfrage meines Erachtens, da es bei allen Prozessen im Zusammenhang mit muslimischem Leben in der Kommune meist auch Fragen zu den islamischen Gemeinden gibt, die daran beteiligt sind oder die man beteiligen kann. Vor allem, wenn in der Verwaltung neues Personal im Bereich der Integration eingestellt wird, ist es für die neuen Verantwortlichen essentiell, sich einen guten Überblick zu den islamischen Gemeinden und Vereinen vor Ort zu verschaffen und sich über Hintergründe, Einstellungen und Wirken der übergeordneten Verbände zu informieren. Dafür ist die Islamberatung ja auch da! Des Weiteren wird die Islamlandschaft immer heterogener und das wirft natürlich neue Fragen auf. Außerdem können durch Ereignisse Veränderungen auftreten, die aus Sicht der Kommune eine Neubewertung einer oder mehrerer islamischer Gemeinden nötig machen. Dies war hauptsächlich im Zusammenhang mit den DİTİB-Gemeinden nach dem Putschversuch in der Türkei 2016 der Fall.

Überrascht hat mich persönlich, an wie vielen Orten gegenüber meinen Kolleg*innen und mir Unsicherheiten im Hinblick auf die Kontaktherstellung und die Kommunikation – selbst mit islamischen Gemeinden, die den etablierten Verbänden wie DİTİB, IGMG oder VIKZ angehören – geäußert wurden. Zum einen war das kommunale Personal selbst unsicher, wie es agieren sollte. Zum anderen fehlten den Kommunen zum

Teil Kontakte oder verlässliche Ansprechpartner*innen auf Seiten der Muslim*innen, mit denen sich auch über schwierige Fragen und Themen offen und ehrlich sprechen ließ. Es bestand und besteht also in diesem Zusammenhang an vielen Stellen auf beiden Seiten Nachholbedarf. Vor allem wurde mir in diesen Prozessen regelmäßig vor Augen geführt, wie wichtig der Strukturaufbau in Islamgemeinden ist. So löblich das ehrenamtliche Engagement vieler Muslim*innen ist, das eigentlich mehr Anerkennung verdienen sollte – eine Augenhöhe in der Zusammenarbeit kann nur durch den Aufbau nachhaltiger und hauptamtlicher Strukturen erreicht werden.

In unseren Beratungen wurden im Laufe von über sieben Jahren natürlich viele islamische Gruppen behandelt, auf die im Folgenden nicht alle eingegangen werden kann.[43] Zunächst werde ich DİTİB und die IGMG besprechen, da es die beiden Gruppen sind, die am häufigsten Gegenstand der Beratungen waren. Es folgt die Ahmadiyya Muslim Jamaat (AMJ), die nicht nur in kommunalen Zusammenhängen immer mehr in Erscheinung tritt und sich als ein wichtiger Akteur auf muslimischer Seite etabliert. Anschließend werden der VIKZ, die AABF (Verband der Alevit*innen) und Vereine, die Hizmet (besser bekannt als Gülen-Bewegung) zugerechnet werden, behandelt. Vereinzelt haben wir auch Beratungen zu salafistischen Gruppen durchgeführt, die zum Abschluss dieses Kapitels – aufgrund der Aktualität dieser Thematik in den ersten Jahren der Islamberatung – nicht fehlen dürfen.

4.1 Türkisch-Islamische Union der Anstalt für Religion (DİTİB)

Die Türkisch-Islamische Union der Anstalt für Religion e. V. (türk. *Diyanet İşleri Türk İslam Birliği*, DİTİB) hat uns in der Islamberatung oft beschäftigt, denn DİTİB ist in vielen Kommunen vertreten und verhältnis-

---

43 | In unseren Beratungen ging es unter anderem auch um folgende Gruppen: Arabische Gemeinden, die keinem Dachverband angehören, wurden immer wieder thematisiert, ebenso wie Vereine der vom Verfassungsschutz beobachteten Föderation der Türkisch-Demokratischen Idealistenvereine in Deutschland (ADÜTDF), besser bekannt unter der Bezeichnung »Graue Wölfe«. Vereinzelt wurden Gemeinden der Islamischen Gemeinschaft der Bosniaken (IGBD: http://igbd.org/) und der Union der Islamisch-Albanischen Zentren in Deutschland e. V. (UIAZD: https://www.uiazd.de/sq/uber-uns/) behandelt. Aus dem Bereich des Sufismus sind die Vereine Shems e. V. (http://www.shems.org/), Sufi-Zentrum Rabbaniyya, Europäisches Zentrum für Sufismus & Interreligiöse Begegnungen e. V. (http://sufi-zentrum-rabbaniyya.de/) zu nennen. Als weitere Organisationen seien hier beispielhaft angeführt der Sozialdienst Muslimischer Frauen (https://smf-verband.de/), die Türkische Gemeinde in Baden-Württemberg (https://www.tgbw.de/) oder Tavir e. V. (https://www.tavir-ravensburg.de/).

mäßig präsent für die lokale Verwaltung und Öffentlichkeit. Vor allem nach dem versuchten Militärputsch in der Türkei im Juli 2016 häuften sich die Anfragen. Während es zuvor eher um Themen wie eine aufgrund fehlender Strukturen erschwerte Kommunikation oder Vorstände mit unzureichenden Deutschkenntnissen ging, wurden die Beratungsgegenstände nun deutlich konfliktträchtiger. Die politischen Entwicklungen in der Türkei hatten auch Auswirkungen auf das Zusammenleben in Deutschland. Unter anderem brachten Berichte über Vorwürfe gegen DİTİB-Imame, die Hizmet-Anhänger*innen in Deutschland ausspionierten, sowie die mangelnde Distanzierung vom Einfluss der türkischen Politik den Verband und seine Gemeinden in der deutschen Öffentlichkeit unter Druck.

Die Bindung der DİTİB an die Türkei wurde zwar schon länger kritisch beäugt, allerdings standen Kooperationen auf lokaler Ebene nicht wirklich auf dem Prüfstand und es wurde meist nicht ernsthaft über ihre Beendigung gesprochen. Die Rückbindung des Verbands an die staatliche türkische Religionsbehörde *Diyanet* und die Entsendung von Imamen aus der Türkei nach Deutschland galt lange Zeit als stabilisierender und legitimierender Faktor in der Zusammenarbeit mit der DİTİB und für die Deckung religiöser Bedürfnisse von Muslim*innen in Deutschland. Inzwischen wird die enge Verbindung zur Türkei auf verschiedenen Ebenen von interreligiösem Dialog bis Projektförderung kritisiert und auch politisch diskutiert. In der Folge sahen sich auch viele kommunale wie kirchliche Stellen gezwungen, ihr Verhältnis zur DİTİB zu hinterfragen. Seitdem wurden wir verstärkt um eine neue Einordung der DİTİB gebeten und nach Empfehlungen zum Umgang mit dem Verband oder seinen Gemeinden vor Ort gefragt.

Interessanterweise war vielen Akteur*innen – und das begegnete mir auch in vielen Gesprächsrunden jenseits von Beratungen – die nicht ganz irrelevante Entstehungsgeschichte DİTİBs mitsamt der engen Bindung an die türkische Politik oft nicht bekannt, sodass ich sie immer wieder thematisieren musste, um Grundlagen für ein besseres Verständnis des jeweiligen Sachverhalts zu schaffen. DİTİB ist der größte islamische Verband in Deutschland und hat 960 Gemeinden, davon 850 Moscheegemeinden.[44] In Baden-Württemberg gehören dem Verband über 160 Gemeinden an. Nach eigenen Angaben hat der Verband durch Familien-

---

44 | Die restlichen 110 Gemeinden/Vereine setzen sich aus Landesverbänden, Bildungs- und Sportvereinen sowie Kultur-, Wohltätigkeits- und Solidaritätsvereinen zusammen.

mitgliedschaften bundesweit eine Reichweite von bis zu 1,3 Millionen Menschen.[45] Laut der Studie »Muslimisches Leben in Deutschland« (MLD) aus dem Jahre 2020 fühlt sich knapp ein Viertel aller Muslim*innen in Deutschland von DİTİB vertreten. Unter den türkeistämmigen sind es sogar über 40 %.[46] DİTİB wurde 1984 von der türkischen Religionsbehörde ins Leben gerufen. Bereits in den 1970er Jahren waren in Deutschland nichtstaatliche türkisch-islamische Organisationen entstanden, deren Einfluss auf die türkischen Arbeitsmigrant*innen dem türkischen Staat missfiel. Mit der Gründung eines staatlich kontrollierten Verbands sah die Türkei die Möglichkeit, in den Moscheegemeinden ein laizistisches Islamverständnis zu vermitteln. Gleichzeitig sollte dies extremistischem Gedankengut vorbeugen und die Bindung an die Türkei stärken.[47] Dies wurde in Deutschland lange Zeit begrüßt und DİTİB galt als wichtigster islamischer Partner für Politik, Kirchen, Kommunen und Zivilgesellschaft.

Noch heute ist DİTİB in vielen unterschiedlichen Gremien vertreten. Die Beteiligung an der Deutschen Islam Konferenz (DIK), die Mitarbeit im Beirat des Zentrums für Islamische Theologie an der Universität Tübingen oder die Arbeit in Räten der Religionen[48] seien hier als Beispiele auf verschiedenen Ebenen genannt. Allerdings ist DİTİB 2019 z. B. selbst aus dem Prozess rund um den Islamischen Religionsunterricht in Baden-Württemberg ausgestiegen. Die von der Landesregierung ins Leben gerufene Stiftung Sunnitischer Schulrat[49] wird vom DİTİB-Landesverband als unzulässiger staatlicher Eingriff in die Religionsfreiheit und ihr Selbstbestimmungsrecht bewertet.[50] Dass ausgerechnet die DİTİB, die mit der *Diyanet* eine staatliche Institution hinter sich stehen hat, dieses

45 | Angaben von Verbandsvertreter*innen per E-Mail.
46 | Katrin Pfündel – Anja Stichs – Kerstin Tanis, Muslimisches Leben in Deutschland 2020. Studie im Auftrag der Deutschen Islam Konferenz, Nürnberg 2021, S. 107–108, online unter: https://www.bamf.de/SharedDocs/Anlagen/DE/Forschung/Forschungsberichte/fb38-muslimisches-leben.html [Zugriff: 16.08.2022].
47 | Eine gute Zusammenfassung der Gründungsgeschichte lässt sich finden in: Theresa Beilschmidt, Gelebter Islam. Eine empirische Studie zu DİTİB-Moscheegemeinden in Deutschland, Bielefeld 2015, S. 37–59. Das Buch ist in seiner Gesamtheit eine empfehlenswerte Lektüre zum besseren Verständnis des Verbands. Es gibt noch einige weitere Publikationen, die ebenfalls empfohlen werden können. An dieser Stelle seien noch genannt: Thomas Lemmen, Muslime in Deutschland. Eine Herausforderung für Kirche und Gesellschaft, Baden-Baden 2001, S. 88–92; Aysun Yaşar, Die DİTİB zwischen der Türkei und Deutschland. Untersuchungen zur Türkisch-Islamischen Union der Anstalt für Religion e. V., Würzburg 2012.
48 | Siehe dazu Kapitel 6.3.
49 | Zur Stiftung siehe: https://sunnitischer-schulrat.de/ [Zugriff: 15.08.2022].
50 | Siehe dazu: https://www.stuttgarter-zeitung.de/inhalt.islamunterricht-islamunterricht-ohne-ditib.6b579a09-9ec8-44b0-99b2-cfdbd6a84b24.html [Zugriff: 15.08.2022].

Stiftungsmodell als politische Einmischung in Religionsfragen anprangert, löst – wie ich aus vielen Gesprächen mit Personen aus verschiedenen Arbeitsbereichen vernommen habe – großes Unverständnis aus. Solche Haltungen des Verbands sorgen dafür, dass das Misstrauen und die Ablehnung ihm gegenüber anwachsen. Daran zeigt sich aber auch, dass sich grundlegend etwas verändert hat: Während Prozesse wie die Einführung des Islamischen Religionsunterrichts noch vor einigen Jahren ohne DİTİB kaum denkbar gewesen wären, hat sich das Blatt mittlerweile gewendet.[51]

Oftmals aber waren die Distanzierung von DİTİB oder aufkommende Irritationen in der Gesellschaft eine Folge der angespannten politischen Beziehungen zwischen Deutschland und der Türkei. Vor allem in einigen kleineren Kommunen wurden wir zu Rate gezogen, weil die politischen Entwicklungen in der Türkei und die negativen Schlagzeilen zur DİTİB in den Verwaltungen zu Verunsicherungen bezüglich des Umgangs mit den örtlichen DİTİB-Gemeinden geführt hatten. Konkrete Anlässe vor Ort gab es dazu jedoch oftmals nicht. Andere Kommunen wiederum beklagten ein schwieriger gewordenes Verhältnis zu den DİTİB-Gemeinden. Man nahm z. B. an verschiedenen Stellen konservativere Prägungen bei Mitgliedern und Imamen als noch vor einigen Jahren wahr. Zudem berichteten einige kommunale Akteur*innen von einem forschen und teilweise als unangemessen empfundenen Auftreten von Vorstandsmitgliedern, wenn es um Fragen der Einflussnahme der Türkei auf den Verband und die Gemeinden ging. Besonders schwierig konnte es werden, wenn Vereine der Hizmet-Bewegung seitens der Kommune in Dialogprozessen eingebunden wurden oder werden sollten. Mehrfach berichteten kommunale und zum Teil auch kirchliche Verantwortliche von vehementen Protesten der DİTİB-Mitglieder. Dies konnte sogar zu einem Rückzug der DİTİB aus gemeinsamen Aktivitäten führen. Eine Verwaltungsspitze schilderte mir, dass ein DİTİB-Vertreter ihm lautstark vorwarf, Terrorismus zu fördern, weil Hizmet-Anhänger*innen in der Stadt Aktivitäten für Kinder und Jugendliche anbieten durften.

Der Diskurs um DİTİB sollte sich schließlich im Herbst 2018 noch einmal verschärfen, als das Bundesamt für Verfassungsschutz ankün-

---

51 | Z. B. hat das Bundesland Hessen 2020 aufgrund der nicht vorhandenen Unabhängigkeit DİTİBs vom türkischen Staat den islamischen Religionsunterricht ausgesetzt. Nach einer Klage der DİTİB beim Hessischen Verwaltungsgerichtshof nähern sich beide Seiten aber wieder an. Siehe dazu: https://kultusministerium.hessen.de/presse/nach-der-entscheidung-des-verwaltungs gerichtshofs [Zugriff: 15.08.2022].

digte, eine Beobachtung der Verbandszentrale zu prüfen.[52] Ich kann mich noch gut an die Situation erinnern, als ich diese Nachricht in einem Hotel in Kehl las, wo ich mich auf das am nächsten Tag an der dortigen Hochschule stattfindende Seminar zur Islamberatung vorbereitete. Am selben Abend sprach ich mit meinen beiden am Seminar beteiligten Kolleg*innen, Christina Reich und Andreas Pattar, lange darüber, wie das Urteil des Verfassungsschutzes ausfallen könnte und welche Folgen dies haben würde. Ich persönlich konnte mir schon an diesem Abend nicht wirklich vorstellen, dass es tatsächlich zu einer Beobachtung von DİTİB kommen würde. Wie auch einige Expert*innen, mit denen ich mich zu dieser Zeit ausgetauscht hatte, fragten wir uns unter anderem, was eine solche Entscheidung für die Beziehungen mit dem türkischen Staat bedeuten würde. Hätte dann nicht auch das EU-Türkei-Abkommen zum Umgang mit Geflüchteten aus dem Jahr 2016 in Gefahr geraten können? Einige Monate später wurde erklärt, dass man DİTİB nicht beobachten werde. Unter anderem hatten die Landesämter für Verfassungsschutz der Beobachtung des Verbands überwiegend nicht zugestimmt. Bei DİTİB erkannte man nationalistische Bestrebungen und keinen religiösen Fanatismus.[53] Doch die Prüfung durch den Verfassungsschutz sollte nachhaltig negative Auswirkungen auf den Ruf der DİTİB haben. Es blieb in vielen Köpfen hängen, dass die DİTİB vom Verfassungsschutz beobachtet werde. An manchen Stellen hielten meine Gesprächspartner*innen in Beratungen und anderweitigen Gesprächen an dieser falschen Information hartnäckig fest. Ich empfahl den Kommunen, sich in solchen Situationen an die Sicherheitsbehörden zu wenden und dort um Einschätzung zu bitten. So konnte die Kommune auf der sicheren Seite sein und es ließ sich ein falscher Verdacht gegen die DİTİB vermeiden. Auch das ist die Aufgabe der Islamberatung. Vor allem war es spannend, wenn wir als Berater*innen Personen von ihrer Wahrnehmung, der Verfassungsschutz beobachte DİTİB, abbringen konnten, um danach mit der Aussage konfrontiert zu werden, dass man die DİTİB aber beobachten sollte. Daran merkte ich – und auch andere an der Islamberatung beteiligte Personen –, dass es nicht immer um eine sachliche Aufarbeitung der jeweiligen Situation ging.

52 | https://www.tagesspiegel.de/politik/moscheeverband-verfassungsschutz-prueft-beobachtung-von-ditib/23096228.html [Zugriff: 15.08.2022].

53 | https://www.dw.com/de/ditib-wird-doch-nicht-geheimdienstlich-beobachtet/a-46654761 [Zugriff: 15.08.2022].

66

In den letzten Jahren ist es sehr einfach geworden, die DİTİB pauschal zu kritisieren. Und obwohl ich oftmals eine sehr kritische Haltung gegenüber dem Verband vertrat, worüber sich DİTİB-Verantwortliche mehrfach beschwerten, war es mir und uns allen in der Islamberatung wichtig, für einen differenzierten Umgang mit dem Verband und vor allem seinen Gemeinden zu werben. Das gebietet einfach die Fairness. Umgekehrt wurde mir aufgrund dieser Art von Darstellung vereinzelt eine DİTİB-Nähe unterstellt. In manchen Situationen hatte ich das Gefühl, dass meine Gegenüber sich in ihrer DİTİB-Ablehnung lediglich bestätigt hören wollten und mir gar nicht die Möglichkeit zu einer ausführlichen Antwort gaben. Solche Erfahrungen gehören leider dazu, wenn man in diesem Feld arbeitet.

In diesen Zeiten der breiten öffentlichen Diskussionen um DİTİB war es mir und meinen Projektpartner*innen auch wichtig, die Gemütslage in DİTİB-Gemeinden im Blick zu behalten. In Gesprächen mit DİTİB-Verantwortlichen und -Mitgliedern nahmen wir wahr, dass sie anfangs in dem Glauben lebten, lediglich eine Phase des Drucks überstehen zu müssen. Der Staat brauche die DİTİB schließlich als Partner und man werde sich wieder um ein besseres Verhältnis zu dem Verband bemühen, war eine Aussage, die mir entgegnet wurde. Doch der Druck nahm zu und diese »Phase« dauert nun schon einige Jahre an. Damit hatte man nicht gerechnet. Das lag vor allem daran, dass DİTİB doch noch vor nicht allzu langer Zeit als der große Partner galt. Meines Erachtens scheint hierin ein viel grundlegenderes Problem auf, das ich unter anderem im Herbst 2020 in einem kurzen Interview mit der Südwest-Presse benannt habe. Dort spreche ich von der verpassten Chance, die schwierigen Themen mit DİTİB diskutiert zu haben, als die Beziehungen noch belastbarer waren. Doch damals sollte der große Partner auf islamischer Seite möglichst nicht verärgert werden. Die Loyalität zum türkischen Staat wird aber inzwischen sichtbarer und wird auch mehr wahrgenommen. Sie gewinnt auch dadurch an Relevanz und Brisanz, dass die Türkei gleichzeitig innenpolitisch eine Entwicklung nahm, die anders ausfiel, als vielleicht vor zehn Jahren in Deutschland noch von vielen erhofft. Forderungen an die DİTİB, sich von Ankara zu emanzipieren, hören sich zunächst logisch und konsequent an, aber man fordert hier etwas, was der Verband aufgrund seiner strukturellen Verflechtung mit türkischen staatlichen Einrichtungen gar nicht selbst leisten kann.[54] Bei aller Kritik, die an der Rückbindung an die türkische Religionsbehörde geäußert werden kann, muss auch wahrgenommen werden, dass im Dialog engagierte Personen doch auch frustriert über die Reduzierung der DİTİB auf Fragen der türkischen Politik sind. Mehrfach wurde mir gesagt, dass man ständig auf die türkische Politik angesprochen werde und nicht das Gefühl habe, mit den Anliegen und Bedürfnissen der eigenen Gemeinden oder als Bürger*innen der jeweiligen Kommune wirklich ernst genommen zu werden. Solche Gespräche und der Blick über den Tellerrand hinaus sind ebenfalls ein wichtiger Bestandteil unserer Arbeit, um eine so komplexe und gleichzeitig sensible Sachlage zu überblicken und einzuschätzen, damit konkrete Empfehlungen formuliert werden können.

Empfehlungen

- DİTİB-Gemeinden haben ein Anrecht auf einen differenzierten Umgang mit ihnen – wie andere Religionsgemeinschaften auch. Grundsätzlich wäre es wichtig, dass Kommunen, Kirchen, Zivilgesellschaft und andere Stellen die DİTİB nicht nur auf die Rückbindung an die Türkei und die dortigen Entwicklungen reduzieren, diese aber wohl im Blick behalten. Bei der Bewertung der jeweiligen Gemeinde sollte der kommunale Kontext im Vordergrund stehen. Wenn es vor Ort nichts zu beanstanden gibt, dann gibt es auch keinen Grund, den Dialog oder Kooperationen zu hinterfragen. Schlagzeilen über den Verband sollten natürlich zur Kenntnis genommen werden und können in entsprechenden Situationen auch angesprochen werden. Sie sollten aber nicht jeden Austausch dominieren. Als Bürger*innen der Stadt wollen DİTİB-Mitglieder auch mit ihren Anliegen und Bedürfnissen ernst genommen werden.

- Zu ehrlichen und konstruktiven Dialogen gehört es auch, dass schwierige Themen diskutiert werden. Zum Verhältnis zur Türkei gibt es auf vielen Ebenen Fragen an den DİTİB-Verband und seine Gemeinden. Zu diesen Fragen sollten DİTİB-Verantwortliche und Mitglieder zureichend Auskunft geben. Es wäre wichtig, dass auch in kommunalen Zusammenhängen ein geeigneter Rahmen gefunden wird, um sich sachlich – und auf beiden Seiten weniger emotional – darüber auszutauschen.

---

54 | https://www.akademie-rs.de/fileadmin/akademie-rs/redaktion/pdf/Fachbereiche/ISL/2020-11-13_Suedwest_Presse_DITIB.pdf [Zugriff: 15.08.2022].

- DİTİB als größter islamischer Verband in Deutschland sollte nach nun fast vierzig Jahren Existenz und vor dem Hintergrund seines ausgeprägten Potenzials an Gemeinden und Personen ernsthaft an der Etablierung hauptamtlicher Strukturen auf Gemeindeebene arbeiten. Das wäre für die Nachhaltigkeit in der Gemeindearbeit sowohl in internen als auch externen Prozessen sehr sinnvoll. Natürlich ist das nicht in allen 900 Gemeinden umsetzbar. Aber in großen und mittelgroßen Kommunen wäre dies perspektivisch angebracht, um dem eigenen Anspruch gerecht zu werden, Ansprechpartner*innen in Sachen Islam und Muslim*innen zu sein.
- Kommunen, Kirchen und Zusammenschlüsse wie die Räte der Religionen sollten versuchen zu Dialogrunden und weiteren ähnlichen Prozessen möglichst eine breite Vielfalt islamischer Gemeinden und Vereine zu erreichen. Ein solches Angebot kann von muslimischer Seite angenommen oder ausgeschlagen werden. Sollte die DİTİB aufgrund der Beteiligung eines Hizmet-Vereins die Mitwirkung absagen, dann ist es ihr gutes Recht. Die Kommunen oder interreligiöse Foren sollten sich wiederum nicht unter Druck setzen lassen hinsichtlich der Frage, mit wem sie sich an einen Tisch setzen oder kooperieren. Sollte es zu einem Rückzug der DİTİB kommen, ist es besonders in Kommunen mit ausgeprägten Beziehungen zur dortigen Gemeinde empfehlenswert, ins Gespräch zu gehen, dabei aber die eigenen Vorstellungen und Haltungen nicht aufzugeben.

4.2 Islamische Gemeinschaft Millî Görüş (IGMG)

Die Islamische Gemeinschaft Millî Görüş e. V. (IGMG) ist seit Beginn unseres Beratungsangebots bis heute kontinuierlich und in verschiedenen Kontexten Gegenstand von Beratungen gewesen. Bereits während der Laufzeit des Projekts »Junge Muslime als Partner« (2012–2014) wurde ich mehrfach von kommunalen Akteur*innen um eine Einschätzung der IGMG gebeten. Meinen Projektpartner*innen und mir war daher schon in der Vorbereitungsphase des Projekts bewusst, dass Beratungen zu diesem Verband einen Schwerpunkt unserer Arbeit bilden könnten. Viele Kommunen, aber auch andere Stellen nutzten in den letzten Jahren die Möglichkeit eines Austauschs mit uns, um unter anderem zu entscheiden, ob sie Gespräche mit der IGMG-Gemeinde vor Ort führen sollten und wie diese in kommunale Handlungsfelder eingebunden werden könnte. Die Unsicherheiten in diesem Zusammenhang waren oft groß, denn zum Teil hatten kommunale Akteur*innen – allen voran die Integrationsbeauftragten – die IGMG-Gemeinden in ihren Städten als aufgeschlossen und an Partizipation interessiert kennengelernt. Daher konnte man sich vorstellen, ihnen eine Chance zur Beteiligung an kommunalen Prozessen zu geben. So einfach ist dies aber oft nicht, denn die Beobachtung der IGMG durch den Verfassungsschutz in Baden-Württemberg kann für eine Kommune eine große Herausforderung darstellen, wenn sie die Gemeinde vor Ort bewerten oder mit ihr zusammenarbeiten möchte. Aufgrund der Beobachtung durch den Verfassungsschutz ist die IGMG von vielen Prozessen mit staatlicher Beteiligung auf Landesebene ausgeschlossen. So wurde sie weder zum »Runden Tisch Islam« noch zum »Runden Tisch der Religionen« eingeladen, um hier zwei prominente Beispiele anzuführen, die von Landesministerien ins Leben gerufen worden sind.[55] Auch im Bereich des interreligiösen Dialogs werden ihre Vertreter*innen nicht immer eingebunden. So wird der IGMG z. B. teilweise verwehrt, in Räten der Religionen oder ähnlichen Gremien Mitglied zu werden.

In Deutschland reichen die Anfänge der IGMG in die Mitte der 1970er Jahre zurück. Nach mehreren Abspaltungen und Namensänderungen besteht die Organisation in der jetzigen Form und unter dem Namen Islamische Gemeinschaft Millî Görüş seit 1995. Der Verband hat bundesweit über 320 Gemeinden, davon ca. 60 in Baden-Württemberg. Seine Mitgliederzahl beläuft sich laut Selbstdarstellung in allen Ländern, in denen die IGMG vertreten ist, auf 170.000.[56] Die IGMG wird vom Verfassungsschutz als bedeutendste Organisation des legalistischen Islamis-

---

55 | Der Runde Tisch Islam wurde 2011 auf Initiative von der damaligen Integrationsministerin Bilkay Öney eingerichtet. Dabei kamen zweimal jährlich neben Vertreter*innen islamischer Verbände auch muslimische Expert*innen sowie Repräsentant*innen der Kirchen und der Zivilgesellschaft zusammen. Siehe dazu: https://www.baden-wuerttemberg.de/de/service/presse/pressemitteilung/pid/landesregierung-ruft-runden-tisch-islam-ins-leben/ [Zugriff: 12.08.2022]. Eine ausführliche Darstellung zum Runden Tisch Islam findet sich bei: Max Bernlochner, Der ›Runde Tisch Islam‹ Baden-Württemberg – Lösungsorientierte Zusammenarbeit auf Augenhöhe, in: Mathias Rohe et al. (Hg.), Handbuch Christentum und Islam in Deutschland. Grundlagen, Erfahrungen und Perspektiven des Zusammenlebens, Freiburg 2014, S. 1182–1192. Der Runde Tisch Islam wurde 2017 von Manfred Lucha, Minister für Soziales, Gesundheit und Integration, durch den Runden Tisch der Religionen ersetzt. Siehe dazu: https://sozialministerium.baden-wuerttemberg.de/de/integration/runder-tisch-der-religionen/ [Zugriff: 12.08.2022]. Ich gehörte beiden Gremien an und habe dadurch wertvolle Erfahrungen – auch für den Beratungsalltag – sammeln können.

56 | Siehe dazu: https://www.igmg.org/selbstdarstellung/ [Zugriff: 11.08.2022]. In einem Austausch per E-Mail sowie später in einem persönlichen Gespräch wurden mir folgende Zahlen genannt: Europaweit ca. 167.000 Mitglieder, davon ca. 96.000 in Deutschland und 16.500 in Baden-Württemberg.

mus[57] eingestuft. Ausschlaggebend für diese Einschätzung sind die Ideen des Gründers der Millî Görüş-Bewegung (deutsch »Nationale Sicht«)[58] in der Türkei, Necmettin Erbakan (1926–2011). Erbakan, der von 1996 bis 1997 kurze Zeit türkischer Ministerpräsident war, hatte seit den 1970er Jahren für die Etablierung einer islamischen Rechtsordnung in der Türkei geworben und bekräftigte dies in seiner 1993 erschienenen Schrift *Adil Düzen* (»Gerechte Ordnung«) unter anderem mit anti-westlicher Propaganda.[59]

Im Bericht des Verfassungsschutzes Baden-Württemberg für das Jahr 2021 heißt es im Hinblick auf die IGMG unter anderem:

> »Die IGMG vertritt eine auf religiösen Normen begründete Lebens- und Gesellschaftsordnung, deren Verwirklichung nicht mit den Prinzipien der freiheitlichen demokratischen Grundordnung vereinbar ist. Ihr Vorhaben, in Deutschland den Status einer Religionsgemeinschaft zu erlangen, um den politischen Diskurs über Fragen des Islams mit ihren Positionen maßgeblich mitzubestimmen, treibt sie stetig weiter voran. In der Außenkommunikation vermeidet sie jegliche Bezugnahme auf die Person Erbakans und dessen gesellschaftspolitische Ideologie und zeigt sich dialogorientiert. Intern steht sie jedoch zu ihrer Identifikations- und Leitfigur. Rechtliche oder gesellschaftspolitische Hürden, die die Gemeinschaft betreffen, werden häufig ›islamfeindlichen‹ Einstellungen der Umgebungsgesellschaft zugeschrieben. Der Rückzug in die Opferrolle vergrößert die Distanz zum nichtmuslimischen Umfeld und befördert Segregationstenden-

57 | Unter legalistischem Islamismus werden Gruppen verstanden, die in der Regel gewaltablehnend sind, aber auf einem legalen Wege versuchen eine Gesellschaft zu unterwandern und nach islamischen Vorstellungen umzuformen. Für eine Erklärung des Begriffes und des Feldes siehe: Thomas Schmidinger, ›Legalistischer Islamismus‹ als Herausforderung für die Prävention. Was tun, wenn Gewalt nicht das Problem ist?, online unter: https://www.bpb.de/themen/infodienst/322922/legalistischer-islamismus-als-herausforderung-fuer-die-praevention/ [Zugriff: 12.08.2022].

58 | Laut der Selbstdarstellung auf der IGMG-Homepage »beschreibt ›Millî Görüş‹ (›görüş‹ türkisch für ›Sichtweise‹) eine Gemeinschaft, die ihre Sichtweise und ihren Glauben auf die Gemeinschaft Abrahams zurückführt und dem Weg des Propheten Muhammad folgt.« (https://www.igmg.org/selbstdarstellung/ [Zugriff: 12.08.2022]).

59 | Siehe dazu und zur IGMG insgesamt: Werner Schiffauer, Nach dem Islamismus. Die Islamische Gemeinschaft Milli Görüş. Eine Ethnographie, Berlin 2010; Johannes Kandel, Islamismus in Deutschland. Zwischen Panikmache und Naivität. Freiburg im Breisgau 2011, S. 96–142. Ebenfalls interessant sind die Ausführungen eines ehemaligen Funktionärs der IGMG: Engin Karahan, Heimat finden im Fremden? Auseinandersetzungen im Islamischen Gemeinschaft Millî Görüş e. V. (IGMG) zwischen Ankommen und Fremdbleiben, Landesarbeitsgemeinschaft Mobile Jugendarbeit/Streetwork Baden-Württemberg e. V. 2022, online unter: https://fexbw.de/wp-content/uploads/2022/07/heimatimfremden_karahan.pdf [Zugriff: 12.08.2022].

zen. Bei der ›Saadet Partisi‹[60] treten die antiwestliche Grundhaltung und das Eintreten für die von Erbakan propagierte ›Gerechte Ordnung‹ offen zutage.

Weitgehend abseits der öffentlichen Wahrnehmung treibt die IGMG den stetigen Ausbau ihrer Infrastruktur und entsprechender Lehr- und Bildungsangebote weiter voran. Ziel ist es, Kindern und Jugendlichen die eigene Islaminterpretation und die daraus abgeleiteten gesellschaftspolitischen Ziele nahezubringen. Dieses Anliegen wird von den Akteuren durchaus als Mehrgenerationenprojekt verstanden.

Als Fazit ist festzuhalten, dass sämtliche ›Milli Görüs‹-Organisationen weiterhin gemeinsam an der Verwirklichung ihres Fernziels arbeiten: die Überwindung aller ›nichtigen‹ Ordnungen durch die ›gerechte‹ islamische Ordnung.«[61]

Diese und weitere Aussagen der Sicherheitsbehörde, wie etwa, dass sich die IGMG nie klar von der antisemitischen Weltsicht Erbakans distanziert habe[62], erschweren die Auseinandersetzung mit dem Verband und seinen Gemeinden natürlich. Die große Frage zu Beginn der Islamberatung 2015 war, wie auf kommunaler Ebene mit IGMG-Gemeinden verfahren werden kann. Dafür mussten Vorschläge erarbeitet werden, die zum einen die Bedenken des Verfassungsschutzes und zum anderen die Anliegen der Kommunen berücksichtigten. Daher entwickelte ich eine Art »Empfehlungsfahrplan«, der im Laufe der Jahre immer wieder leicht überarbeitet bzw. angepasst wurde. Dieser Fahrplan wurde von meinen Projektpartner*innen stets unterstützt. Ich habe ihn in unserem begleitenden Expert*innenkreis vorgestellt und ihn unter anderem auf den Jahrestagungen der Islamberatung einige Male öffentlich erläutert. An dieser Stelle betone ich explizit, dass ich mit meinen Vorschlägen zum Umgang mit der IGMG nicht allein gestanden habe. Denn ich habe dafür nicht nur breite Zustimmung erfahren, sondern wurde – wenn auch nur in wenigen Situationen – als so etwas wie der Anwalt der IGMG dargestellt. Beim Verfassungsschutz in Baden-Württemberg traf unsere Her-

---

60 | Die Saadet Partisi (übersetzt: Partei der Glückseligkeit) gilt als aktuelle Vertretung der Millî Görüş in der Türkei und ist auch in Deutschland in verschiedenen Bereichen aktiv. Siehe dazu: Ministerium des Inneren, für Digitalisierung und Kommunen Baden-Württemberg, Verfassungsschutzbericht 2021, S. 133: https://www.verfassungsschutz-bw.de/site/pbs-bw-lfv-root/get/ documents_E1602656720/IV.Dachmandant/Datenquelle/PDF/2022_Aktuell/Verfassungs schutzbericht%20Baden-W%C3%BCrttemberg%202021.pdf [Zugriff: 11.08.2022].

61 | ebd.

62 | a.a.O., S. 130.

angehensweise nicht auf ungeteilte Zustimmung. Einige kommunale Akteur*innen, die vor allem in den ersten Jahren der Islamberatung auf mein Anraten hin die Sicherheitsbehörde bezüglich der IGMG kontaktiert hatten, meldeten sich nach ihren Gesprächen mit Verfassungsschützer*innen erneut bei mir und deuteten an, dass meine Darstellungen von der Behörde eher kritisch bewertet wurden. Dies bestätigte sich zusätzlich in direkten Gesprächen zwischen uns und Vertreter*innen des Verfassungsschutzes. Auffällig war, dass kommunale Vertreter*innen immer wieder irritiert darüber waren, dass sie den Verfassungsschutz kontaktieren können, um Informationen zur Situation in der eigenen Stadt zu erhalten.

Wichtig ist mir, nun auch zu erklären, auf welcher Grundlage ich 2015 meine – am Ende dieses Kapitels dargelegten – Empfehlungen entwickelt habe. Wir pflegen an der Akademie seit einigen Jahren Kontakte zur IGMG. Unter anderem haben wir ihre Jugendarbeit in der Studie »Junge Muslime als Partner« untersucht und nahmen vereinzelt auch Einladungen, z. B. zum Fastenbrechen des Verbands in Stuttgart an. Außerdem führte ich – wie auch andere am Projekt beteiligte Personen – vor allem zu Projektbeginn viele Hintergrundgespräche mit Expert*innen und Kontaktpartner*innen aus Baden-Württemberg und anderen Bundesländern, die unsere Beobachtungen von einer positiven Entwicklung im Verband teilten. Zudem – und das war sehr zentral für meine Überlegungen – spiegelte sich diese Einschätzung auch in den Berichten der Verfassungsschützer*innen in mehreren Bundesländern wider. Sogar der damalige Präsident des Bundesamts für Verfassungsschutz, Hans-Georg Maaßen, sprach 2015 von positiven Veränderungen und schloss bei der Vorstellung des Verfassungsschutzberichts 2014 perspektivisch sogar eine komplette Aufhebung der Beobachtung der IGMG nicht aus. Zu diesem Zeitpunkt hatten bereits einige Bundesländer die Beobachtung der IGMG eingestellt.[63] All dies fand Eingang in unsere Bewertung des Sachverhalts. Damit war eine gute Grundlage gegeben, um intensiver an dieser Thematik zu arbeiten. Manchmal fragte ich mich dabei, was in anderen Bundesländern anders gelaufen ist als z. B. in Baden-Württemberg. Haben sich die IGMG-Mitglieder dort »geläutert«? Auch rückbli-

---

63 | https://www.tagesspiegel.de/politik/verfassungsschutz-milli-goerues-koennte-aus-der-beobachtung-herausfallen/11990882.html [Zugriff: 11.08.2022]. Neben dem Verfassungsschutzbericht des Bundes wird die IGMG aktuell noch in den Berichten aus Baden-Württemberg, Berlin, Bayern und Hessen thematisiert.

ckend scheint mir wichtig zu betonen: Es war von Anfang an klar, dass unsere Vorschläge nur für die IGMG gelten sollten und nicht für eine andere vom Verfassungsschutz beobachtete Gruppe. Für keine weitere Gruppe, zu der es Anfragen gab[64], haben wir ähnliche Entwicklungen festgestellt. Was die beratenen Stellen mit diesen Vorschlägen machen, liegt natürlich in ihrer Eigenverantwortung. Es gibt Kommunen, die aufgrund von Gemeinderatsbeschlüssen oder auf Anweisung der Verwaltungsspitze keine Möglichkeiten für eine Einbindung der IGMG in kommunale Kontexte sehen. Wiederum andere haben Lösungen dafür gefunden.

In einem der ersten Beratungsfälle – ein Prozess, den ich länger begleitete – bildeten die Kommune und die IGMG-Gemeinde gemeinsam mit kirchlichen Akteur*innen einen runden Tisch, um sich kennenzulernen und anzunähern. Dieser Austausch fand in regelmäßigen Abständen statt und entwickelte sich gut. Die Verwaltungsspitze selbst wohnte diesen Sitzungen bei und es wurde sogar über ein öffentliches Fastenbrechen in der Stadt nachgedacht. Schließlich kam es zum Bruch, als die Kommune erfuhr, dass ein zumindest nominelles Vorstandsmitglied der Gemeinde extremistische Beiträge in den sozialen Medien verbreitete. Die IGMG beteuerte, dass die Person schon lange kein aktives Mitglied ihrer Gemeinde mehr sei. Trotzdem sah sich die Stadt gezwungen die Gespräche mit der IGMG auszusetzen. Zu diesem Zeitpunkt begleitete ich die Sitzungen nicht mehr aktiv, wurde aber sowohl von der IGMG als auch von städtischer Seite über diese Entwicklungen informiert. Mit etwas Abstand fanden die Parteien wieder zusammen. Inzwischen gehört die IGMG seit einigen Jahren einem interreligiösen Gremium an, das durch die Kommune unterstützt wird. Ich muss gestehen, dass ich ziemlich überrascht war, als ich davon hörte, denn eine Gruppe mit islamfeindlicher Gesinnung und kritische Presse übten Druck sowohl auf die Kommune als auch auf die Kirchen aus. Dem standzuhalten erfordert Mut und eine klare Haltung. Beides haben die Verantwortlichen in der besagten Kommune aufgebracht. Dies war allerdings nicht immer und überall gegeben. An anderen Stellen wurde mir berichtet, dass man der

74

64 | Zu nennen ist hier z. B. die Föderation der Türkisch-Demokratischen Idealistenvereine in Deutschland e. V. (ADÜTDF), die dem türkisch-rechtsextremistischen Spektrum zugeordnet wird. Siehe dazu: Ministerium des Innern, für Digitalisierung und Kommunen Baden-Württemberg, Verfassungsschutzbericht 2021, S. 150–153: https://www.verfassungsschutz-bw.de/site/pbs-bw-lfv-root/get/documents_E1602656720/IV.Dachmandant/Datenquelle/PDF/2022_Aktuell/Verfassungsschutzbericht%20Baden-W%C3%BCrttemberg%202021.pdf [Zugriff: 12.08.2022].

IGMG gerne eine Chance geben würde, allerdings eine mögliche kritische Berichterstattung fürchte.

Für mich persönlich war die Auseinandersetzung mit dem Themenkomplex rund um die IGMG spannend, aber teilweise auch zermürbend. Die Anfragen zum Umgang mit der IGMG häuften sich, während wir eine kritische Beurteilung unserer Einschätzungen zur IGMG durch den Verfassungsschutz wahrnahmen. Immer wieder wurde mir von kommunalen Akteur*innen signalisiert, dass sie gerne eine Lösung von mir hätten; also ein Ja oder ein Nein. So etwas konnte ich – und können wir als Team – jedoch nicht leisten. Einige Verantwortliche in der IGMG wiederum sahen, so beobachtete ich es, eine Möglichkeit, durch die Islamberatung für Kommunen in ein besseres Licht gerückt zu werden und dadurch mehr Einbindung zu erfahren. Mit den IGMG-Vertreter*innen hatte ich oft gute Gespräche. Allerdings kam es auch – insbesondere, wenn ich Kritik am Wirken der IGMG äußerte – zu kontroversen Diskussionen. Und wenn ich in öffentlichen Vorträgen den Verband vorstellte, wurde mir an einigen Stellen nicht nur von muslimischer Seite eine zu kritische Haltung vorgeworfen und sogar eine Nähe zum Verfassungsschutz unterstellt.

Empfehlungen[65]

- Kommunen geben wir im Umgang mit der IGMG folgenden **Fahrplan** an die Hand:
  - Die IGMG wird vom Verfassungsschutz beobachtet. Daher ist es wichtig, die Berichte der Sicherheitsbehörde zur Kenntnis zu nehmen und die erhobenen Vorwürfe zu prüfen, auch wenn vor Ort gute Erfahrungen gemacht wurden.
  - Gerade Kommunen, die keine nennenswerten Beziehungen zu der jeweiligen IGMG-Gemeinde vor Ort haben, sollten sich beim Verfassungsschutz nach dem Beobachtungsgrad der örtlichen Gemeinde erkundigen. Um sich noch eine weitere Meinung einzuholen, kann auch die Polizei vor Ort oder der Staatsschutz nach einer Bewertung gefragt werden. In vielen Fällen – so die Erfahrung insbesondere aus den ersten Jahren – berichteten uns kom-

---

65 | Für eine Empfehlung für Kommunen zum Umgang mit der Verwaltung der IGMG-Moscheen siehe unsere Handreichung: Hussein Hamdan – Christina Reich, Handreichung für das Zusammenleben in der Kommune. Islamberatung in Baden-Württemberg, Stuttgart 2020, online unter: https://www.akademie-rs.de/projekte/handreichung-islamberatung [Zugriff: 12.08.2022], S. 8.

munale Vertreter*innen nach der Kontaktaufnahme zu den Behörden, dass nichts bzw. nichts Schwerwiegendes gegen die IGMG-Gemeinde in ihrer Stadt vorliege.

- Darüber hinaus empfiehlt es sich, etwa kirchliche oder zivilgesellschaftliche Akteur*innen nach Erfahrungen zu fragen. Zudem kann ein Informationsaustausch mit anderen Kommunen zu deren Umgang mit der IGMG Impulse liefern.

- Auf dieser Grundlage kann – je nach Stadium der Beziehungen – ein Kennenlernprozess oder ein Austausch über mögliche Kooperationen (weiter-)geführt werden. Es muss damit gerechnet werden, dass die Einbindung der IGMG in kommunale Kontexte Kritik von Bürger*innen und der Presse nach sich zieht. Beides ist in den letzten Jahren zu beobachten gewesen. Darauf sollten sich Kommunen und andere Stellen, die sich für eine Zusammenarbeit mit der IGMG entscheiden, vorbereiten.

- Die IGMG (in Baden-Württemberg) sollte etwas selbstkritischer mit den durch den Verfassungsschutz erhobenen Vorwürfen umgehen und sich nicht direkt – so habe ich es in Gesprächen teilweise erlebt – angegriffen fühlen. Nicht nur die Sicherheitsbehörden fragen sich, wie prägend das Gedankengut des Gründervaters im Verband und in den Gemeinden noch ist. Fragen dazu im Rahmen eines ehrlichen Dialogs müssen erlaubt sein und sollten auch beantwortet werden.

- Verfassungsschützer*innen in Baden-Württemberg sollten bei öffentlichen Veranstaltungen und gegenüber den Kommunen etwas mehr Informationen zur IGMG liefern und sich ebenfalls einer kritischen Diskussion in Zusammenhang mit dem Umgang auf kommunaler Ebene stellen. Kommunale Akteur*innen sollten nach einem Gespräch mit dem Verfassungsschutz so gut informiert über die jeweilige Situation vor Ort sein, dass sie danach keine offenen Fragen haben.

4.3 Ahmadiyya Muslim Jamaat (AMJ)[66]

Die Ahmadiyya Muslim Jamaat (AMJ) wurde hauptsächlich in Beratungen zur allgemeinen Einordnung verschiedener islamischer Gruppen

---

66 | Empfehlenswerte Einführungen zur AMJ bieten die folgenden Texte: Monica Corrado, ›Liebe für alle, Hass für keinen‹. Geschichte und Doktrin der Ahmadiyya-Bewegung des Islams, in: Religionen unterwegs 17/3 (2011), S. 4–11; Andrea Lathan, Reform, Glauben und Entwicklung: Die Herausforderungen für die Ahmadiyya-Gemeinde, in: Dietrich Reetz (Hg.), Islam in Europa: Religiöses Leben heute. Ein Porträt ausgewählter islamischer Gruppen und Institutionen,

behandelt. Spezifische Beratungsanfragen zur AMJ hingegen gab es anfangs nur wenige. Neben Fragen nach der Seriosität der AMJ und zu ihrer Einbindung in kommunale Kontexte wurde in allen Beratungen der Umgang mit der Ablehnung der AMJ durch andere islamische Gruppen thematisiert. Im Jahre 2021 wurde uns aus einigen Kommunen berichtet, dass Vertreter*innen der AMJ um Termine bei den jeweiligen Verwaltungsspitzen angefragt hatten. Wie mir ein Vertreter der AMJ erklärte, suchten AMJ-Verantwortliche vor sämtlichen Wahlen, von der Kommunal- bis zur Bundesebene, den Kontakt zu den Parteien. Neben der Vorstellung der eigenen Gemeindearbeit und Informationen über die Verfolgung ihrer Anhänger*innen in Pakistan und anderen Ländern sollten die Parteikandidat*innen dabei die Möglichkeit erhalten, sich und ihr Wahlprogramm gegenüber der lokalen Gemeinde vorzustellen.

Im Gegensatz zu den anderen hier behandelten Gruppen bedarf es bei der AMJ einer kurzen Einordung zur Theologie und Struktur, die auch in fast allen Beratungen bezüglich der AMJ nötig war und von uns vorgenommen wurde. Schließlich verfügten nicht alle beratenen kommunalen Akteur*innen über ausreichend Informationen zur AMJ. Diese sind jedoch enorm wichtig, um Besonderheiten dieser islamischen Minderheit zu verstehen, die zugleich die Gründe für ihre Ablehnung durch andere islamische Strömungen darstellen.

Die AMJ ist Ende des 19. Jahrhunderts in Indien entstanden und heute vorwiegend in Pakistan verbreitet. Ihr Gründer Mirza Ghulam Ahmad (1839–1908) wird als Messias und Prophet verehrt. Diese Verehrung Ahmads widerspricht den Lehren anderer islamischer Strömungen. Ihnen zufolge soll der Messias in der Endzeit kommen und der Prophet Muhammad gilt als letzter von Gott gesandter Prophet. In der Lehre der AMJ wird Muhammad zwar als größter, aber nicht als letzter Prophet verstanden. Ein weiterer Unterschied liegt im Verständnis der Kreuzigung Jesu. Während andere Strömungen die Kreuzigung Jesu gemäß Aussage des Korans[67] ablehnen, vertritt die AMJ die Auffassung, dass

Münster u. a. 2010, S. 79–108. Es empfiehlt sich aber auch sehr, die an Materialien sehr reichhaltige Internetpräsenz der AMJ zu besuchen: https://ahmadiyya.de/home [Zugriff: 04.08.2022]. Am 27. Juni 2022 veranstaltete die Akademie gemeinsam mit der Stiftung Weltethos und der AMJ die Tagung »Ahmadiyya in Deutschland – Gesellschaft gemeinsam gestalten«. Die Vorträge und Podiumsdiskussionen können auf der Homepage der Akademie angesehen werden: https://www.akademie-rs.de/ahmadiyya [Zugriff: 27.09.2022].

67 | Im Koran heißt es dazu: »und weil sie sprachen: «Wir haben Christus Jesus, den Sohn Marias, den Gesandten Gottes getötet!» Aber sie haben ihn nicht getötet und haben ihn auch nicht gekreuzigt. Sondern es kam ihnen nur so vor. Siehe, jene, die darüber uneins sind, sind wahrlich über ihn im Zweifel. Kein Wissen haben sie darüber, nur der Vermutung folgen sie. Sie haben

Jesus gekreuzigt wurde, dies aber überlebt habe und nach Indien habe fliehen können. Dort soll er den Rest seines Lebens verbracht haben. Aufgrund dieser Überzeugungen erfahren Ahmadis Diskriminierungen und Ausgrenzungen; in Pakistan werden sie staatlich verfolgt.

Das geistige Oberhaupt der Gemeinde bildet der inzwischen fünfte Kalif Mirza Masroor Ahmad. Die Kalifen der AMJ werden als von Gott rechtgeleitete Nachfolger von Mirza Ghulam Ahmad angesehen. Seit 1984 leben sie im Exil in Großbritannien. Besonders unter Muslim*innen wird die Bewegung als missionarisch wahrgenommen. Insgesamt bekennen sich etwa zehn Millionen Menschen zur AMJ. Sie hat eine innerhalb des Islam einmalige Organisationsstruktur, die vom Kalifen bis zu den Gemeinden hierarchisch aufgebaut ist. So existieren unter anderem auch Frauen- und Jugendorganisationen.[68] In Deutschland hat sie ca. 50.000 Mitglieder und ca. 225 lokale Gemeinden. In Baden-Württemberg unterhält die AMJ über 30 Gemeinden. Inzwischen besitzt sie in Hessen und Hamburg den Status einer Körperschaft des öffentlichen Rechts.

Die AMJ fällt vor allem durch soziale und karitative Aktionen, wie den Neujahrsputz oder *Charity Walks*, die allen Menschen vor Ort zu Gute kommen, auf. Ihre größte und bedeutendste Aktivität ist die jährlich – lange Zeit auf dem Karlsruher Messegelände – stattfindende Jahresversammlung (*Jalsa Salana*), zu der auch Persönlichkeiten aus Politik, Kommunen und Religionsgemeinschaften sowie der Zivilgesellschaft eingeladen werden. Um die AMJ besser zu verstehen, muss man meines Erachtens diese Versammlung einmal selbst besucht haben. Ich habe die *Jalsa Salana* dreimal vor Ort verfolgt und jedes Mal neue Eindrücke gewonnen. Zigtausende Ahmadi-Muslim*innen sind an einem Wochenende in Karlsruhe friedlich versammelt. Die AMJ-Mitglieder leben dort Gemeinschaft aus. Sie sind eine brutal verfolgte Minderheit, die offensichtlich zusammenhält, um überleben zu können. Der Kalif ist auf diesen Versammlungen zugegen und erfährt eine Ehrerbietung, die schwer zu beschreiben ist. Wenn z. B. der Kalif seine Ansprachen hält oder von einem Ort zum anderen geht, dann herrscht trotz der Menschenansammlung komplette Stille. Darin wird auch der strikt hierarchische

---

ihn nicht getötet, mit Gewissheit nicht, vielmehr hat Gott ihn hin zu sich erhoben. Gott ist mächtig und weise.« (Sure 4,157–158). Zur Koranübersetzung siehe: Hartmut Bobzin, Der Koran. Aus dem Arabischen neu übertragen, München 2010.

68 | Siehe dazu ausführlich: Andrea Lathan, Reform, Glauben und Entwicklung: Die Herausforderungen für die Ahmadiyya-Gemeinde, in: Dietrich Reetz (Hg.), Islam in Europa: Religiöses Leben heute. Ein Porträt ausgewählter islamischer Gruppen und Institutionen, Münster u. a. 2010, S. 86–94.

Aufbau der AMJ deutlich. Bei der *Jalsa Salana* ebenso wie bei fast allen Aktivitäten der AMJ wird eine strikte Geschlechtertrennung eingehalten. Dies zeigt, dass es sich bei der AMJ um eine konservative Bewegung handelt. Die gelebte Geschlechtertrennung wurde uns auch aus kommunalen Handlungsfeldern berichtet und war immer wieder Gegenstand von Beratungen und Gesprächen mit kommunalen Akteur*innen.

Mit ihrem Leitspruch »Liebe für alle, Hass für keinen« betont die AMJ ihre Friedfertigkeit. Insgesamt wird die AMJ auch als friedlich wahrgenommen und ist unter Sicherheitsaspekten unauffällig. Für Irritationen, nicht nur bei Muslim*innen, sorgt allerdings das zum Teil sehr selbstbewusste Auftreten von AMJ-Mitgliedern. Auch von kommunaler Seite wurde mir mehrmals berichtet, dass sowohl Verantwortliche als auch Imame in Gesprächen zwar höflich, aber sehr bestimmt auftraten. Das habe auch ich gelegentlich so erlebt. Vor allem der Anspruch, »die wahre Lehre des Islam« zu vertreten und mit diesem Slogan offensiv für sich zu werben, vermittelt den Eindruck, dass andere Muslim*innen keine wahren Gläubigen seien. Dabei ähnelt das Ausschließende dieser Aussage dem, was die AMJ selbst von anderen Muslim*innen erfährt. Seit dem Projekt »Junge Muslime als Partner« (2012–2014) habe ich in Gesprächen mit Vertreter*innen bei islamischen Verbänden und Gemeinden trotz mangelnder Kenntnis zur theologischen Ausrichtung der AMJ eine große Ablehnung ihr gegenüber wahrgenommen; ihren Anhänger*innen wurde zum Teil die Zugehörigkeit zum Islam abgesprochen oder Ketzerei vorgeworfen. Inzwischen hat sich die Situation an manchen Stellen dahingehend verbessert, dass nicht überall direkt Protest von muslimischer Seite ertönt, wenn die AMJ etwa an einem kommunalen oder interreligiösen Prozess beteiligt wird.

Empfehlungen[69]

- Die AMJ entwickelt sich immer mehr zu einem bedeutenden islamischen Verband und wird perspektivisch auch auf kommunaler Ebene eine noch größere Rolle einnehmen. Das sehen auch andere an der Islamberatung beteiligte Personen und Kenner*innen dieses Gebiets. Deshalb sollte sie in kommunalen Prozessen auch berücksichtigt

---

69 | Siehe dazu auch die Handreichung: Hussein Hamdan – Christina Reich, Handreichung für das Zusammenleben in der Kommune. Islamberatung in Baden-Württemberg, Stuttgart 2020, online unter: https://www.akademie-rs.de/handreichung-fuer-kommunen [Zugriff: 04.08.2022], S. 13–14.

werden. Es ist zu erwarten, dass Anfragen von AMJ-Verantwortlichen nach Gesprächsterminen mit der Verwaltungsspitze zukünftig immer wieder gestellt werden. Gegen solche Gespräche spricht im Grunde nichts. Die Integrationsbeauftragten können solch ein Treffen in einem Vorabgespräch mit den AMJ-Verantwortlichen vorbereiten. Dabei können konkrete Themen und Anliegen festgelegt werden.

- Die AMJ ist eine islamische Gruppe, die wir im konservativen Spektrum verorten können. Sie definiert sich als eine islamische Gemeinschaft und als solche sollte sie dann auch akzeptiert werden. Wenn andere islamische Gruppen die AMJ als vom Islam abgefallen betrachten und sie daher aus kommunalen Handlungsfeldern und interreligiösen Aktivitäten auszuschließen versuchen, sollten die Kommunen oder die anderen Religionsgemeinschaften sich nicht darauf einlassen. Vor allem kommunale Verantwortliche – wie die Integrationsbeauftragten und weitere in diesem Feld tätige Personen – sollten für innerislamische theologische Differenzen sensibilisiert sein, denn diese können immer wieder auftreten. Allerdings sollten sie nicht als Maßstab für die Bewertung einer Zusammenarbeit genommen werden, da in kommunalen Kontexten nicht die Theologie, sondern andere Faktoren entscheidend sind.

- Der Umgang von islamischen Gruppen mit der AMJ ist ein gutes Beispiel für die Notwendigkeit eines verstärkten innerislamischen Dialogs. Dabei muss es nicht um die theologischen Fragen gehen. Ein Kennenlernen der Theologie der AMJ wäre für das bessere Verständnis dieser Gruppe sicherlich auch für Muslim*innen nicht falsch. Aber vielmehr sollte es in einem solchen Austausch darum gehen, wie – vor allem auf kommunaler Ebene – die islamischen Gemeinden pragmatische Lösungen im Umgang miteinander in kommunalen und interreligiösen Prozessen finden.

- Die AMJ sollte ihre Anhängerschaft und vor allem die Verantwortlichen in den Gemeinden sowie ihre Imame dazu sensibilisieren, insgesamt etwas zurückhaltender aufzutreten. Sich der eigenen Sache sicher zu sein und selbstbewusst zu agieren, ist sicherlich kein Vergehen. Allerdings wurde das Auftreten einige Mal als überheblich und penetrant empfunden. Und das kann wiederum kontraproduktiv für die eigenen Anliegen sein.

4.4 Verband der Islamischen Kulturzentren (VIKZ)

Bei uns gingen nur wenige Beratungsanfragen ein, die sich ausschließlich um den Verband der Islamischen Kulturzentren e. V. (VIKZ) drehten. Allerdings wurde er in Beratungen zur allgemeinen Einordnung verschiedener islamischer Gruppen des Öfteren thematisiert. In einer unserer ersten Beratungen ging es um eine Anfrage des VIKZ, der an städtischen Räumlichkeiten interessiert war, um sie für den Moscheebetrieb zu nutzen. Die Kommune war diesem Gesuch des Verbands nicht nachgekommen, weil zur selben Zeit ein anderer muslimischer Verband eine repräsentative Moschee baute. Es herrschte die Sorge, dass die parallele Entstehung einer weiteren Moscheegemeinde mit kommunaler Unterstützung kein Verständnis in der Bevölkerung erfahren und damit auch der Rückhalt für den bereits laufenden Moscheebau schwinden könnte. In dieser Situation wurden wir um eine Einschätzung des Verbands VIKZ und des Sachverhalts im Allgemeinen gebeten. Dabei wurden auch zwei Themen besprochen, die die Schwerpunkte fast aller Beratungen zum Umgang mit dem VIKZ bilden: Motive und Ziele der Jugendwohnheime des Verbands sowie die ausgeprägte Geschlechtertrennung beim VIKZ. Als sehr positiv fiel mir in diesem Fall auf, dass sich die VIKZ-Verantwortlichen mit ihrem Anliegen zunächst an die Stadt wandten, anstatt sich auf dem freien Markt nach Räumen umzuschauen. Die Errichtung eines Jugendwohnheims wiederum schien dort nicht beabsichtigt zu sein. Daher empfahl ich den kommunalen Gesprächspartner*innen damals, den Dialog mit dem VIKZ zu suchen, sein Anliegen offen zu besprechen und dabei auch die schwierigen Fragen zu thematisieren, die die Kommune beschäftigten. Zudem könne der VIKZ um eine positive öffentliche Positionierung zum Moscheebau des anderen Verbands gebeten werden, um die nicht-muslimische Öffentlichkeit für die islamische Vielfalt zu sensibilisieren, aber auch um zu versichern, dass die Errichtung einer weiteren repräsentativen Moschee nicht beabsichtigt sei.[70]

Der VIKZ wurde 1973 gegründet und gilt damit als ältester islamischer Verband in Deutschland. Seine mystische Ausrichtung geht auf seinen geistigen Mentor, den türkischen Sufimeister Süleyman Hilmi Tunahan (gest. 1959), zurück. Dem VIKZ gehören in Deutschland ca.

70 | Ein Moscheebauvorhaben des VIKZ, das in Leinfelden-Echterdingen für Schlagzeilen sorgte, haben wir auf einem Podium auf unserer Jahrestagung 2019 zu Moscheen und Moscheebaukonflikten in Baden-Württemberg diskutiert. Siehe dazu: https://www.akademie-rs.de/programm/meldungen/einzelansicht/news/islam-beratung-ist-ein-grosser-erfolg [Zugriff: 16.08.2022].

300 Moschee- und Bildungsvereine an, davon 49 in Baden-Württemberg.[71] Laut der Studie »Muslimisches Leben in Deutschland« (MLD) aus dem Jahre 2020 sehen sich 5 % der Muslim*innen vom VIKZ vertreten. Unter türkeistämmigen sind es 7 %.[72]

Der Verband genießt seit vielen Jahren das Vertrauen der Politik und interreligiöser Kreise und gehört neben der Deutschen Islam Konferenz (DIK) auch weiteren prominenten Gremien an. Hervorzuheben ist, dass der Landesverband des VIKZ neben der Islamischen Gemeinschaft der Bosniaken in Deutschland e. V. (IGBD) Mitgliedsverband der Stiftung Sunnitischer Schulrat ist und damit am Prozess der dauerhaften Einrichtung des islamischen Religionsunterrichts in Baden-Württemberg maßgeblich beteiligt ist.

Ein besonderes Merkmal seiner Verbandsarbeit ist, dass der VIKZ aktuell insgesamt 23 Jugendwohnheime betreibt, davon zehn in Baden-Württemberg.[73] In diesen Wohnheimen leben die Jugendlichen unter der Woche und bekommen Unterstützung bei den Schulaufgaben. Oft finden diese Jugendlichen aufgrund fehlender Deutschkenntnisse oder von Bildungsdefiziten in ihren Familien nicht die nötige Betreuung, um Erfolg auf ihrem Bildungsweg zu haben. Mit seinem Angebot hilft der Verband den Familien bei der Erziehungsarbeit und bietet deren Kindern die Möglichkeit, einen guten Schulabschluss zu erzielen. Daneben erhalten die Heimbewohner*innen auch religiöse Unterweisung. Gerade die religiöse Erziehung brachte den Wohnheimen in der Vergangenheit auch Kritik ein.[74] Dies ist auch eines der Hauptthemen bei Beratungen und anderen

71 | Siehe dazu die Selbstdarstellungen des VIKZ und des Landesverbands in Baden-Württemberg: https://www.vikz.de/de/ sowie https://bw.vikz.de/de/ [Zugriff: 16.08.2022]. Als Literatur zum Verband sind folgende Titel zu empfehlen: Gerdien Jonker, Eine Wellenlänge zu Gott. Der ›Verband der Islamischen Kulturzentren‹ in Europa, Bielefeld 2002; Ursula Boos-Nünning, Beten und Lernen. Eine Untersuchung der pädagogischen Arbeit in den Wohnheimen des Verbands Islamischer Kulturzentren (VIKZ), Juni 2010, online unter: https://web.archive.org/web/20160903205550if_/http://www.vikz.de/index.php/pressemitteilungen/items/bessererstart-ins-leben-dank-wohnheimbesuch.html?file=tl_files/vikz/Pressemitteilungen-VIKZ/Studie:%20Beten%20und%20Lernen.pdf [Zugriff: 16.08.2022]; siehe außerdem: Ina Wunn (unter auszugsweiser Mitarbeit von Brigitte Mitzkat), Der Verband islamischer Kulturzentren VIKZ, in Wunn, Ina et al., Muslimische Gruppierungen in Deutschland, Stuttgart 2007, S. 71–84.

72 | Auf meine Anfrage an den Landesverband in Baden-Württemberg nach Mitgliederzahlen erhielt ich keine Zahlenangaben, sondern den Hinweis auf die Angaben der MLD-Studie. Daher wird an dieser Stelle auch darauf verwiesen. Siehe dazu: Katrin Pfündel – Anja Stichs – Kerstin Tanis, Muslimisches Leben in Deutschland 2020. Studie im Auftrag der Deutschen Islam Konferenz, Nürnberg 2021, S. 108–113, online unter: https://www.bamf.de/SharedDocs/Anlagen/DE/Forschung/Forschungsberichte/fb38-muslimisches-leben.html [Zugriff: 16.08.2022].

73 | Schriftliche Antwort des Landesverbands in Baden-Württemberg auf meine Anfrage zur Anzahl der Schülerwohnheime bundesweit und in Baden-Württemberg.

74 | Die Thematik der Jugendwohnheime und weitere Aktivitäten des Verbands haben wir in unserer Studie »Junge Muslime als Partner« bei der Untersuchung der Jugendarbeit des VIKZ behan-

Anlässen, bei denen es um den VIKZ geht. Denn der VIKZ zeichnet sich in religiösen Fragen durch eine konservative Prägung aus, die vor allem – und hier kommen wir zum zweiten oft thematisierten Aspekt – in der strikt ausgelebten Geschlechtertrennung deutlich wird. Bei der Einordnung des VIKZ betone ich zwar das konservative Element. Damit ist z. B. die strikte Einhaltung religiöser Gebote gemeint. Gleichzeitig betone ich aber auch, dass dies nicht mit radikal gleichzusetzen ist. Denn mehrfach machte ich die Erfahrung, dass in islamischen Zusammenhängen konservativ schnell mit radikaler oder islamistischer Gesinnung in Verbindung gebracht wird.

Frauen aus dem VIKZ sind in Baden-Württemberg in öffentlichen Diskursen oder bei Veranstaltungen auf verschiedenen Ebenen kaum präsent. Bei Verbandsfunktionären stößt es mitunter auf Unbehagen, wenn das Thema – wenn auch wertfrei – angesprochen wird, wie ich einige Male selbst erlebt habe. Vor allem Repräsentant*innen aus anderen Regionen haben mich darauf aufmerksam gemacht, dass die geringe öffentliche Präsenz von Frauen nicht überall anzutreffen sei. Ich kann natürlich hauptsächlich über Erfahrungen und Berichte aus Baden-Württemberg sprechen, auch wenn mir in der Vergangenheit aus anderen Bundesländern ähnliche Erfahrungen mitgeteilt wurden.

Kommunale und zum Teil kirchliche Akteur*innen haben mehrfach danach gefragt, wie man die Frauen des Verbands überhaupt erreichen und in welche Angebote sie eingebunden werden könnten. An dieser Stelle muss ich gestehen, dass ich mich in meinem Arbeitsalltag manchmal darüber wundere, dass bestimmte Themen anscheinend Dauerthemen bleiben. Schon vor meiner Zeit an der Akademie (seit Juni 2012) war ich mit Fragen nach den Jugendwohnheimen und der Rolle der Frauen beim VIKZ konfrontiert. Wir haben diese Themen auch im Rahmen der Studie zur Jugendarbeit islamischer Verbände untersucht und diskutiert.[75] Und es scheinen etwa auf kommunaler Ebene immer noch die gleichen Fragen unbeantwortet zu sein. Das macht deutlich, dass es zu diesen wichtigen Themen anscheinend Kommunikationsdefizite auf verschiedenen Seiten gibt, die behoben werden sollten.

delt und auf wenigen Seiten dargestellt: Siehe Hussein Hamdan – Hansjörg Schmid, Junge Muslime als Partner. Ein empiriebasierter Kompass für die praktische Arbeit, Weinheim – Basel 2014, S. 53–60.
75 | ebd.

Empfehlungen

- Die Jugendwohnheime sind absolut zentral in der Arbeit des VIKZ. Es sind in den letzten Jahren neue Wohnheime entstanden und es ist davon auszugehen, dass perspektivisch weitere Heime eingerichtet werden. Kommunen, auch solche, in denen schon länger ein solches Wohnheim betrieben wird, sollten den Kontakt zu den Heimleitungen pflegen und sich nicht scheuen, ihre Fragen zu stellen und zu diskutieren. Die Wohnheime – das wird oft vergessen – unterstehen den jeweiligen Jugendämtern und werden somit staatlich geprüft. Es ist sicherlich ratsam, auch mit ihnen in einen Erfahrungsaustausch zu gehen.

- Durch die durchgehend gelebte Geschlechtertrennung beim VIKZ sind Frauen in öffentlichen Prozessen in Baden-Württemberg kaum sichtbar. Das macht die direkte Kontaktherstellung zu ihnen schwierig und erfordert, dass der Kontakt im Grunde nur über den Landesverband oder die jeweilige Gemeindeleitung erfolgt. Stellen aus dem Bereich der kommunal getragenen Jugendarbeit sowie kirchliche Träger*innen werden daher nur geschlechtergetrennte Projekte oder Aktionen mit dem VIKZ durchführen können. Dessen müssen sich alle beteiligten Akteur*innen bewusst sein und daher sollten sie im Vorfeld für sich klären, ob sie sich darauf einlassen können und möchten. Bei geschlechtergemischten Aktivitäten im Jugendbereich sollte man sich jedoch nur auf Kooperationen einlassen, wenn auch die Mädchen oder jungen Frauen des VIKZ beteiligt sein dürfen, damit einer Benachteiligung von vornherein vorgebeugt wird.

- Dass die beiden durchaus sensiblen Schwerpunktthemen seit so vielen Jahren Fragen aufwerfen, liegt scheinbar auch an der Kommunikation des VIKZ. Dem Verband empfehlen wir, noch transparenter mit der Thematik rund um die Jugendwohnheime umzugehen und vielleicht mehr Einblicke in das dortige Leben zuzulassen. In Mädchenwohnheimen werden die Bewohnerinnen von Frauen betreut. Dem Verband würde mehr Vertrauen entgegengebracht werden, wenn auch diese Betreuerinnen an Gesprächen mit Jugendämtern und kommunalen Akteur*innen beteiligt wären. Insgesamt wäre es wünschenswert, wenn Fragen zur Situation der Frauen in den Gemeinden auch von Frauen beantwortet werden könnten.

4.5 Alevitische Gemeinde Deutschland (AABF)[76]

Die Alevitische Gemeinde Deutschland (türk. *Almanya Alevi Birlikleri Federasyonu*, AABF) hat in unseren Beratungen mehrfach eine Rolle gespielt. Bei Beratungen zur Einordnung verschiedener islamischer Gruppen wurde die Frage nach der Zugehörigkeit der Alevit*innen zum Islam thematisiert. In diesem Zusammenhang ging es auch darum, ob alevitische Vertreter*innen z. B. in Gespräche mit islamischen Gruppen in den jeweiligen Kommunen involviert werden sollten, und das damit verbundene Verhältnis von Alevit*innen zu Muslim*innen, vor allem zu sunnitischen Muslim*innen mit Wurzeln in der Türkei. Eine weitere – äußerst sensible – Thematik, die vereinzelt an uns herangetragen wurde, war die Schändung von Gräbern alevitischer Verstorbener. In Kapitel 6.1, das sich mit muslimischen Gräberfeldern und islamischer Bestattung beschäftigt, setze ich mich damit in einem eigenständigen Unterkapitel auseinander (6.1.2) und formuliere eine Empfehlung dazu. Daher wird dies in den hier folgenden Ausführungen nicht weiter aufgegriffen.

Die Frage danach, ob sich Alevit*innen zum Islam bekennen oder nicht, sorgte in den letzten Jahren vereinzelt immer wieder für Verwirrung. Im Rahmen unserer Studie »Junge Muslime als Partner« wurde unter anderem die Arbeit des Bunds der Alevitischen Jugend (BDAJ), untersucht. In der 2014 erschienenen Publikation haben wir als Ergebnis aus den geführten Interviews dazu festgehalten, dass bei AABF und BDAJ eine pluralistische Herangehensweise im Umgang mit der Frage nach der Zugehörigkeit zum Islam vorherrscht. So wurde uns berichtet, dass Mitglieder diese Frage für sich unterschiedlich bewerteten.[77] In den letzten Jahren jedoch konnte man eine zunehmende Distanzierung der alevitischen Verbände vom Islam wahrnehmen. In der Selbstdarstellung auf der Homepage der AABF ist aktuell (Stand August 2022) kein Bezug zum Islam zu finden.

76 | Zum Aleventum und alevitischen Leben in Deutschland sei an dieser Stelle folgende Literatur empfohlen: Martin Sökefeld (Hg.), Aleviten in Deutschland. Identitätsprozesse einer Religionsgemeinschaft in der Diaspora, Bielefeld 2008; Handan Aksünger-Kizil, Jenseits des Schweigegebots. Alevitische Migrantenselbstorganisationen und zivilgesellschaftliche Integration in Deutschland und den Niederlanden, Münster 2013; Friedmann Eißler (Hg.), Aleviten in Deutschland. Grundlagen, Veränderungsprozesse, Perspektiven, EZW-Texte Nr. 211, Berlin ³2017.

77 | Siehe zu dieser und weiteren Fragen sowie für eine Darstellung zum Wirken des BDAJ: Hussein Hamdan – Hansjörg Schmid, Junge Muslime als Partner. Ein empiriebasierter Kompass für die praktische Arbeit, Weinheim – Basel 2014, S. 61–68. Auf den BDAJ wird in Kapitel 5 des vorliegenden Buches noch eingegangen werden.

Der Dachverband mit seinen 160 Mitgliedsgemeinden sieht sich als einzige Dachorganisation der Alevit*innen in Deutschland und erhebt damit zugleich den Anspruch auf Alleinvertretung für die ca. 700.000 Alevit*innen. Er ist eine auch in Baden-Württemberg anerkannte Religionsgemeinschaft nach Art. 7 Abs. 3 des Grundgesetzes, was bedeutet, dass er einen Anspruch auf Einrichtung eines seinen Glaubensinhalten entsprechenden, alevitischen Religionsunterricht erheben kann. Mit der Erklärung, die AABF sei »ein deutsches Phänomen, die keine Vorläuferstrukturen in der Türkei hat«,[78] wird der Versuch einer Abgrenzung zu anderen türkisch-islamischen Verbänden deutlich. Die AABF ist Mitglied in vielen interreligiösen und gesellschaftspolitisch relevanten Gremien wie dem Integrationsgipfel der Bundesregierung sowie der Deutschen Islam Konferenz (DIK) und in mehreren Bundesländern – unter anderem in Baden-Württemberg – für den Alevitischen Religionsunterricht an Schulen verantwortlich.[79] In Nordrhein-Westfalen wurde dem Verband der Status der Körperschaft des öffentlichen Rechts verliehen[80] und es ist davon auszugehen, dass dies in anderen Bundesländern zukünftig ebenfalls gelingen könnte.[81] Seine Gemeinden genießen in vielen Kommunen Wertschätzung. In Baden-Württemberg existieren knapp 40 alevitische Gemeinden mit ca. 15.000 Mitgliedern. Von den 100.000 bis 150.000 Alevit*innen, die in Baden-Württemberg leben, erreichen die Angebote der Ortsgemeinden ca. 40.000 Personen. Denn neben der Mitgliedschaft in einer dieser Gemeinden gibt es auch eine lose Verbundenheit mit der jeweiligen Gemeinde.[82]

Kommunale Akteur*innen haben in den letzten Jahren immer wieder darüber berichtet, dass Vorstände und Mitglieder der Gemeinden ihr Bekenntnis zum Alevitentum betonen und sich nicht mit dem Islam identifizieren können. Ich persönlich habe diese Erfahrung an einigen Stellen

78 | https://alevi.com/ueber-uns/ [Zugriff: 18.08.2022].
79 | Siehe dazu: https://alevi.com/aru/ [Zugriff: 18.08.2022].
80 | Verordnung vom 11. Dezember 2020 (GV. NRW. S. 1150), online unter: https://recht.nrw.de/lmi/owa/br_vbl_detail_text?anw_nr=6&vd_id=18981&vd_back=N1150&sg=0&menu=0 [Zugriff: 18.08.2022].
81 | Siehe dazu: https://alevi.com/wp-content/uploads/2020/12/Erkl%C3%A4rung-Kd%C3%96R-10_12_2020.pdf; https://dtj-online.de/alevitische-gemeinde-erlangt-koerperschaftsstatus/; https://www.tagesspiegel.de/berlin/senat-prueft-gleichstellung-mit-christlichen-kirchen-berlin-will-alevitische-gemeinde-offiziell-als-religionsgemeinschaft-anerkennen/27637598.html [Zugriff: 18.08.2022].
82 | Mündliche Auskunft des AABF-Vorsitzenden in Baden-Württemberg auf der Tagung »Alevitentum in Deutschland« am 11.02.2020 in Hohenheim. Ein kurzer Tagungsbericht lässt sich auf der Akademie-Homepage finden: https://www.akademie-rs.de/programm/meldungen/einzelansicht/news/alevitische-theologie-ausbauen [Zugriff: 18.08.2022].

ebenfalls gemacht. Allerdings fällt auf, dass nicht-organisierte Alevit*innen sich eher dem Islam zugehörig fühlen. Auf der gemeinsam mit der AABF organisierten Tagung »Aleviten in Deutschland« im Februar 2020 erklärten AABF-Vertreter*innen, dass man als eigenständige und nichtislamische Religionsgemeinschaft wahrgenommen werden möchte. Dies gilt es denn auch von allen Seiten zu akzeptieren. Allerdings ist im Jahre 2020 mit dem Bund Alevitischer Gemeinden e. V. (BAG) ein weiterer Dachverband ins Leben gerufen worden, der für sich in Anspruch nimmt, die »Anhänger des traditionellen Alevitentums« zu vertreten und »das Alevitentum als eine eigenständige islamische Glaubenslehre« definiert.[83] Daraus wird ersichtlich, dass die Debatte um die Zugehörigkeit zum Islam in der alevitischen Gemeinschaft in Deutschland komplex ist, anhält und auch eine interne theologische Aufarbeitung benötigt.

Wie Mathias Rohe anmerkt, ist das Wirken der AABF »stark von der Unterdrückung und Diskriminierung des Alevitentums in der Türkei« geprägt.[84] Diese Einschätzung sah ich im Laufe der Jahre durch Erfahrungen zu verschiedenen Anlässen bestätigt. Vor allem der Angriff auf ein Kulturfestival der Alevit*innen im türkischen Sivas im Jahre 1993, bei dem über dreißig alevitische Intellektuelle und Künstler*innen getötet wurden, gilt als Höhepunkt der Unterdrückung und wird in Gesprächen von Alevit*innen immer wieder als traumatisches Ereignis thematisiert. Dieses Ereignis hat Alevit*innen bis ins Mark getroffen, pflege ich bei Beratungen und Vorträgen zu sagen. In der Folge bildeten Alevit*innen eine ausgeprägte Abwehrhaltung und zum Teil auch eine unversöhnliche Einstellung vor allem gegenüber türkisch-islamischen Organisationen aus. Man bemängelt unter anderem eine fehlende Aufarbeitung des Massakers sowie die Ignoranz gegenüber der Unterdrückung alevitischen Lebens in der Türkei. Akteur*innen aus den Kommunen aber auch aus anderen Bereichen berichteten in Beratungen und weiteren Hintergrundgesprächen zum Teil von einem forschen und sehr islamkritischen Auftreten alevitischer Vertreter*innen. Ähnliche Erfahrungen machte ich vereinzelt bei eigenen Vortragsveranstaltungen; dabei blieben mir auch

4. Einordnung islamischer Gruppen

83 | https://alevitische-gemeinden.de/ [Zugriff: 18.08.2022]. Aus der Homepage geht hervor, dass der Verband sechs Mitgliedsgemeinden aus Nordrhein-Westfalen hat (Stand August 2022).
84 | Mathias Rohe, Der Islam in Deutschland. Eine Bestandsaufnahme, München ²2018, S. 152. Auf der AABF-Homepage heißt es dazu etwa: »Als Alevitinnen und Aleviten kennen wir das Leid der Verfolgung, Missachtung und Ausgrenzung, dem auch heute noch viele in der Türkei ausgesetzt sind. Für uns ist es daher eine Verpflichtung, überall dort unsere Stimme zu erheben und uns zu engagieren, wo Menschen in ihrer Würde verletzt werden.« Siehe: https://alevi.com/ueber-uns/ [Zugriff: 19.08.2022].

verbale Attacken gegen meine Person nicht erspart. Das kritische Hinterfragen von Positionen der alevitischen Verbände auf der erwähnten Tagung reichte aus, um Vorhaltungen von beteiligten Verbandsvertretern zu erfahren. So wurde mir im Nachgang unter anderem vorgeworfen, ich würde Positionen des türkischen Staates vertreten. So einfach kann es gehen. Bei allem Lob, das man der AABF und dem BDAJ für ihre Arbeit aussprechen muss, kann gleichzeitig festgehalten werden, dass ihre Vertreter*innen in solchen Situationen dünnhäutig reagieren können. Das ist – bei allem Verständnis für die Traumata durch die erlittene Verfolgung – sehr schade, denn eigentlich verfügten sie über die Möglichkeiten, um sich diesem kritischen Dialog zu stellen.

Empfehlungen

- Ob sich Alevit*innen zum Alevitentum als eigenständige Religion oder Strömung im Islam bekennen, ist allein ihre Angelegenheit. Und ihr Bekenntnis gilt es denn auch von allen Seiten zu akzeptieren. Aus den gemachten Erfahrungen würden wir Kommunen und anderen Stellen empfehlen, die alevitischen Gemeinden in erster Linie als eigenständige Religionsgemeinschaft und Migrant*innenselbstorganisation anzusehen und sie in entsprechende Kontexte einzubinden, anstatt sie in Dialoge oder anderweitige Aktionen auf der Seite islamischer Gemeinden zu involvieren. Letztendlich hängt die Entscheidung immer vom Selbstverständnis der jeweiligen alevitischen Gemeinde vor Ort ab. Natürlich können Fragen der Selbstverortung auch in einem Gespräch zwischen Kommune und alevitischer Gemeinde vor Ort geklärt werden. Dabei können kommunale Akteur*innen – wenn es dazu Anlass gibt – alevitischen Vertreter*innen auch vermitteln, dass sie Stimmungsmache gegenüber islamischen Gruppen nicht hinnehmen können.
- Die unter Alevit*innen kontrovers geführte Diskussion um die Zugehörigkeit zum Islam macht deutlich, dass für das Alevitentum in Deutschland eine theologische Auseinandersetzung mit der eigenen Geschichte, seinen Traditionen und seinem Selbstverständnis hilfreich wäre. Dafür braucht die Gemeinschaft geeignete Rahmenbedingungen. Der Ausbau von Lehrstühlen für alevitische Theologie in Deutschland wäre von daher sehr empfehlenswert.[85] Dafür müssen

---

85 | Die Akademie der Weltreligionen der Universität Hamburg bietet »Alevitische Religion« als Teilstudiengang an (https://www.gw.uni-hamburg.de/studium/studiengaenge/alevitische-religion.

staatliche Mittel zur Verfügung gestellt werden. Inzwischen wurden an verschiedenen Universitäten Zentren für islamische Theologie etabliert, etwa in Tübingen. Die Universität Tübingen mit ihrer langen Tradition in der Lehre und Forschung der katholischen und evangelischen Theologien und als erste Universität, die einen Studiengang für islamische Theologie eingeführt hat, wäre dafür prädestiniert, auch einen universitären Standort für alevitische Theologie zu etablieren. Dies könnte perspektivisch auch zum Aufbau eines (sunnitisch) islamisch-alevitischen Dialogs beitragen.

- Zum friedlichen Miteinander in den deutschen Kommunen gehört es auch, dass Muslim*innen und Alevit*innen sich respektvoll begegnen und an gemeinsamen Zielen arbeiten, etwa der Bekämpfung von Rassismus, der beide Gruppen gleichermaßen betreffen kann. Daher benötigt es zwischen insbesondere sunnitischen Muslim*innen aus der Türkei und Alevit*innen einen Dialogprozess. Für das Gelingen eines solchen Prozesses müssen beide Seiten bereit sein, sich auf Augenhöhe zu begegnen. Muslim*innen müssen z.B. das alevitische Bekenntnis und die Leidensgeschichte der Alevit*innen anerkennen. Alevitische Vertreter*innen wiederum sollten sich auf das stets betonte Toleranzprinzip des Alevitentums anderen gegenüber auch im Verhältnis zu (insbesondere sunnitisch-türkeistämmigen) Muslim*innen besinnen und sich mit pauschalen Ablehnungen zurückhalten. Versöhnung kann nur gelingen, wenn beide Seiten dem Dialog eine Chance geben.

4.6 Hizmet (»Gülen-Bewegung«)

Hizmet, besser als »Gülen-Bewegung« bekannt, war Gegenstand vieler Beratungen. In den meisten Beratungsgesprächen – mit Schwerpunkt entweder auf der allgemeinen Einordnung verschiedener Gruppen oder auf spezifische Anliegen – wurde um Hintergrundwissen zur Bewegung und zu den Unterschieden zu den Moscheeverbänden gebeten. Konkrete Anfragen drehten sich hauptsächlich darum, wie eine potenzielle Kooperation mit einer Hizmet-Einrichtung zu bewerten sei. Seit dem versuchten Militärputsch in der Türkei im Juli 2016, für den die türkische Regie-

html). An der Pädagogischen Hochschule Weingarten besteht das Ergänzungsstudienfach »Alevitische Religionslehre/Religionspädagogik« (https://alevitische-theologie.ph-weingarten.de/das-fach/aktuelle-informationen) [alle Zugriffe: 19.08.2022].

rung Hizmet verantwortlich gemacht und deshalb zur Terrorgruppe erklärt hat, erleben Menschen mit Bezug zur Bewegung in der türkischen Community in Deutschland Distanzierung bis hin zu offener Ablehnung. In den Kommunen wurde diese Ausgrenzung schnell deutlich. Berichte darüber, dass Hizmet-Anhänger*innen z. B. in Moscheen nicht mehr willkommen waren oder beschimpft und angepöbelt wurden, häuften sich. Eine besondere Herausforderung – die schon im Kapitel zu DİTİB behandelt wurde – stellt für kommunale und kirchliche Akteur*innen heute noch an vielen Stellen dar, dass vor allem DİTİB-Verantwortliche es ablehnen, mit Mitgliedern von Hizmet-Vereinen in interreligiösen Kreisen oder Austauschen zwischen der Kommune und islamischen Gruppen an einem Tisch zu sitzen. Dies wurde und wird in Beratungen immer wieder an uns herangetragen.

Der Name der Bewegung Hizmet drückt »den aus religiöser Motivation geleisteten Dienst am Menschen«[86] aus. Der türkische Gelehrte Fethullah Gülen (geb. 1941) ist ihr geistiger Mentor, der seine Anhänger*innen auffordert, sich vor allem im Bereich der Bildung zu engagieren, denn seiner Auffassung nach könnte sich die Lebenssituation von Muslim*innen durch Bildung am nachhaltigsten verbessern.[87] Gülens Anhänger*innen riefen in zahlreichen Ländern insgesamt hunderte Bildungseinrichtungen ins Leben. Auch in Deutschland bilden Bildungsinitiativen, etwa Privatschulen und Nachhilfezentren, sowie Dialogvereine den Schwerpunkt ihres Wirkens. Anders als die Islamverbände unterhält Hizmet keine eigenen Moscheen. In der Türkei war die Bewegung lange Zeit besonders stark und ihre Anhänger*innen waren in vielen Bereichen einflussreich. Dies änderte sich mit dem Putschversuch 2016 schlagartig. Die Infrastruktur der Bewegung wurde zerschlagen und es kam zu Massenverhaftungen sowie Forderungen nach der Auslieferung Gülens aus dem US-amerikanischen Exil, in dem er sich seit 1999 aufhält. Dies führte auch zur Schwächung der Bewegung in Deutschland. So ließ sich unter anderem beobachten, dass viele türkeistämmige Menschen ihre Kinder aus den Privatschulen der Bewegung abmeldeten. Die Carl-Fried-

86 | Bekim Agai, Die Arbeit der Gülen-Bewegung in Deutschland: Akteure, Rahmenbedingungen, Motivation und Diskurse, in: Walter Homolka et al. (Hg.), Muslime zwischen Tradition und Moderne. Die Gülen-Bewegung als Brücke zwischen den Kulturen, Freiburg im Breisgau 2010, S. 15. Der Aufsatz von Agai in diesem Band ist insgesamt sehr empfehlenswert: a. a. O., S. 9–55.

87 | a. a. O., S. 13–15.

rich-Gauß-Schule in Ludwigsburg musste deshalb z. B. ihren Betrieb einstellen.[88]

Nach eigenen Angaben engagieren sich Hizmet-Anhänger*innen in Deutschland in 300 Vereinen, die ca. 100.000 Menschen erreichen.[89] Zudem unterhält die Bewegung heute noch über zwanzig Schulen. Als Zentrum der Bewegung in Deutschland gilt die 2013 gegründete »Stiftung Dialog und Bildung« mit Sitz in Berlin. Sie schreibt über sich selbst: »Die Stiftung informiert über die Ursprünge, die Entwicklung und die Aktivitäten von Hizmet in Deutschland sowie über die Ideen und die Arbeit Fethullah Gülens.«[90] Mit der Stiftung – und das ist ihr erklärter Anspruch – versucht man inzwischen das Wirken der Bewegung etwas transparenter zu gestalten.[91] Die mangelnde Transparenz war in den Jahren vor dem Putschversuch noch einer der größten Kritikpunkte an den Hizmet-Vereinen. Verantwortliche einiger Dialogvereine fuhren damals in Gesprächen eine Art Zickzack-Kurs. Bei einer Gelegenheit wurde offen über Fethullah Gülen gesprochen und man bekam Bücher von oder über Gülen und zur Bewegung geschenkt. Zudem erhob man den Anspruch, ein islamischer Player in der Islamlandschaft zu sein. Einige Monate später wiederum konnte es passieren, dass dieselben Personen äußerst zurückhaltend über Gülen und das Netzwerk sprachen und für sich konfessionelle Neutralität beanspruchten. Im Rahmen der Studie »Junge Muslime als Partner« wollten angefragte Hizmet-Vereine zunächst keine Interviews geben, da ihre Angebote nach eigener Aussage keine islamische Ausrichtung besaßen, während es in unserer Studie doch um die Untersuchung islamischer Jugendarbeit gehe. Schließlich ließen sie sich aber auf die Interviews ein. Es sind eben solche und ähnliche Verhaltensweisen gewesen, die damals zu einem gewissen Misstrauen gegenüber der Bewegung geführt haben.[92] In den letzten Jahren lässt sich beobachten, dass die Nähe zu Gülen als Mentor nicht mehr verschwiegen

88 | Siehe dazu: https://www.stuttgarter-nachrichten.de/inhalt.guelen-schule-in-ludwigsburg-tuerkeikonflikt-schule-muss-schliessen.54237107-c2bc-4c2a-919c-1d1484e307c0.html [Zugriff: 19.08.2022].

89 | Siehe dazu: https://www.zeit.de/politik/deutschland/2021-07/guelen-bewegung-deutschland-tuerkei-putsch-demokratie-menschenrechte-tayyip-erdogan/komplettansicht [Zugriff: 19.08.2022].

90 | https://sdub.de/ [Zugriff: 19.08.2022].

91 | https://sdub.de/transparenz/ [Zugriff: 19.08.2022].

92 | Siehe dazu: Hussein Hamdan – Hansjörg Schmid, Junge Muslime als Partner. Ein empiriebasierter Kompass für die praktische Arbeit, Weinheim – Basel 2014, S. 77–87. Zur Hizmet-Bewegung sei neben den bereits erwähnten Ausführungen von Bekim Agai an dieser Stelle noch auf folgende sehr empfehlenswerte Dissertation hingewiesen: Florian Volm, Die Gülen-Bewegung im Spiegel von Selbstdarstellung und Fremdrezeption. Eine textuelle Performanzanalyse der Schrif-

wird. Allerdings hören wir von beratenen Stellen immer noch davon, dass Hizmet-Vertreter*innen zu umstrittenen Fragen zur Bewegung manchmal nur unzureichend Stellung beziehen. Dazu gehören etwa Fragen nach dem Finanzsystem der Bewegung, den Studierendenwohnheimen (sogenannte Lichthäuser) oder Berichten von Aussteiger*innen, die zum Teil von sektenähnlichen Strukturen sprechen.[93]

Für Irritationen sorgten auch immer wieder die Namen von Hizmet-Einrichtungen, die keinerlei Rückschlüsse auf eine Verbindung zu Gülen gaben. Die Vereine haben oft Begriffe wie Dialog, Bildung oder Kultur in ihren Namen und heißen z.B. Gesellschaft für Dialog, Bildungshafen, Inkultura oder Süddialog. Auch wenn sich dies bereits in Kommunen herumgesprochen hat, wirken Hizmet-Mitglieder immer wieder etwas überrascht, wenn man, etwa bei Vorträgen oder anderen Anlässen, auf die Namensgebungen eingeht. An der einen oder anderen Stelle musste ich mich schon über die bei solchen Nachfragen untereinander ausgetauschten aber auch mir geltenden Blicke wundern. Ich hatte das Gefühl, die Anhänger*innen fühlten sich ertappt. Dabei ist die Zugehörigkeit vieler Vereine zur Bewegung inzwischen offensichtlich und allgemein bekannt. Außerdem spreche ich wertfrei darüber.

Empfehlungen

- Die Hizmet-Einrichtungen sind in den letzten Jahren in ihrem Auftreten etwas transparenter geworden. Trotzdem gibt es weiterhin, wie im Text erwähnt, Fragen und Themen, die etwa kommunalen oder kirchlichen Stellen Sorgen bereiten. Daher wäre es wichtig, dass sich die Einrichtungen der Bewegung in Deutschland in der Breite intensiver damit auseinandersetzen und in Dialog- und Austauschprozessen zu diesen umstrittenen Fragen Stellung beziehen.

- Bei Kooperationen mit Hizmet-Vereinen sollten Kommunen und weitere Stellen gut abwägen, welche Themen bzw. Schwerpunkte angemessen sind. Säkulare Bildungsangebote oder – auch Fragen dazu wurden an uns herangetragen – Deutschkurse für geflüchtete Menschen aus Syrien können eine Form von Zusammenarbeit bilden.

ten der BefürworterInnen (Innenperspektive) und KritikerInnen (Außenperspektive), Baden-Baden 2018.

93 | Auch auf andere kritisch bewertete Fragen, wie nach dem Umgang mit Geschlechtertrennung oder der Kontrolle innerhalb der Bewegung, wird etwa von Seiten der »Stiftung Dialog und Bildung« nicht immer geantwortet. Siehe dazu den auf einer SWR-Recherche basierten und aufgrund seiner Aktualität sehr interessanten Tagesschau-Artikel vom Juli 2022: https://www.tagesschau.de/investigativ/swr/guelen-bewegung-105.html [Zugriff: 19.08.2022].

Dagegen bestehen unseres Erachtens eigentlich keine großen Einwände. Die Bildungsarbeit kann sogar über eine gute Qualität verfügen. Nicht empfehlenswert sind allerdings Veranstaltungen zur Situation in der Türkei mit politischem Inhalt. Dazu gehören z. B. Buchvorstellungen von Verantwortlichen aus der Bewegung selbst, die eine sehr einseitige Darstellung beinhalten können. Mit derartigen Kooperationen laufen die Träger*innen Gefahr, sich instrumentalisieren zu lassen. Sollten Einrichtungen jedweder Art aber dennoch ein Interesse an solchen Veranstaltungen haben, dann könnten sie als Bedingung stellen, dass eine Person aus der Wissenschaft oder dem Dialogbereich mit Expertise zu dieser Thematik eingebunden wird, die zur Versachlichung der Debatte beitragen kann. So kann aus einer Werbeveranstaltung eine Diskussionsplattform geschaffen werden.

- Wie im Kapitel zur DİTİB bereits ausgeführt, sollten z. B. Kommunen und interreligiöse Kreise versuchen, möglichst die Vielfalt der Muslim*innen zu erreichen und in verschiedene Kontexte einzubinden. Man sollte die Islamgemeinden und -vereine, mit denen ein Dialog oder eine Kooperation infrage kommt, einladen und ihnen die Entscheidung überlassen, ob sie diese annehmen oder nicht. Kommunale Verantwortliche sollten allerdings nicht versuchen, Konflikte – in diesem Falle speziell aus der Türkei – mit den verschiedenen Gruppen aufzuarbeiten und eine »Versöhnung« erzielen zu wollen. Vielmehr sollte die Kommune – bei konkreten Anlässen – den Gruppen deutlich machen, dass ein »Überschwappen« der Konflikte in das Zusammenleben in der Kommune nicht toleriert wird. Damit ruft man auch alle zu mehr Besinnung und Verantwortung im kommunalen Miteinander auf.

4.7 Salafistische Gruppierungen[94]

Wie bereits im einleitenden Kapitel kurz angedeutet wurde, spielte die salafistische Szene in der Zeit, als wir die Islamberatung ins Leben riefen, eine große Rolle in Diskursen um Muslim*innen in Deutschland.

94 | Der Salafismus gilt derzeit als eine der bedeutendsten Strömungen des Islamismus. Zum Salafismus und der salafistischen Szene in Deutschland sind vor einigen Jahren viele überblicksartige Abhandlungen entstanden, die als Empfehlungen angeführt werden könnten. Ich möchte hier auf folgende Bände verweisen: Rauf Ceylan – Michael Kiefer, Salafismus. Fundamentalistische Strömungen und Radikalisierungsprävention, Wiesbaden 2013; Thorsten Gerald Schneiders (Hg.), Salafismus in Deutschland. Ursprünge und Gefahren einer islamistisch-fundamentalistischen Bewegung, Bielefeld 2014. Für einen sehr guten Einblick in die allgemeine

Die Szene wuchs damals kontinuierlich und rasant an. Die Zahl der bundesweit vom Verfassungsschutz ermittelten Anhänger*innen stieg z. B. von 2012 bis 2015 von etwa 4.500 auf 8.350. 2020 wurden ca. 12.500 Personen dem salafistischen Spektrum zugeordnet[95]. Prominente Prediger der Szene wie Pierre Vogel oder Ibrahim Abou Nagie fielen durch Internetpropaganda und öffentliche Auftritte in deutschen Städten auf. Letzterer hatte mit der fünf Jahre andauernden und schließlich 2016 verbotenen Koranverteilungskampagne »Lies!« besondere öffentliche Aufmerksamkeit erfahren. Zudem beschäftigten die Ausreisen von Hunderten Menschen aus Deutschland zum sogenannten »Islamischen Staat« (IS) Sicherheitsbehörden, Politik und Gesellschaft.

94

In der Islamberatung wurden Fragen rund um den Salafismus und den Umgang mit salafistischen Gruppierungen in den ersten Jahren mehrfach thematisiert. Es gab zwar nur einige wenige spezifische Anfragen zu dieser Thematik, allerdings beschäftigte sie aufgrund der Aktualität zahlreiche Kommunen und weitere Stellen und war damit immer wieder Gegenstand von Beratungen. Dies nahmen wir zum Anlass, um die Auseinandersetzung mit dem Islamismus und insbesondere dem Salafismus zu einem Teil der Akademieangebote zu machen. Nach über zehn Jahren des Dialogs mit Muslim*innen und der intensiven Beschäftigung mit Fragen des Islam war es in der damaligen Situation eine logische Konsequenz, dass sich die Akademie verstärkt auch diesem Schwerpunkt widmet.[96]

Im Rahmen von Beratungen und anderen Anlässen wurde mir zu Beginn der verstärkten Ankunft von Geflüchteten in Deutschland 2015/ 2016 einige Male berichtet, dass man beobachtet hatte, wie Salafist*innen vor Flüchtlingsunterkünften versuchten, mit den Neuankömmlingen ins

---

Thematik des Islamismus siehe: Tilman Seidensticker, Islamismus. Geschichte, Vordenker, Organisationen, München [4]2016.

95 | Für einen Überblick zu den Entwicklungen der Zahlen der Anhänger*innen der Szene siehe: https://www.verfassungsschutz.de/SharedDocs/publikationen/DE/verfassungsschutzberichte/2022-06-07-verfassungsschutzbericht-2021-startseitenmodul.pdf?__blob=publicationFile&v =2, S. 189. [Zugriff: 09.08.2022]. Zu den Zahlen in Baden-Württemberg siehe: https://www.verfassungsschutz-bw.de/site/pbs-bw-lfv-root/get/documents_E1602656720/IV.Dachmandant /Datenquelle/PDF/2022_Aktuell/Verfassungsschutzbericht%20Baden-W%C3%BCrttemberg%202021.pdf , S. 117 [Zugriff: 09.08.2022].

96 | Gemeinsam mit anderen Stellen und Einrichtungen, wie der Fachstelle Extremismusdistanzierung (FEX) im Demokratiezentrum, dem Landeskriminalamt oder der Türkischen Gemeinde in Baden-Württemberg (TGBW) und anderen wurden seit 2016 eine Reihe von Veranstaltungen in unterschiedlichen Formaten und zu verschiedenen Themenschwerpunkten durchgeführt. Für Einzelheiten dazu siehe: https://www.akademie-rs.de/themen/themenuebersicht/aktuell/salafismusislamismus [Zugriff: 08.08.2022].

Gespräch zu kommen, um diese in ihre Gemeinden mitzunehmen bzw. sie für ihre Gruppen gewinnen zu können. In einem Fall war sogar davon die Rede, dass Salafist*innen ehrenamtliche Helfer*innen, die Geflüchtete betreuten, bedroht hatten. Ob es sich in diesen Fällen tatsächlich um Salafist*innen handelte, kann ich persönlich nicht genau bewerten, da ich auf die Aussagen der jeweiligen Personen angewiesen war. Allerdings würde mich ein solches Verhalten nicht wundern. Salafistische Gruppierungen sind sehr engagiert hinsichtlich des Anwerbens von neuen Anhänger*innen. Und gerade junge Männer, die eine Großzahl der geflüchteten Menschen ausmachten, sind dabei die wichtigste Zielgruppe. Daher war es durchaus geboten, diese Berichte ernst zu nehmen und Hilfestellungen zu geben. Ganz wichtig war es – auch wenn es eigentlich selbstverständlich klingen mag –, in solchen Beratungen und Gesprächen die beteiligten Personen dazu anzuhalten, sich an die Polizei zu wenden und diese über die Beobachtungen zu informieren. Wie mir ein Verantwortlicher einer Sicherheitsbehörde, mit dem ich über diese Fälle gesprochen hatte, sagte, sei es in solchen Situationen besser, die Polizei einmal zu viel als einmal zu wenig zu kontaktieren. Inhaltlich konnten wir in diesen Fällen nicht viel mehr leisten, fallen individuelle Sicherheitsfragen eindeutig nicht in unseren Auftrag und unsere Arbeit.

Ebenso erging es uns bei Anfragen, in denen vermeintliche Radikalisierungsprozesse bei jungen Muslim*innen erkannt wurden. Einige Male bat man uns, mit den Betroffenen zu sprechen oder einen Imam zu vermitteln. Dabei erhoffte man sich, dass der Imam in einem theologischen Gespräch die jeweilige Person von ihren radikalen Überzeugungen abbringen könnte. Ich habe in solchen Situationen darauf aufmerksam gemacht, dass wir keine Präventions- oder De-Radikalisierungsarbeit leisten können und auf entsprechende Einrichtungen und Projekte verwiesen, die geeigneter waren als wir.[97] Manchmal wirkten die anfragenden Personen irritiert und etwas enttäuscht, dass die Islamberatung hierbei nur begrenzt helfen konnte. Ich hatte gelegentlich das Gefühl, dass meine Gegenüber die Hoffnung hatten, mit einem Telefonat oder einem kurzen Gespräch mit mir den Fall in andere Hände legen zu können. Aber mir war es von Anfang wichtig, auch unsere inhaltlichen und organisatorischen Grenzen immer wieder deutlich zu machen. Die

---

97 | Neben der bereits genannten Fachstelle Extremismusdistanzierung (FEX) (https://fexbw.de/) verwiesen wir u. a. auf die Fachstelle konex (https://www.konex-bw.de/) oder Turuq in Freiburg (https://turuq.org/) [beide Zugriffe: 10.08.2022].

Islamberatung kann nicht alles leisten und muss dies auch nicht können. Es gibt andere Stellen mit größerer Expertise zu diesen Themen. Die Frage nach der Einbindung von Imamen und islamischen Gemeinden in der Präventionsarbeit wurde mit uns oft diskutiert. In vielen Gesprächen vernahm ich, dass dieser Weg für viele die »Patentlösung« zu sein schien. Doch dahinter steckt ein Missverständnis, das Radikalisierung von jungen Menschen hauptsächlich mit religiösen Ursachen in Verbindung bringt. Religion ist sicherlich ein wichtiger Faktor. Allerdings spielen in solchen Prozessen familiäre, soziale oder gesellschaftliche Faktoren zum Teil eine größere Rolle, werden aber leicht übersehen.

Mit der Forderung nach der Einbindung von Imamen rückte auch die Aktivität der Islamverbände und -gemeinden in den Blick. Sie hätten an

manchen Stellen sicherlich mehr leisten müssen, taten sich jedoch damit schwer. Zum einen fehlten ihnen neben Strukturen oftmals auch die notwendigen fachlichen Kompetenzen, um pädagogische oder präventionsspezifische Maßnahmen zu ergreifen. Zum anderen stammten die radikalisierten Personen in nur wenigen Fällen aus Moscheegemeinden der etablierten Verbände, sodass man diese ohnehin nur schwer hätte erreichen können. Außerdem hatten islamische Verantwortliche die Sorge, durch Engagement in der Präventionsarbeit – das aufgrund fehlender Strukturen auch nicht professionell umsetzbar gewesen wäre – gesellschaftlich stigmatisiert zu werden.[98]

In einigen Beratungs- und Hintergrundgesprächen ging es darum, ob kommunale Akteur*innen sich auf Gespräche mit salafistischen Gruppen einlassen sollten, wenn diese danach anfragten, bzw. ob man nicht durch einen Dialog mit ihnen dazu beitragen könne, dass sie sich vom Salafismus abwenden. Gespräche zu solchen Fragen habe ich vereinzelt als sehr zäh empfunden. Was sagt man z. B. in den Kommunen verantwortlichen Personen, die überzeugt davon sind, positiven Einfluss auf die salafistische Gemeinde vor Ort ausüben zu können? Natürlich ist es nicht unsere Aufgabe als Berater*innen, die beratenen Stellen und Personen von ihrem eingeschlagenen Weg abzubringen. Dennoch haben wir Kommunen in solchen Fällen mit Nachdruck von solchen Kontakten abgeraten. Und wenn sie schon stattfanden, dann sollten zumindest

---

98 | Zur Rolle von islamischen Organisationen in der Präventionsarbeit ist die sehr gelungene Dissertation von Jens Ostwaldt empfehlenswert: Jens Ostwaldt, Islamische und migrantische Vereine in der Extremismusprävention. Erfahrungen, Herausforderungen und Perspektiven, Frankfurt/M. 2020.

Akteur*innen aus den örtlichen Sicherheitsbehörden oder aus Stellen der Präventionsarbeit eingebunden werden. An einer Stelle riet ich in einem telefonischen Vorgespräch zu einer Beratung mit eben dieser Thematik von Kontakten zur salafistischen Gemeinde ab. Diese hatte bei der Kommune nach Räumlichkeiten für ihre Angebote angefragt. Dabei wurde mir der Vorschlag unterbreitet, dass die Gemeinde bei dem Beratungsgespräch beteiligt sein könnte. Während der Beratung, die mein Kollege Karim Saleh einige Zeit später durchführte, wurde ihm seitens der Kommune mitgeteilt, dass man die Gemeinde über die Haltung der Islamberatung bereits informiert habe.

Diese Vorstellung von Einzelnen – im Grunde sehr engagierte Personen – war mit Verlaub und gelinde ausgedrückt sehr naiv. Ich möchte hier klarstellen: Innerhalb des Salafismus in Deutschland gibt es ein breites Spektrum von Menschen, die zwar religiös radikal sind, aber Gewalt ablehnen, bis hin zu Menschen, die Gewalt zur Durchsetzung eigener Vorstellungen befürworten oder auch anwenden. Aber salafistische Einstellungen, egal ob friedlich oder gewalttätig, lassen sich nicht mit demokratischen Grundsätzen vereinbaren. Und wir plädieren dafür, die Islamgemeinden in der eigenen Kommune zu bewerten und zu entscheiden, wie mit ihnen umgegangen werden kann. Allerdings sprechen wir über Jahre, in denen die salafistische Szene in Deutschland und anderen Ländern unter anderem mit Gewaltakten und Terroranschlägen aufgefallen war. Und diese Szene wird flächendeckend vom Verfassungsschutz beobachtet. Deshalb gab es keinen Spielraum, Gespräche in irgendeiner Weise gutzuheißen.

Empfehlungen

- Die kommunalen Verwaltungen sollten bezüglich des Personenpotenzials und Wirkens salafistisch geprägter Gruppierungen in der jeweiligen Kommune gut informiert sein. Dabei sind die sicherheitsbehördlichen Strukturen an erster Stelle zu konsultieren. Es ist sicherlich kein Fehler, neben den Berichten des Verfassungsschutzes auch z. B. die Meinung des Staatsschutzes zu hören. Besonders in Kommunen, in denen gute Kontakte zu Islamgemeinden bestehen, ist es auch ratsam, deren Verantwortliche zu fragen, wie sie die Salafist*innen in der Umgebung erleben. Eventuell kann es zu Anwerbeversuchen von jungen Mitgliedern und Besucher*innen der Moscheegemeinden gekommen sein.

- Wie ich bereits betont habe, raten wir kommunalen Akteur*innen dringend davon ab, in Gespräche mit salafistischen Gruppierungen zu gehen. Dies ist eine Wertschätzung, die an dieser Stelle fehl am Platz ist. Wenn es doch dazu kommt, dann sollten zumindest Akteur*innen aus den örtlichen Sicherheitsbehörden oder aus Stellen der Präventionsarbeit involviert sein, die einen besseren Einblick in die Szene haben.

- Die Stadt Freiburg hat als erste Stadt in Baden-Württemberg 2019 die kommunal getragene Beratungsstelle »Wegberater – Anlaufstelle Salafismus« ins Leben gerufen. Dort bietet eine sachkundige Person Hilfestellung unter anderem für Personen an, die fürchten, dass sich jemand aus ihrem Umfeld salafistisch radikalisiert. Gleichzeitig steht sie Islamgemeinden und -vereinen mit Beratung zu dieser Thematik zur Verfügung.[99] Der Aufbau solcher Fachstellen wäre auch in anderen Kommunen sehr empfehlenswert.

- Im Verfassungsschutzbericht 2021 des Bundes wird darauf verwiesen, dass die Attraktivität des Salafismus abnimmt. Gleichzeitig wird hervorgehoben, dass die Szene durch Konflikte etwa im Nahen Osten sowie durch islamkritische Vorfälle wieder erstarken könnte und somit das Gefahrenpotenzial weiterhin vorhanden ist.[100] Diese Beobachtungen sind meines Erachtens zutreffend. Daher wäre es sehr ratsam, wenn Politik und zivilgesellschaftliche Einrichtungen sich weiterhin mit dieser Thematik auseinandersetzen und Mittel für Aufklärungs- und Präventionsprojekte sowie Stellen in diesem Bereich aufrechterhalten.

---

99 | Siehe dazu: https://wegberater.freiburg.de/pb/1366578.html. Einen Einblick in die Arbeit dieser Anlaufstelle bietet auch dieses Video: https://www.youtube.com/watch?v=xeekJhfOP1g [beide Zugriffe: 10.08.2022].

100 | Bundesministerium des Innern und für Heimat, Verfassungsschutzbericht 2021, S. 189–190, https://www.verfassungsschutz.de/SharedDocs/publikationen/DE/verfassungsschutzberichte/2022-06-07-verfassungsschutzbericht-2021-startseitenmodul.pdf;jsessionid=333778EDAEA41C90D1D4D933B8C28EBE.intranet241?__blob=publicationFile&v=2 [Zugriff: 10.08.2022].

5. Junge Muslim*innen in kommunalen Handlungsfeldern: Chancen und Hürden

Deutschlands Muslim*innen sind eine junge Bevölkerungsgruppe. Wie bereits 2009 aus der Studie »Muslimisches Leben in Deutschland« hervorging, sind über 40 % der Muslim*innen in Deutschland unter 25 Jahre alt. Ihr Durchschnittsalter wurde auf ca. 30 Jahre geschätzt, während es in der deutschen Gesamtbevölkerung bei 43 Jahren lag.[101] Laut einer neueren Erhebung aus dem Jahre 2020 sind 21 % der Muslim*innen unter 15 Jahre alt. Weitere 24 % sind im Alter zwischen 15 und 24 Jahren. Nur 5 % sind älter als 64 Jahre. In der deutschen Gesamtbevölkerung hingegen liegt der Anteil der Menschen über 64 Jahren bei 21 % und ist damit vier Mal so hoch.[102] Dieses demographische Bild macht deutlich: Junge Muslim*innen gestalten das gesellschaftliche Zusammenleben mit und werden zukünftig noch eine größere Rolle in verschiedenen Prozessen einnehmen. Der konstruktive Umgang mit ihnen ist deshalb unausweichlich – und eine Herausforderung, der wir uns stellen sollten.

Bei der Identitätssuche von vielen jungen Muslim*innen leistet islamische Jugendarbeit einen wichtigen Beitrag. Über Profile und Arbeitsweisen islamischer Jugendarbeit gab es allerdings lange Zeit wenige Erkenntnisse. Vor diesem Hintergrund führten wir an der Akademie von 2012 bis 2014 das Forschungsprojekt »Junge Muslime als Partner« durch, zu dem im Herbst 2014 eine ausführliche Publikation[103] und in den Folgejahren mehrere Aufsätze und Artikel, die die Ergebnisse zusammenfassten, erschienen sind.[104] Daher sollen hier nur in aller Kürze die zent-

101 | Siehe dazu: Sonja Haug – Stephanie Müssig – Anja Stichs, Muslimisches Leben in Deutschland. Im Auftrag der Deutschen Islam Konferenz, Nürnberg 2009, S. 102–105, online unter: https://www.deutsche-islam-konferenz.de/SharedDocs/Anlagen/DE/Ergebnisse-Empfehlungen/MLD-Vollversion.html [Zugriff: 12.04.2022].

102 | Siehe dazu: Katrin Pfündel – Anja Stichs – Kerstin Tanis, Muslimisches Leben in Deutschland 2020. Studie im Auftrag der Deutschen Islam Konferenz, Nürnberg 2021, S. 48–50, online unter: https://www.bamf.de/SharedDocs/Anlagen/DE/Forschung/Forschungsberichte/fb38-muslimisches-leben.html [Zugriff: 12.04.2022].

103 | Hussein Hamdan – Hansjörg Schmid, Junge Muslime als Partner. Ein empiriebasierter Kompass für die praktische Arbeit, Weinheim – Basel 2014. Das Inhaltsverzeichnis ist online abrufbar unter: https://www.akademie-rs.de/fileadmin/veranstaltungen/publikationen/pdf/20140909hamdanschmid_jungemuslime%20inhalt%20und%20vorwort.pdf [Zugriff: 13.06.2022].

104 | Zu empfehlen sind: Hussein Hamdan – Hansjörg Schmid, Aufbrüche der neuen Generation. Wie junge Muslime die deutsche Gesellschaft mitgestalten wollen, in: Herder Korrespondenz 68 (10/2014), S. 519–524; Hussein Hamdan, Herausforderungen in der Begegnungsarbeit mit islamischen Jugendverbänden und Jugendgruppen – Junge Muslime als Partner, in: Christian Espelage – Hamideh Mohagheghi – Michael Schober (Hg.), Interreligiöse Öffnung durch Begegnung. Grundlagen – Erfahrungen – Perspektiven im Kontext des christlich-islamischen Dialogs,

ralen Ergebnisse angeführt werden: In der Studie wurden Strukturen, Schwerpunkte und Ausrichtung der Jugendarbeit in einem breiten Spektrum islamischer Vereinigungen mit Fokus auf Baden-Württemberg sowie Jugendprojekte mit islamischer Beteiligung in verschiedenen Regionen Deutschlands empirisch untersucht. Die Studie hat unter anderem ergeben: Islamische Jugendarbeit in Deutschland ist vielfältig, ihr Schwerpunkt allerdings eindeutig religiös. Die Vermittlung religiöser Werte und die Stärkung der religiösen Identität der Jugendlichen stehen im Vordergrund. Dies geschieht hauptsächlich durch verschiedene Formen von Koran- und Islamunterricht, aber auch durch Gesprächskreise zu religiösen Inhalten oder aktuellen Themen des Alltags. Zudem ist das Interesse junger Muslim*innen am interreligiösen Dialog und der Partizipation an gesellschaftlichen Prozessen, wie etwa durch Mitgliedschaft in den Strukturen der Jugendhilfe, groß. Der Bund der Alevitischen Jugendlichen in Deutschland (BDAJ) ist an dieser Stelle führend. So ist der Verband Mitglied in mehreren Stadt- und Landesjugendringen und seit 2011 Vollmitglied im Bundesjugendring.

Mit Erscheinen unserer Studie wurde die Beschäftigung mit jungen Muslim*innen zu einem Schwerpunkt unserer Akademiearbeit im Bereich des interreligiösen Dialogs und der Islamthemen. Von 2015 bis 2017 führten wir eine dreijährige Tagungsreihe gemeinsam mit drei islamischen Jugendverbänden durch. Unsere Partner*innen waren der DİTİB-Landesjugendverband Württemberg, der IGMG-Jugend-Regionalverband Baden-Württemberg sowie die Muslimische Jugend in Deutschland (MJD). Die Robert Bosch Stiftung förderte diese Reihe und begleitete sie auch inhaltlich. Diese Veranstaltungen halfen uns einen noch besseren Einblick in die Thematik zu bekommen. Aus dem Dialog in der Praxis lassen sich schließlich die besten Erkenntnisse ziehen.

Insgesamt lassen sich interessante und weitreichende Entwicklungen innerhalb der islamischen Jugendgruppen beobachten. Neben den Jugendverbänden der etablierten islamischen Verbände sind in den letzten Jahren verschiedene verbandsunabhängige Initiativen entstanden, in denen sich junge Muslim*innen engagieren können. Als Beispiel kann hier der Bund Muslimischer Pfadfinder und Pfadfinderinnen Deutschlands

100

Hildesheim – Zürich – New York 2021, S. 479–485, online unter: https://hildok.bsz-bw.de/frontdoor/index/index/docId/1197 [Zugriff: 13.06.2022]. Dieser Sammelband mit über fünfzig Beiträgen ist in seiner Gesamtheit sehr wertvoll und empfehlenswert für verschiedene Bereiche des christlich-islamischen Dialogs und darüber hinaus.

(BMPPD) genannt werden, der bereits 2010 ins Leben gerufen wurde und mit einigen beachtlichen Aktivitäten auf sich aufmerksam gemacht hat. Zu nennen ist hier, dass der BMPPD Mitinitiator des Internationalen Tags des friedlichen Zusammenlebens ist. Dieser Tag wurde 2017 von der UN-Generalversammlung beschlossen und wird seitdem jährlich am 16. Mai begangen.[105] Dies zeigt, dass die Islamlandschaft auch unter jungen Muslim*innen heterogener wird und sich neue potenzielle Dialogpartner*innen auftun.

Die in den gemeinsamen Veranstaltungen gesammelten Erfahrungen waren enorm wichtig, denn sie schufen eine gute Grundlage, um angemessen zu diesem sensiblen Themenfeld Beratungen durchzuführen und nachhaltig daran weiterzuarbeiten. Im Rahmen der Islamberatung lassen sich in der Beschäftigung mit jungen Muslim*innen zwei unterschiedliche Schwerpunkte ausmachen: Zum einem berieten wir kommunale und kirchliche Stellen zu Fragen des Umgangs mit Jugendverbänden. Zum anderen suchten Vertreter*innen von islamischen Jugendverbänden und -gruppen unseren Rat. Daraus entstand ein interessanter Prozess der Qualifizierung von jungen Muslim*innen.

Diese beiden Schwerpunkte werden im Folgenden thematisiert und anschließend Handlungsempfehlungen formuliert.

5.1 Beratungen zum Umgang mit islamischen Jugendverbänden

Die Jugendarbeit islamischer Verbände war mehrfach Gegenstand von Beratungen. Die Anfragen stammten hier in erster Linie von Jugendringen, die sich zu den Entwicklungen in der Landschaft der Jugendverbände und neuen Gruppen informieren und zum Umgang mit einzelnen Jugendverbänden beraten ließen. Aber auch Integrationsbeauftragte und kirchliche Akteur*innen beschäftigten sich mit diesem Themenfeld. Zentrale Fragen der durchgeführten Beratungen waren die folgenden:
- Aufnahme islamischer Jugendverbände in die Jugendringe und die Bewertung der Zusammenarbeit in Fällen einer bereits existierenden Mitgliedschaft. Dabei ging es hauptsächlich um Jugendgruppen der DİTİB und vereinzelt auch der IGMG.
- Wie können Kooperationen mit islamischen Jugendgruppen aussehen und gelingen?

---

105 | Siehe dazu: https://muslimische-pfadfinder.de/ [Zugriff: 14.04.2022].

Hinweise zu Fragen nach den Kooperationsmöglichkeiten werden in den Empfehlungen formuliert und müssen an dieser Stelle nicht weiter thematisiert werden. Auch Fragen nach Mitgliedschaften in Jugendringen sind Gegenstand der am Ende dieses Kapitels angeführten Empfehlungen. Damit in diesem Zusammenhang einige Aspekte verständlicher werden, soll aber hier schon – wenn auch nicht sehr ausführlich – darauf eingegangen werden.

Bereits während der Arbeit an der 2014 erschienenen Studie »Junge Muslime als Partner« war die Thematik der Mitgliedschaft islamischer Jugendgruppen in Jugendringen aktuell. Damals sorgte der Fall der Fatih-Jugend – die Jugendabteilung der IGMG in Mannheim – für Aufsehen, als dieser zunächst die Vollmitgliedschaft im Mannheimer Stadtjugend-

ring verweigert und sie ein Jahr später doch aufgenommen wurde.[106] Zu dieser Zeit hatte es auch bei der DİTİB-Jugend entscheidende Entwicklungen gegeben. Es wurden 15 Landesjugendverbände und im Januar 2014 auch der Bund der Muslimischen Jugend (BDMJ) als DİTİB-Bundesjugendverband ins Leben gerufen – mit dem Ziel, dass diese Jugendverbände Mitgliedschaften in den entsprechenden Jugendringen erreichen.[107] In Baden-Württemberg sind DİTİB-Jugendgruppen in mehreren Jugendringen Mitglieder geworden, ebenso wie der Landesjugendverband im Landesjugendring.

Während der Landesjugendring im Frühjahr 2019 im Rahmen einer von Karim Saleh durchgeführten Beratung mit Vertreter*innen verschiedener Stadtjungendringe erklärte, dass die Zusammenarbeit mit der DİTİB-Jugend problemlos laufe, berichteten andere Jugendringe von einem schwierigeren Verhältnis. In diesen Jugendringen sollen die DİTİB-Gruppen zunächst noch engagiert gewesen sein. Allerdings soll dieses Engagement nur von kurzer Dauer gewesen sein. Sie seien inaktiv, würden kaum noch an den Mitgliederversammlungen teilnehmen und sich zum Teil noch nicht einmal von Sitzungen abmelden. Trotz mehrerer Versuche habe man an der einen oder anderen Stelle keinen Kontakt mehr. Deshalb dränge sich die Frage auf, ob die Strukturen der Jugendhilfe vielleicht nur als Deckmantel benutzt worden sind, um mit der Mitgliedschaft im Stadtjugendring zu prahlen. Die Mitarbeitenden der

---

106 | Dieser Fall wurde aufgrund seiner Aktualität in der Studie ausführlicher beschrieben. Siehe dazu: Hussein Hamdan – Hansjörg Schmid, Junge Muslime als Partner. Ein empiriebasierter Kompass für die praktische Arbeit, Weinheim – Basel 2014, S. 46–50.

107 | Zur DİTİB-Jugend und den Entwicklungen in der damaligen Zeit siehe: a. a. O., S. 27–39.

betroffenen Jugendringe nehmen dieses Verhalten als enttäuschend wahr, denn dort habe man zum Teil selbst Kraft und Überzeugungsarbeit investiert, um die DİTİB-Gruppen aufzunehmen. Diese Enttäuschung und die geäußerte Vermutung, dass die Bemühungen der Jugendgruppen um Mitgliedschaft eher im Bereich der Imagepflege als der wirklichen Partizipation einzuordnen sind, hat nach den geschilderten Erfahrungen ihre Berechtigung. Das beobachtete Verhalten kann aber auch mit internen Problemen innerhalb der DİTİB-Jugend zu dieser Zeit zusammenhängen. Im Frühjahr 2017 trat der damalige Bundesvorstand des BDMJ geschlossen zurück. Unter anderem wurde seitens des Jugendverbands von einer Behinderung der eigenen Arbeit durch den Erwachsenenverband gesprochen, was als herber Rückschlag im bis dahin geführten Aufbauprozess der DİTİB-Jugend zu werten ist.[108] Ein Teil des zurückgetretenen Vorstands gründete mit dem Muslimischen Jugendwerk eine Initiative, die verbandsunabhängig arbeitet.[109] Karim Saleh machte während dieser Beratung mit den Verantwortlichen der Jugendringe unsere Haltung zu solchen Fällen deutlich: Wenn die Zusammenarbeit nicht funktioniert, sollten die Jugendringe einschreiten und Maßnahmen ergreifen, die sie auch bei anderen Gruppen in die Wege leiten würden.

Ein anderer in diesem Themenbereich sehr interessanter Fall, ebenfalls aus dem Jahr 2019, zeigt aber auch die andere Seite des Umgangs mit der DİTİB-Jugend auf. So wandte sich ein Kreisjugendring mit folgender Anfrage an uns: Eine DİTİB-Gruppe wollte nach zwei Jahren Gastmitgliedschaft als Vollmitglied in den Jugendring aufgenommen werden. Die Verantwortlichen des Jugendrings standen diesem Anliegen positiv gegenüber. Allerdings gab es Kritik und politischen Druck aus dem Kreistag gegen die Aufnahme der DİTİB-Jugend. Diese könne dazu führen, dass dem Jugendring Gelder gestrichen werden, wurde befürchtet. Von der Beratung während einer Sitzung des Jugendrings erhoffte man sich die Einordnung der DİTİB-Jugend. Diese Beratung, bei der unter anderem auch hohe Repräsentant*innen von Kommunen im Landkreis anwesend waren, wurde ebenfalls von Karim Saleh durchgeführt. Er vermittelte Informationen zum DİTİB-Verband und zur DİTİB-Jugend

108 | Siehe dazu: https://www.presseportal.de/pm/51580/3634522; https://dtj-online.de/ditib-jugend-bdmj-ruecktritt/ [beide Zugriffe: 19.04.2022].
109 | Siehe dazu die Selbstdarstellung dieser Initiative: https://muslimisches-jugendwerk.de/ [Zugriff: 19.04.2022].

und erklärte an dieser Stelle unsere – im Übrigen mit allen am Projekt beteiligten Einrichtungen und Personen abgestimmte – Grundeinstellung: Bei aller Kritik, die man an dem DİTİB-Verband haben kann, sollte die Jugend nicht für Versäumnisse der Erwachsenen herhalten müssen. Die DİTİB-Jugend muss eine faire Chance bekommen. Wenn sie die Kriterien für eine Aufnahme in einen Jugendring erfüllt, dann sollte sie auch ermöglicht werden. Im konkreten Fall sollten Empfehlungen meines Kollegen Früchte tragen: Der politische Druck nahm ab und der Kreisjugendring konnte eigenständig über die Aufnahme der DİTİB-Jugend entscheiden. Kurze Zeit später wurde sie dann auch aufgenommen.

5.2 Junge Muslim*innen suchen die Islamberatung

Im Sommer 2018 wurde ich von einer jungen muslimischen Frau, die mir von unserer Tagungsreihe bekannt war, mit einer Anfrage kontaktiert. Mehrere muslimische Jugendgruppen in Stuttgart beabsichtigten, sich für die Zusammenarbeit an gemeinsamen Zielen zu einem großen Netzwerk zusammenschließen. Sie berichtete, dass bereits einige Annäherungstreffen der Jugendgruppen stattgefunden hatten und weitere geplant seien. Und sie fragte danach, ob die Islamberatung die Jugendgruppen bei ihrem Anliegen beratend unterstützen könnte. Kurze Zeit später fand das erste Beratungsgespräch mit vier jungen Muslim*innen an der Akademie statt. Meine Kollegin Christina Reich begleitete mich zu diesem Gespräch. Sie verfügte ebenfalls über einen guten Überblick über die islamischen Jugendgruppen und darüber hinaus auch Erfahrungen in der katholischen Jugendarbeit. Daher war es ideal, im Tandem in dieses Gespräch zu gehen.

Unsere Gesprächspartner*innen nannten zahlreiche Aspekte, die sie beschäftigten. Hauptsächlich – und darauf legten auch wir den Fokus – ging es um einen möglichen Strukturaufbau. Die zentrale Frage war, ob man einen neuen Verein gründen oder als loses Netzwerk agieren solle. Wir hielten beide die Vorstellung eines losen Netzwerkes für vorteilhaft, weil auf diese Weise – zumindest eine Zeit lang – unverbindlich getestet werden kann, ob und in welchem Maße ein so umfangreicher Zusammenschluss funktionieren würde. Außerdem bekräftigten wir die Überlegungen der Jugendgruppen, JUMA (jung. muslimisch. aktiv)[110] als

---

110 | JUMA gehörte zu acht Projekten, die wir im Rahmen unserer Studie »Junge Muslime als Partner« untersuchten. Siehe dazu Hussein Hamdan – Hansjörg Schmid, Junge Muslime als Partner.

mögliche Plattform für diesen Zusammenschluss zu nutzen. JUMA ist ein Projekt, das 2011 in Berlin entstanden ist und seit 2014 auch in Baden-Württemberg existiert. Es genießt aufgrund seiner Offenheit für Muslim*innen mit verschiedenen kulturellen Hintergründen und religiösen Prägungen von vielen Stellen große Wertschätzung. Zur Zeit der Beratung waren die JUMA-Verantwortlichen gerade dabei, das Projekt in einen Verein umzustrukturieren. Unserer Meinung nach konnte JUMA zunächst für etwa ein Jahr die Federführung des Zusammenschlusses übernehmen. Damit würde man einen Verein stärken, der ähnliche Werte teilt. Anschließend könnte Bilanz gezogen und entschieden werden, ob diese Zusammenarbeit auch zukünftig angestrebt werden sollte. Des Weiteren betonten wir mehrmals die Wichtigkeit langfristiger und nachhaltiger Planung. Besonders Letzteres schien uns bei den ambitionierten Gesprächspartner*innen sehr wichtig zu sein: Wir mussten ihnen vermitteln, dass Strukturaufbau und vor allem die Einführung hauptamtlichen Personals Zeit benötigen und viel Engagement beanspruchen würden. Zunächst sollten sie sich weiter vernetzen und vielleicht gemeinsam eine Veranstaltung, wie ein Fastenbrechen im Ramadan 2019, auf die Beine stellen. Unser Gespräch hatte Wirkung gezeigt. In einer weiteren Beratung vier Monate später, an der weitere Personen aus dem Kreis der Jugendgruppen beteiligt waren, wurde uns vermittelt, dass man sich dazu entschieden habe, sich mehr Zeit für das gegenseitige Kennenlernen untereinander zu nehmen. Die Idee eines Fastenbrechens würde aber verfolgt werden – und wurde einige Monate später tatsächlich auch umgesetzt.

5.3 Kooperation mit der Stadt Stuttgart

Aus diesen Beratungen und dem Engagement der jungen Muslim*innen entstand schließlich eine Kooperation mit der Abteilung für Integrationspolitik der Stadt Stuttgart, die in eine längerfristige und nachhaltige Begleitung einmünden sollte. Diese Entwicklungen gehen direkt aus unserer Projektarbeit der letzten Jahre hervor. Maßgeblich dafür sind zwei Aspekte: die regen Bemühungen der Stadt Stuttgart, Belange der

Ein empiriebasierter Kompass für die praktische Arbeit, Weinheim – Basel 2014, S. 112–117. Wir pflegen seit Jahren rege Kontakte in verschiedenen Formen zu JUMA, vor allem in Baden-Württemberg. Dort hat sich das Projekt inzwischen zu einem Verein etabliert und ist auch Mitglied im Stuttgarter Stadtjugendring. Für mehr Informationen dazu siehe die Selbstdarstellung: https://www.juma-ev.de/juma/juma-bawue/ [Zugriff: 14.04.2022].

Zielgruppe ernst zu nehmen und zu fördern, sowie die seit 2012 betriebene intensive und neutrale Auseinandersetzung der Akademie mit verschiedenen Themen aus diesem Bereich, der das Vertrauen der jungen Muslim*innen in unsere Arbeit zu verdanken ist. Der Stuttgarter Integrationsbeauftragte Gari Pavković – ein Unterstützer der Islamberatung seit ihrer Entstehung – lud uns 2019 zu einem Austauschgespräch ein, um Möglichkeiten zu eruieren, wie den jungen Muslim*innen dabei geholfen werden kann, sich besser zu organisieren und insbesondere ein Netzwerk zu etablieren. An diesem Gespräch war auch unser Projektpartner Volker Nüske von der Robert Bosch Stiftung beteiligt. Die Stiftung hatte im Themenbereich junge Muslim*innen viel Erfahrung und zur damaligen Zeit auch ein spezielles Förderprogramm für die Zielgruppe. Daher lag es nahe, an dieser Stelle ihre Expertise einzubeziehen. Die Anfrage bestand darin, ob wir gemeinsam mit seiner Abteilung in regelmäßigen Abständen Netzwerktreffen der jungen Muslim*innen beratend begleiten könnten. Diese Anfrage gab uns gleichzeitig Gelegenheit, das Beratungsangebot mit der eigentlichen Akademiearbeit zu verbinden. Christina Reich und ich entwickelten in den Vorbereitungen auf das Gespräch die Idee, diesen Prozess mit einer Tagung an der Akademie zu starten.

Unser Vorschlag fand bei den Kolleg*innen der Stadt Stuttgart Zustimmung und so organisierten wir die Qualifizierungstagung »Junge MuslimInnen in der Jugendarbeit«. Wir legten den Fokus bewusst auf Qualifizierung, weil der Wunsch nach Qualifizierung in den letzten Jahren und auch in den erwähnten Beratungen von jungen Muslim*innen mehrfach geäußert wurde und der Bedarf an Professionalisierung der Strukturen uns schon lange bekannt war. Diese zunächst für das Frühjahr 2020 geplante Tagung musste aufgrund der Corona-Pandemie und der damit verbundenen Maßnahmen mehrfach verschoben werden und fand daher erst im September 2021 statt. Ich muss gestehen, dass ich in dieser Zeit Zweifel daran hatte, ob das Interesse der jungen Muslim*innen über diesen langen Zeitraum und die Verschiebungen der Tagung hinweg aufrecht erhalten bleiben würde. Doch meine Zweifel sollten sich nicht bestätigen. Die Veranstaltung wurde gut besucht und war ein voller Erfolg. Das machte deutlich, dass die beteiligten Vertreter*innen islamischer Jugendverbände und -vereine, die hauptsächlich aus dem Raum Stuttgart kamen, Interesse an Weiterentwicklung hatten. Die Tagung verdeutlichte ihnen ihre bereits bestehenden Potentiale, stärkte sie in ihrem Engagement und trug zu ihrer Vernetzung bei. Zudem wurde ihnen Knowhow vermittelt, um sich strukturell und organisatorisch besser aufzustellen. So bekamen sie unter anderem einen Einblick in die Arbeit eines etablierten Jugendverbands wie dem Bund der Katholischen Jugend (BDKJ) und ins Projektmanagement sowie Einführungen im Umgang mit Medien und ein Argumentationstraining. Zudem gab ihnen die Konzeption der Tagung viel Raum für Austausch und die Stärkung des Netzwerks untereinander.[111] Die Teilnehmenden, die hauptsächlich über das Netzwerk der Kolleg*innen der Stadt Stuttgart erreicht wurden, waren von den Inhalten und dem Rahmen insgesamt sehr begeistert. Der Wunsch nach einer Fortsetzung wurde mehrfach geäußert.

Diesen Prozess wollten wir nun auf zwei Ebenen begleiten. Während die Verantwortliche für Islamthemen in der Abteilung für Integrationspolitik der Stadt Stuttgart, Fatma Gül, in direkten Treffen mit den jungen Muslim*innen – und in kontinuierlichem Austausch mit uns – die Netzwerkbildung stärkt, organisieren wir die zweite Tagung. Diese ist für Ende Oktober 2022 geplant und hat auf Wunsch von Teilnehmenden der ersten Tagung den Schwerpunkt Muslimfeindlichkeit. Ziel der Tagung ist es, Erscheinungsformen von Muslimfeindschaft in Deutschland zu diskutieren sowie den Teilnehmenden Hilfestellungen für den Umgang mit Alltagsdiskriminierung zu geben. Dafür gelang es, das erfahrene Team der Fachstelle Extremismusdistanzierung (FEX)[112] im Demokratiezentrum Baden-Württemberg als Referierende zu dieser sensiblen Thematik zu gewinnen. Darüber hinaus sollen die Teilnehmenden für den angestrebten Aufbau des Netzwerks in Stuttgart weitere Empfehlungen erhalten. Es wird aktuell zudem angedacht, mit einer öffentlichkeitswirksamen Veranstaltung im Jahr 2023 das neu aufgebaute Netzwerk vorzustellen und über Anliegen junger Muslim*innen zu diskutieren.[113] Bis dahin – so unsere Planungen mit den Kolleg*innen der Stadt Stuttgart – werden wir sie auch über die Veranstaltungen hinaus bei Bedarf beratend unterstützen.

Indem sie auf die Islamberatung zugegangen sind, zeigten junge Muslim*innen, dass sie die Chance erkannt haben, in ihren Vorhaben

111 | Siehe dazu: https://www.akademie-rs.de/programm/meldungen/einzelansicht/news/junges-muslimisches-engagement-foerdern [Zugriff: 13.04.2022].

112 | Die Fachstelle FEX gehört zu den wichtigsten Partnern meines Fachbereichs. Uns verbinden seit Jahren viele Kooperationen, vor allem im Bereich des Salafismus/Islamismus.

113 | Das Manuskript zum Buch wurde dem Verlag Ende September 2022 übermittelt. Um das Ziel des Prozesses zu erläutern, mussten an dieser Stelle die geplanten Veranstaltungen nach Abgabe des Manuskripts kurze Erwähnung finden.

Unterstützung zu erhalten. Daraus ist ein nachhaltiger Prozess hervorge-
gangen, der ihr großes Potenzial für konstruktive Zusammenarbeit in
verschiedenen Zusammenhängen deutlich macht und dieses weiterent-
wickelte.

Empfehlungen

- Die Jugendgruppen der DİTİB und der IGMG sowie die Jugendgruppen weiterer Verbände sollten – trotz ihrer Zugehörigkeit zu den
jeweiligen Verbänden – zunächst als eigenständige Gesprächspartner*innen wahrgenommen werden. Grundsätzlich sollte ihnen bei
entsprechenden Anfragen die Möglichkeit gegeben werden, sich bei
dem jeweiligen Jugendring vorzustellen. In diesen Gesprächen können kritische Themen – wie z. B. die explizite Nennung von Aktivitäten von IGMG-Jugendgruppen im Verfassungsschutzbericht des Landes – hinterfragt werden. Allerdings sollten vor allem junge Menschen,
die den Dialog suchen, nicht nur mit schwierigen Fragen konfrontiert
werden, sondern die Chance bekommen, ihre Ziele und Vorstellungen von Zusammenarbeit zu artikulieren. Auch im Jugendbereich
gilt: Bei Verbänden oder Gruppen, die vom Verfassungsschutz beobachtet werden, sollte auch die Sicherheitsbehörde um eine Einschätzung der jeweiligen Gruppe angefragt werden.

- Auch mit islamischen Jugendgruppen sollte sowohl bezüglich einer
Aufnahme in einen Jugendring als auch in der Einschätzung der Zusammenarbeit in Fällen einer existierenden Mitgliedschaft nach den
allgemeingültigen Kriterien der Jugendringe verfahren werden. So
gelingt es vielleicht, den Jugendlichen der DİTİB oder IGMG mit weniger Vorurteilen zu begegnen. Damit sie Erfahrungen sammeln und
eventuell ihre Unabhängigkeit vorantreiben können, wäre es wichtig,
ihnen Gelegenheiten zur Kooperation zu bieten, auch wenn nicht alle
Kriterien für eine Vollmitgliedschaft von Anfang an erfüllt sind. Man
könnte sie zunächst – wenn möglich – in offene Angebote einbinden
oder kleinere Kooperationen zwischen ihnen und einem (christlichen) Mitglied im Jugendring anbieten, um sie aktiv zu erleben und
besser kennenlernen zu können. Wenn islamische Jugendverbände –
wie am Beispiel der DİTİB geschildert – an manchen Stellen eine
Mitgliedschaft in einem Jugendring erreichen und sich im Laufe der
Zeit nicht mehr an die Regeln halten bzw. sich zurückziehen und

nicht aktiv an den Zielen des Jugendrings mitarbeiten, dann sollten klärende Gespräche mit Verantwortlichen gesucht werden. Sollte dies zu keinem Ergebnis führen, dann muss mit ihnen nach den festgelegten Statuten verfahren werden, so wie man es auch bei einer anderen Gruppe tun würde.

• Interreligiöse Dialogprojekte unter jungen Menschen sind notwendiger denn je und sollten finanziell und ideell gefördert werden. Dabei kann in der direkten Begegnung z. B. ein Austausch über religiöse Inhalte mittels Moschee- und Kirchenführungen sowie Dialogforen stattfinden. Dies kann gemeinsam mit Freizeitaktivitäten ein erstes Vertrauensverhältnis schaffen, auf dessen Grundlage weitere gemeinsame gesellschaftspolitische Aktionen durchgeführt werden können. Dadurch kann ein Gefühl der Verbundenheit zwischen christlichen und muslimischen Jugendlichen entstehen. Grundsätzlich wäre die Einbeziehung von jüdischen Jugendlichen oder jungen Menschen aus weiteren Religionsgemeinschaften in Dialogprozesse sehr empfehlenswert. Damit würde der religiösen Vielfalt in Deutschland bereits in der Jugendarbeit Rechnung getragen werden.

• Um längerfristig planen zu können und zukünftig mehr Augenhöhe in Kooperationen mit anderen erfahrenen Verbänden zu erreichen, bedarf es nachhaltiger Strukturen in der islamischen Jugendarbeit und nicht nur Ehrenamtlichkeit. Anstelle auf die Strukturen der evangelischen und katholischen Träger*innen zu schauen, die sich über Jahrzehnte entwickelt haben, wie wir immer wieder beobachten konnten, empfehlen wir, sich vielmehr am BDAJ ein Beispiel zu nehmen. Denn unabhängig von den theologischen Differenzen, die es ohne Zweifel gibt, und der ablehnenden Haltung des BDAJs gegenüber einigen islamischen Gruppen hat der alevitische Jugendverband vor Jahren schon einen großen Schritt unternommen, der ihm den Weg in hauptamtliche Strukturen ebnete. Dieser Strukturaufbau ging aus dem dreijährigen Projekt »Integration durch Qualifikation und Selbstorganisation« mit der Arbeitsgemeinschaft der Evangelischen Jugend in Deutschland e. V. (aej) hervor, das von 2009 bis 2012 lief. Um seine Arbeit zu professionalisieren, war der BDAJ auf die aej als etablierten christlichen Verband zugegangen, um nach einer Kooperation zu fragen, die ihm helfen würde, sich nötige Qualifikationen und Kompetenzen anzueignen. Das Projekt wurde hauptsächlich mittels einer Förderung des Bundesamts für Migration und Flüchtlinge (BAMF) durchgeführt.[114] Der BDAJ verfügt inzwischen auf Bundes- und Regionalebene über mehrere hauptamtliche Stellen. Solche strukturfördernden Projekte können die Arbeit islamischer Jugendverbände nachhaltig prägen und sollten von Muslim*innen vermehrt angestrebt werden. Dafür benötigen sie finanzielle Mittel. Hier sind Bund und Länder gefragt, die durch Angebote zur Strukturförderung die Professionalisierung vorantreiben können.

---

114 | Siehe dazu Hussein Hamdan – Hansjörg Schmid, Junge Muslime als Partner. Ein empiriebasierter Kompass für die praktische Arbeit, Weinheim – Basel 2014, S. 140–145. Zum BDAJ siehe a. a. O., S. 61–68 und die Selbstdarstellung: https://www.bdaj.de/ [Zugriff: 14.04.2022]. An dieser Stelle muss darauf hingewiesen werden, dass die aej sich inzwischen zu einer wichtigen Partnerin auf der Ebene des christlich-islamischen Dialogs auf Jugendebene entwickelt hat. Von 2015 bis 2019 führte sie das Projekt »Junge Muslime als Partner – FÜR Dialog und Kooperation! GEGEN Diskriminierung!« durch. Partner*innen auf muslimischer Seite waren die Muslimische Jugend in Deutschland (MJD), lokale Jugendgruppen des VIKZ und der Bund der Muslimischen Jugend (BDMJ). Siehe dazu ausführlich: https://www.aej.de/politik/zusammenleben-in-der-migrationsgesellschaft/im-tandem-vorankommen [Zugriff: 14.04.2022]. Seit 2020 ist die aej Teil des Kompetenznetzwerks zur Prävention von Islam- und Muslimfeindschaft. Siehe dazu: https://kompetenznetzwerk-imf.de/ueber-das-kompetenznetzwerk/wer-wir-sind/ [Zugriff: 14.04.2022].

6. Einbindung von Muslim*innen in kommunale Handlungsfelder – Beispiele aus der Praxis

Seit Beginn der Islamberatung im Jahre 2015 werden wir von kommunalen Stellen danach gefragt, wie Moscheegemeinden und islamische Vereine besser in kommunale Handlungsfelder und in das Stadtleben eingebunden werden können. Aber auch muslimische Vertreter*innen richten sich vereinzelt mit der Frage an uns, wie ihre Gemeinden und Vereine etwas gestalten können, um besser wahrgenommen zu werden. An der einen oder anderen Stelle erschien es mir jedoch etwas merkwürdig, dass nach so langer muslimischer Präsenz in Deutschland und dem spätestens seit den Anschlägen vom 11. September 2001 in vielen Städten geführten interreligiösen Dialog immer noch solche Fragen aufkamen. Daher habe ich mich – vor allem in den ersten zwei Jahren unseres Beratungsangebots – des Öfteren gefragt, was schiefgelaufen ist. Und manchmal frage ich mich das heute noch. Haben die Kommunen den Muslim*innen Angebote gemacht, um sie anzusprechen und ihnen das Gefühl zu vermitteln, ein Teil der Gesellschaft zu sein? Und wie ist es mit den Islamgemeinden? Wie kann es sein, dass sie zum Teil seit Jahrzehnten in den Kommunen existieren, aber an manchen Stellen kaum präsent sind? Und warum können sie nicht immer dem gerecht werden, was sie für sich beanspruchen, nämlich als Ansprechpartner*innen für Islamfragen zu fungieren? Diese Fragen bleiben schwierig zu beantworten und lassen sich nicht pauschal lösen. Denn die Situation variiert von Kommune zu Kommune.

Im Folgenden sollen drei wichtige Beispiele aus der Praxis behandelt werden. Aufgrund seiner Bedeutung wird sich zunächst dem Thema islamische Bestattung und muslimische Gräberfelder ausführlicher gewidmet. Anschließend werden öffentliche Fastenbrechen thematisiert. Zum Abschluss wird noch konkreter auf die Zusammenarbeit und interreligiöse Dialoge mit Muslim*innen auf kommunaler Ebene eingegangen.

6.1 Muslimische Gräberfelder und islamische Bestattung[115]

Das Themenfeld der muslimischen Gräberfelder und islamischen Bestattung gehörte insbesondere in den ersten Jahren der Islamberatung zu

---

115 | Dieses Kapitel orientiert sich an dem Abschnitt der Handreichung, den hauptsächlich meine Kollegin Christina Reich verfasst hat und der hier von mir etwas erweitert wurde. Siehe dazu: Hussein Hamdan – Christina Reich, Handreichung für das Zusammenleben in der Kommune.

den Kernthemen unserer Arbeit. Bis zum Jahr 2018 wurden insgesamt neun Beratungen explizit dazu durchgeführt. Allerdings wurden einzelne Aspekte auch in den Folgejahren in weiteren Beratungen zu anderen Themen immer wieder angesprochen. Auch im Rahmen der Kurse unseres Qualifizierungsangebots »Islam im Plural« und anderer Veranstaltungen stellten kommunale Akteur*innen häufig Fragen dazu. Eine Anfrage erreichte uns von einem Kinder- und Jugendhospizdienst; dort begleiten ehrenamtlich Engagierte auch muslimische Familien. Dabei stellten wir dem Kreis der Helfer*innen vor, wie im Islam mit Tod und Trauer umgegangen wird, und thematisierten Bestattungsrituale. Alle weiteren Anfragen kamen aus dem kommunalen Bereich. Integrationsbeauftragte, Verantwortliche der Friedhofsverwaltung, Verwaltungsspitzen sowie Gemeinderäte ließen sich zu verschiedenen Schwerpunkten und Fragestellungen beraten. Neben den muslimischen Bestattungsriten und dabei vor allem der Frage nach den rechtlichen Möglichkeiten einer sarglosen Bestattung innerhalb von 24 Stunden und der Ausrichtung nach Mekka ging es um Probleme bei der Grabpflege sowie mit der Schändung von Gräbern alevitischer Verstorbener. Weitere Fälle drehten sich um die Bemühungen von kommunaler Seite, ein muslimisches Gräberfeld neu anzulegen. Dabei ging es um Fragen, wie in dem Prozess dorthin eine Zusammenarbeit mit islamischen Gemeinden einerseits aussehen könnte und andererseits wie kirchliche Akteur*innen sowie die Zivilgesellschaft gut integriert werden könnten.

Der wachsende Bedarf nach muslimischen Gräberfeldern hat mit Entwicklungen innerhalb der muslimischen Gemeinschaft in Deutschland zu tun. Während die Generationen der sogenannten Gastarbeiter*innen nach dem Tod in die jeweiligen Heimatländer und dabei vornehmlich in die Türkei überführt wurden, entscheiden sich insbesondere jüngere, hier geborene oder aufgewachsene Muslim*innen, die meist ein großes familiäres und soziales Umfeld in Deutschland haben, immer häufiger für eine Bestattung in Deutschland. Diese Entscheidung kann unter anderem damit zusammenhängen, dass Deutschland von vielen als Heimat oder zumindest als »Zuhause« verstanden wird. Des Weiteren – und dies ist nach unserer Beobachtung einer der Hauptgründe, warum die Thematik seit 2015 an Bedeutung gewonnen hat – können verstorbene Muslim*innen, die als Geflüchtete etwa aus Syrien oder Afghanis-

112

Islamberatung in Baden-Württemberg, Stuttgart 2020, online unter: https://www.akademie-rs. de/projekte/handreichung-islamberatung [Zugriff: 28.04.2022], S. 24–29.

tan nach Deutschland gekommen sind, nicht so einfach ins Heimatland überführt werden. So mussten sich einige Kommunen mit islamischer Bestattung auseinandersetzen, als es zu ersten Todesfällen unter diesen Geflüchteten gekommen war.

Zugleich muss in diesem Zusammenhang betont werden, dass das Bundesland Baden-Württemberg 2014 durch ein neues Bestattungsgesetz eine rechtliche Grundlage geschaffen hat, die die muslimischen Riten und Vorschriften ausdrücklich berücksichtigt. Bei den 2014 eingeführten Gesetzesänderungen handelt es sich im Wesentlichen um das Erlauben einer Bestattung ohne Sarg, die Aufhebung der grundsätzlichen Mindestdauer bis zur Bestattung, die eine Bestattung innerhalb von 24 Stunden möglich macht, und die Ermöglichung einer verlängerten Grabnutzung, durch die die religiöse Vorschrift der ewigen Grabesruhe umgesetzt werden kann.[116]

Trotz dieser rechtlichen Anpassung, die es inzwischen auch in anderen Bundesländern gegeben hat, werden heute noch viele Verstorbene in ihre Heimat- bzw. Herkunftsländer überführt. Dies wird sich aber wahrscheinlich im Laufe der nächsten Jahre ändern. Auffällig ist auch, dass muslimische Gräberfelder kein Reizthema darstellen, anders als etwa der Moscheebau. An manchen Stellen gab es in Beratungen und anderen Gesprächen durchaus kritische Nachfragen zu Einzelheiten der islamischen Bestattung. Das ist auch legitim und nachvollziehbar, wenn etwas Neues entstehen soll. Aber es war keine grundsätzliche Ablehnung dem Thema gegenüber zu vernehmen. Diese Einstimmigkeit zeigte sich auch bei der Abstimmung über das neue Gesetz im Landtag 2014: Sowohl von den regierenden Parteien (Grüne und SPD) als auch von der Opposition (CDU und FDP) wurde es angenommen.[117] Wenn Muslim*innen sich hier bestatten lassen, dann sei das ein Zeichen gelungener Integration. Diese und ähnliche Aussagen hörte ich in den letzten Jahren an verschiedenen Stellen. Wenn wir mit der Islamberatung Hürden auf dem Weg zu muslimischen Gräberfeldern beseitigen können, dann ist das eine Bestätigung für unsere Arbeit.

Im Folgenden möchte ich mich auf zwei Konfliktpunkte in Zusammenhang mit muslimischen Gräberfeldern fokussieren und diese jeweils

116 | vgl. §§ 6, 36, 39 BestattG BW, online unter: http://www.landesrecht-bw.de/jportal/;jsessionid =B335DBFCFBF671BF34E7EC6B9ADAB0B4.jp80?quelle=jlink&query=BestattG+BW&ps ml=bsbawueprod.psml&max=true&aiz=true#jlr-BestattGBWrahmen [Zugriff: 28.04.2022].
117 | Siehe dazu: https://www.spd-rz-stuttgart.de/meldungen/bestattungsgesetz-beerdigung-in-tuechern-kuenftig-moeglich/ [Zugriff: 28.04.2022].

kurz näherbringen: die Grabpflege und die Schändung von alevitischen Gräbern. Auf beide Aspekte sind wir im Rahmen unserer Arbeit gestoßen. Anschließend werden Handlungsempfehlungen zu diesen und weiteren Aspekten angeführt.[118]

6.1.1 Grabpflege

Auf den Aspekt der Grabpflege sprachen uns kommunale Verantwortliche am häufigsten an. Dabei wurde z.B. danach gefragt, ob eine Rahmenbepflanzung überhaupt in ein muslimisches Grabfeld gehört und wie eine typische Pflanzenauswahl aussehen könnte. Wie könnte mangelnder Pflege durch die Hinterbliebenen entgegengewirkt werden und gibt es dazu Vorgaben aus dem islamischen Glauben? In diesem Zusammenhang wurde an einer Stelle nach Möglichkeiten einer Patenschaft innerhalb der muslimischen Gemeinschaft bei mangelnder Pflege von Kindergräbern gefragt.

Nach islamischer Tradition sollen die Gräber möglichst schlicht gestaltet werden. Dies beruht auf dem Verständnis, dass die Totenruhe ansonsten gestört werden könnte. Die Gräber sind meist durch einen schlichten Grabstein mit dem Namen der verstorbenen Person und einem Koranvers gekennzeichnet. Bepflanzung, Schmuck oder Kerzen gehören in der Regel nicht zur Grabpflege.[119] In der Praxis ist zum Teil eine Anpassung an die in Deutschland übliche Grabgestaltung zu beobachten, einschließlich Blumen und Schmuck. Gerade diese unterschiedlichen Vorstellungen der Gräberpflege können zu Konflikten führen, wie noch am Fall der Alevit*innen deutlich werden wird.

Problematisch wird es in der Grabpflege vor allem, wenn die gesetzlichen Bestimmungen nicht erfüllt werden und es zu Beschwerden von Friedhofsbesucher*innen kommt, die sich dadurch gestört fühlen. Während einer Beratung zur Grabpflege waren die Friedhofverantwortlichen zunächst erstaunt, als ich ihnen sagte, dass sie in solchen Fällen nach ihrem »Maßnahmenkatalog« handeln sollten. Dazu gehören Mah-

---

118 | Bei den Handlungsempfehlungen werden die Empfehlungen aus der Handreichung mit leichter Überarbeitung wiedergegeben. Ein kurzer Überblick zu wichtigen Aspekten muslimischer Friedhöfe und den muslimischen Bestattungsriten lässt sich in der Handreichung finden: Hussein Hamdan – Christina Reich, Handreichung für das Zusammenleben in der Kommune. Islamberatung in Baden-Württemberg, Stuttgart 2020, online unter: https://www.akademie-rs.de/projekte/handreichung-islamberatung [Zugriff: 28.04.2022], S. 26–27. Für eine etwas umfassendere Auseinandersetzung mit der Thematik ist besonders empfehlenswert: Thomas Lemmen, Islamische Bestattungen in Deutschland, Altenberg 1999.

119 | Thomas Lemmen, Islamische Bestattungen in Deutschland, Altenberg 1999, S. 21.

nungen und ein Bußgeld für die Hinterbliebenen. Warum soll mit Muslim*innen anders verfahren werden als etwa mit Christ*innen oder anderen Menschen insgesamt? Interessant für mich war die Gegenfrage, die sehr viele Unsicherheiten zum Ausdruck brachte. Man fragte danach, ob man denn wirklich nach dem üblichen Maßnahmenkatalog verfahren könne. Schließlich sei »das bei Muslim*innen halt so«. Auch meine Kolleg*innen, die zu dieser Thematik Beratungen durchgeführt haben, berichteten mir von ähnlichen Unsicherheiten. Deshalb: Ja, man kann und sollte so verfahren, weil es ein bestehendes Gesetz oder eine Verordnung dazu gibt. Und diese gilt es dann auch – von allen – umzusetzen.

In einer anderen Beratung zur Grabpflege, bei der kommunale Verantwortliche und Vertreter*innen von Islamgemeinden anwesend waren, kamen wir alle gemeinsam zur Lösung, dass Mitglieder der Gemeinden sich von Zeit zu Zeit um die Pflege der muslimischen Gräber kümmern könnten. Dies lief auch einige Zeit erfolgreich, wurde allerdings nur von wenigen Einzelpersonen übernommen. Im Ergebnis geriet die Grabpflege schließlich wieder in den Hintergrund. Dennoch könnte eine solche Vereinbarung – vor allem beim Anlegen neuer muslimischer Gräberfelder – ein Teil der Lösung sein. Wenn man in solchen Prozessen die Islamgemeinden von Anfang an einbezieht, dann kann man ihnen auch eventuell mehr Verantwortung hinsichtlich der Grabpflege und anderer Aspekte übertragen.

6.1.2 Schändung alevitischer Gräber

Das Thema der Schändung alevitischer Gräber ist in hohem Maße sensibel. Alles in allem sind solche Vorfälle eher selten. Dass ich sie an dieser Stelle thematisiere, liegt aber daran, dass es sie gibt und wir in unserer Arbeit damit befasst waren. Und bei aller Professionalität, die ich an den Tag legen muss, gibt es Themen, die mich schockieren und auch emotional intensiver beschäftigen als andere. Von Seiten der Islamberatung ist es sehr wichtig, die Kommunen darin zu bestärken, dass es keinerlei Rechtfertigung für solche Übergriffe gibt.[120] An zwei Stellen wurde mir berichtet, dass es auf muslimischen Gräberfeldern vereinzelt zu Übergriffen auf Gräber von Alevit*innen gekommen sei. In diesem Zusam-

---

120 | An dieser Stelle sei darauf verwiesen, dass es in Deutschland auch zur Schändung muslimischer Gräber kommt. Ein schwerwiegendes Ereignis fand in der Silvesternacht 2021 in Iserlohn statt. Dort wurden dreißig muslimische Gräber geschändet. Siehe dazu: https://www.tagesschau.de/inland/mittendrin/mittendrin-grabschaendung-iserlohn-103.html [Zugriff: 06.05.2022].

menhang ist wichtig zu wissen, dass die alevitische Tradition in der Bestattung und in der Gestaltung der Gräber einige Unterschiede zur Tradition etwa von sunnitischen Muslim*innen aufweist. Unter anderem lassen sich auf Gräbern von Alevit*innen zum Teil Engelsfiguren, Kerzen oder Blumen finden.[121] Auch wenn nicht alle Alevit*innen sich dem Islam verbunden fühlen, sondern sich als eigene Religionsgemeinschaft verstehen, werden sie an manchen Orten auf muslimischen Gräberfeldern bestattet. Manche Muslim*innen wiederum fühlen sich vor allem durch die Figuren und Kerzen gestört. In Gesprächen mit Muslim*innen zu dieser Thematik wurde mir gegenüber geäußert, dass dies keine üblichen Elemente eines islamischen Friedhofs seien. Allerdings betonten die Gesprächspartner*innen stets, dass zwar eine Lösung dafür gefunden werden müsse, Zerstörungen oder eigenmächtiges Entfernen von Engelsfiguren und anderen Gegenständen aber zu verurteilen seien.

In einem Beratungsgespräch wurde von kommunalen Verantwortlichen darüber berichtet, dass ein Imam aufgestellte Figuren eigenhändig entfernt haben soll. Ein ähnlicher Vorfall wurde mir auch in einer weiteren Beratung geschildert. Besonders schwerwiegend ist ein Vorfall, der sich im Jahre 2020 in Ludwigsburg ereignete. Dort wurden im muslimischen Gräberfeld sowie in einem weiteren daran angrenzenden Gräberfeld Grabstätten von Alevit*innen geschändet.[122] Wer dafür verantwortlich war, konnte nicht ermittelt werden. In den Gesprächen wurde von einem weiteren Zwischenfall berichtet, bei dem Angehörige alevitischer Verstorbener von mehreren Männern verbal attackiert wurden, die von sich behaupteten, Muslime zu sein.

Die Haltung der Islamberatung ist eindeutig und wurde von mir in diesen erwähnten Fällen zum Ausdruck gebracht: Solche Vorfälle sind in keiner Weise zu tolerieren und durch nichts zu rechtfertigen. Wenn Alevit*innen etwa gemeinsam mit Muslim*innen auf demselben Gräberfeld bestattet werden, dann haben sie auch das Recht, ihre Traditionen zu pflegen. Und dies muss dann auch von muslimischer Seite ausgehalten werden. Grabschändungen – gleich auf welche Art und Weise – sind auf keinen Fall hinnehmbar. Und dies muss von kommunaler Seite unmissverständlich deutlich gemacht werden.

---

121 | Zur alevitischen Bestattung ist dieser Beitrag der ZDF-Sendung Forum am Freitag empfehlenswert: https://www.zdf.de/kultur/forum-am-freitag/forum-am-freitag-vom-21-september-2018-100.html [Zugriff: 29.04.2022].

122 | Siehe dazu: https://www.lkz.de/lokales/stadt-ludwigsburg_artikel,-religionen-und-ihre-bestattungskultur-_arid,598670.html [Zugriff: 29.04.2022].

Inzwischen sind die ersten rein alevitischen Gräberfelder in Hamburg und Berlin entstanden.[123] Dies kann zukünftig ein Teil der Lösung solcher Konflikte sein.

Empfehlungen

- Beim Anlegen eines neuen muslimischen Gräberfeldes auf einem kommunalen oder christlichen Friedhof ist es wichtig, von Beginn an alle relevanten Akteur*innen in den Prozess miteinzubeziehen. Im Besonderen gilt dies für die muslimischen Gruppen vor Ort. Dabei empfiehlt es sich, sie möglichst in ihrer Vielfalt miteinzubinden, ihre Vorstellungen zu hören und gemeinsam nach Umsetzungsmöglichkeiten zu suchen. Dies kann auch die Grundlage dafür sein, Probleme und Schwierigkeiten – wie etwa bei der Grabpflege – konstruktiv lösen zu können. Gerade wenn es sich um überwiegend christliche Friedhöfe handelt, sollten Vertreter*innen der Kirchen rechtzeitig eingebunden werden. Interreligiöse Dialoggruppen oder Integrationsräte vor Ort könnten ebenfalls als sachkundige Partner*innen bezüglich religiöser Fragen aber auch der Bedarfe vor Ort miteinbezogen werden.

- Die Begleitung muslimischer Sterbender und ihrer Angehöriger oder die Bearbeitung von Fragen rund um die muslimische Bestattung erfordert einige Kenntnisse zu muslimischen Riten und Vorschriften rund um den Tod und die Bestattung. So kann die Begleitung in einer solch schwierigen Lebenssituation mit der nötigen Sensibilität erfolgen. Die betroffenen Personen sollten auch unbedingt in die jeweiligen Überlegungen eingebunden werden. Obgleich der muslimische Glaube auf vielfältige Weise praktiziert wird und das Leben der einzelnen Muslim*innen ganz unterschiedlich prägt, sind die muslimischen Sterbe- und Bestattungsriten bis auf kleine kulturelle Unterschiede recht einheitlich.

- Wenn der Grabpflege nicht angemessen nachgegangen wird, sollte auf jeden Fall das Gespräch mit den Betroffenen gesucht werden. Darin sollten sie auf die geltenden Vorschriften der Friedhofsordnung verwiesen werden, an die sich alle zu halten haben. Es sollte hier keine falsche Toleranz gezeigt werden. Sollte die Ebene des Gesprächs nicht zum Erfolg führen, dann muss ebenso sanktioniert

---

123 | Siehe dazu: https://www.deutschlandfunk.de/alevitische-bestattung-sehnsucht-nach-der-reifen-seele-100.html [Zugriff: 06.05.2022].

werden wie bei Angehörigen anderer Glaubensrichtungen auch. Zudem können die Islamgemeinden in der jeweiligen Stadt angefragt werden eine Vermittlerrolle einzunehmen. Sie können ihre Mitglieder für die Problematik sensibilisieren und eventuell andere Muslim*innen durch ihre Ansprache erreichen. Eventuell ließe sich auch eine Vereinbarung mit ihnen dahingehend erzielen, dass ihre Mitglieder in regelmäßigen Abständen die muslimischen Gräber pflegen. Dies könnte z. B. eine Art Patenschaft darstellen.

- Auch wenn in der neuen Fassung des Bestattungsgesetzes die Möglichkeit einer zeitnahen Bestattung eingeräumt wurde, kann es Umstände geben, unter denen die 24-Stunden-Frist nicht eingehalten werden kann, z. B. an Wochenenden oder Feiertagen. Muslim*innen sollten etwas mehr Verständnis aufbringen, wenn es trotz der rechtlichen Grundlage zu Ausnahmesituationen kommt. Dahinter muss kein böser Wille der Friedhofsverwaltung stehen, sondern es kann an einfachen praktischen Umsetzungsschwierigkeiten liegen.

- Die Entstehung alevitischer Friedhöfe ist wichtig und sollte genauso wie islamische Gräberfelder auch vorangebracht werden. In Großstädten wie Hamburg und Berlin wird dies einfacher möglich sein. Aber nicht alle, vor allem kleinere Kommunen haben die Kapazitäten, um jeweils ein alevitisches und ein muslimisches Gräberfeld anzulegen. Dieses Argument ist uns in Beratungen ebenfalls begegnet. Eine mögliche Lösung könnte sein, dass beide Gemeinschaften sich zwar ein Feld teilen, ihre Verstorbenen dort aber an getrennten Stellen begraben werden. Damit wäre die Distanz gewahrt, jede Gruppe könnte ihren Traditionen und Vorstellungen nachgehen und auch für die Kommune wäre diese Umsetzung praktikabel.

6.2 Öffentliche Fastenbrechen (iftar) – eine Aktion mit Potenzial

Im März 2016 war ich in Reutlingen eingeladen, um einen Austausch zwischen dem Integrationsrat und einigen Islamgemeinden zu begleiten und Empfehlungen für das weitere Vorgehen in der Stadt in Bezug auf den Dialog mit Muslim*innen zu formulieren. Dabei war auch die Verwaltungsspitze anwesend. Mit der Integrationsbeauftragten Sultan Plümicke stand ich damals in regem Austausch und war über die Situation der örtlichen Moscheegemeinden sowie die Beziehungen der Stadt zu ihnen gut informiert. Bei diesem Austausch wurde unter anderem diskutiert, wie der Dialog mit den Islamgemeinden in der Stadt intensiviert werden könnte. Dies wurde von muslimischer Seite ausdrücklich gewünscht. Als ich zum Abschluss der Veranstaltung die Gelegenheit bekam, meine Eindrücke aus dem Gespräch zu schildern, brachte ich die Idee eines öffentlichen Fastenbrechens ein. Diese Idee stieß bei den Anwesenden auf Zustimmung. Und tatsächlich fanden sich mit der DİTİB, der Ahmadiyya Muslim Jamaat, der Arabischen Gemeinschaft und der Internationalen Islamischen Gemeinschaft mehrere Islamgemeinden, die 2016 bis 2018 insgesamt dreimal gemeinsam auf dem Reutlinger Marktplatz ein solches Event mit jeweils bis zu 800 Menschen ausrichteten.[124] 2019 musste das geplante Fastenbrechen aufgrund der Witterungsverhältnisse abgesagt werden. In diesen Jahren begleitete ich den intensiven und nicht immer reibungslosen Prozess der Zusammenarbeit mit den Islamgemeinden in Reutlingen und hatte damit einen guten Einblick in die Organisation der Fastenbrechen. Mit großem Engagement stellten die Islamgemeinden die Veranstaltungen auf die Beine, stießen aber immer wieder – insbesondere organisatorisch – an ihre Grenzen, da die Hauptlast von einzelnen Mitgliedern oder vom Vorstand getragen wurde. Das Gelingen der Fastenbrechen hing somit auch von der tatkräftigen Unterstützung der Stadtverwaltung ab. Vor allem die Integrationsbeauftragte und ihr Team waren maßgeblich an der erfolgreichen Organisation beteiligt.

Solche öffentliche Fastenbrechen fanden und finden in vielen Städten Deutschlands statt. In Baden-Württemberg ist etwa Ludwigsburg zu nennen. Dort wird das Event seit 2005 von der Islamischen Gemeinschaft Ludwigsburg e. V. organisiert und ist bereits zu einer alljährlichen Tradition geworden.[125] In Schwäbisch Gmünd wird seit 2016 jährlich – mit Ausnahme der Corona-Jahre 2020 und 2021 – ein Fastenbrechen von der Arbeitsgruppe Interreligiöser Dialog, der mehrere Islamgemeinden angehören, und der Stadtverwaltung Schwäbisch Gmünd ausgerichtet.[126]

---

124 | Siehe dazu u. a.: https://www.gea.de/reutlingen_artikel,-muslime-feiern-fastenbrechen-auf-dem-marktplatz-_arid,4874828.html; https://www.gea.de/reutlingen_artikel,-fastenbrechen-auf-reutlinger-marktplatz-_arid,5374233.html; https://www.rtf1.de/mediathek.php?id=9346 [alle Zugriffe: 05.07.2022].

125 | https://www.lkz.de/lokales/stadt-ludwigsburg_artikel,-das-groesste-fastenbrechen-europas-findet-hier-statt-_arid,481763.html [Zugriff: 04.07.2022].

126 | Siehe dazu u. a.: https://www.schwaebisch-gmuend.de/pressedetails/gemeinsames-oeffentliches-fastenbrechen.html; https://www.schwaebisch-gmuend.de/pressedetails/pressemeldung25208.html [beide Zugriffe: 04.07.2022]. Die genannten Städte sind hier nur als Beispiel genannt. Öffentliche Fastenbrechen gab und gibt es auch in anderen Städten, wie z. B. in Lör-

Aber warum empfehlen wir ausgerechnet öffentliche Fastenbrechen, um Muslim*innen besser in das Stadtleben einzubinden und sie dabei zu unterstützen, sich selbst zu engagieren? Auch gegenüber muslimischen Akteur*innen haben wir diese Empfehlung zu verschiedenen Anlässen formuliert. Der islamische Fastenmonat Ramadan ist für Muslim*innen eine besondere Zeit, wie im Kapitel 7.2 dargestellt wird. Ich möchte es an dieser Stelle betonen: Für Muslim*innen hat der Ramadan einen enormen Stellenwert! Muslim*innen sind in diesem Monat in der Regel sehr großzügig und leben Gastfreundschaft verstärkt aus. Seit Jahren laden die großen Islamverbände, so auch in Baden-Württemberg, Vertreter*innen aus Politik, Kirchen und Zivilgesellschaft zum Fastenbrechen ein. Auch die Landesregierung in Baden-Württemberg richtet jährlich einen Iftar-Empfang aus.

Durch öffentliche Fastenbrechen kann auf kommunaler Ebene eine Annäherung gefördert werden. Dabei stehen das gemeinsame Essen, die Gastfreundschaft und die persönliche Begegnung mit anderen Menschen im Mittelpunkt. Muslim*innen können ihren Mitbürger*innen in einer ihnen heiligen Zeit etwas anbieten, mit dem sie eine ihrer wichtigsten Traditionen vorstellen können. Das kann ihnen das Gefühl vermitteln, ernst genommen zu werden und Teil der Stadt zu sein. An mehreren Stellen wurde über diese Idee nachgedacht und auch mit uns Rücksprache gehalten. Es bleibt abzuwarten, ob es zukünftig und auch dauerhaft in mehr Kommunen Baden-Württembergs solche Events geben wird.

Empfehlungen

• Islamgemeinden benötigen bei der Planung und Durchführung solch großer Veranstaltungen nicht selten Unterstützung. Die Kommune kann ihnen helfen, einen geeigneten und zentralen Ort dafür zu finden. Fällt der Ramadan in die Sommermonate, dann könnte sich eventuell der jeweilige Marktplatz anbieten. In den nächsten Jahren rückt der Ramadan jedoch immer weiter in die kälteren Jahreszeiten. Dann braucht es für das Fastenbrechen einen größeren geschlossenen Raum. Falls möglich sollte man den Islamgemeinden noch bei der Beschaffung von nötiger Ausrüstung wie etwa Zelten, Bänken oder Tischen behilflich sein.

• Es wäre ein Zeichen der Wertschätzung und Anerkennung für

rach. Siehe dazu: https://www.badische-zeitung.de/grosser-andrang-beim-fastenbrechen--153214285.html?mode=in#downloadpaper [Zugriff: 05.07.2022].

Muslim*innen in der jeweiligen Stadt, wenn Vertreter*innen der Verwaltung und der Kirchen sowie anderer Religionsgemeinschaften während der Veranstaltung vor den anwesenden Gästen und Organisator*innen Grußworte hielten. Damit auch möglichst viele Nichtmuslim*innen am Fastenbrechen teilnehmen, könnten die Kommunen und Kirchen sowie zivilgesellschaftliche Einrichtungen bei der Bewerbung behilflich sein und in Gemeindeblättern, Internetpräsenzen sowie anderen Medien darauf hinweisen.

- In vielen Städten existieren mehrere Moscheegemeinden und islamische Vereine. Um die Vielfalt muslimischen Lebens vor Ort zur Geltung zu bringen, wäre es förderlich, wenn sich mehrere Gemeinden für solch eine Aktion gewinnen ließen bzw. sich von selbst zusammenschlössen. Allerdings stößt die Beteiligung etwa der Ahmadiyya Muslim Jamaat bei anderen Islamgemeinden häufig noch auf Ablehnung. Hier sind die Muslim*innen in der Pflicht, mehr Pragmatismus aufzubringen und theologische Differenzen beiseite zu lassen. Diese müssen bei einem Fastenbrechen keine Rolle spielen. Vielmehr könnte man die Gelegenheit für einen innerislamischen Dialog nutzen und dafür, sich untereinander besser kennenzulernen.
- Die großen Islamverbände könnten auch ihre Gemeinden eigenständig stärker zum Ausrichten öffentlicher Fastenbrechen motivieren. Dabei wäre es sicherlich förderlich, wenn sie den einzelnen Gemeinden Hilfestellungen für die Umsetzung an die Hand gäben. Damit würden die Verbände und ihre Gemeinden von sich aus ein Zeichen für gute Verständigung und Nachbarschaft in den Kommunen setzen, in einer Zeit, die ihnen selbst heilig ist.

6.3 Zusammenarbeit und interreligiöser Dialog mit Muslim*innen vor Ort

Seit Beginn unseres Beratungsangebots werden Fragen rund um den Dialog mit muslimischen Akteur*innen an uns gestellt. Sie stammen zum einen von kommunaler Seite. Dabei geht es in erster Linie darum, wie die Kommune mit Islamgemeinden und -vereinen in ihrer Vielfalt in den Austausch über das Zusammenleben und weitere Anliegen kommen kann. Außerdem wird gefragt, welche eventuellen Sensibilitäten zu berücksichtigen sind. Auf der anderen Seite beschäftigt dieses Thema kirchliche Einrichtungen, die mit Muslim*innen vor Ort Projekte und

Veranstaltungen planen. Wenn kirchliche Angebote von Muslim*innen wahrgenommen werden, wenden sich die Verantwortlichen auch mit alltagspraktischen Fragen an uns. Sowohl bei kommunalen als auch kirchlichen Akteur*innen konnte ich immer wieder deutliche Unsicherheiten im Umgang mit solchen Fragen verspüren. Ich hatte das Gefühl, die beratenen Stellen darin bestärken zu müssen, die eigene Position zu schärfen und auch selbstbewusst zu vertreten. Im Folgenden sollen Erfahrungen aus diesem Themenbereich behandelt werden. Da die Beziehungen zwischen Kommunen und Islamgemeinden im Grunde Gegenstand fast aller Kapitel des Buches sind, werde ich mich an dieser Stelle nur mit den wichtigsten Aspekten beschäftigen, die nach unserer Erfahrung die Grundlage für einen Austausch bilden. Zugleich gewährt es auch Einblicke in Fragen des interreligiösen Dialogs auf kommunaler Ebene.

6.3.1 Austausch und Zusammenarbeit zwischen Kommune und Islamgemeinden

In den letzten Jahren suchten viele Kommunen verstärkt den Kontakt zu den Moscheegemeinden und islamischen Vereinen vor Ort. Denn obwohl muslimisches Leben vor Ort schon lange präsent ist, bestanden vor allem in kleineren Kommunen nur wenige Kontakte zu den islamischen Einrichtungen. Es habe in der Vergangenheit kaum Anlass gegeben, auf die Gemeinden zuzugehen, wurde mir mitunter in Gesprächen mitgeteilt. Die Moscheegemeinden fielen nicht sonderlich auf und hätten auch nie Interesse an einem Austausch mit kommunalen Akteur*innen bekundet. Zuweilen war ich ziemlich überrascht, dass mir in Vorgesprächen zu bevorstehenden Beratungen nicht genau gesagt werden konnte, welchen Verbänden die einzelnen Gemeinden vor Ort angehörten, und dass mir in diesem Zusammenhang vereinzelt falsche Informationen gegeben wurden, vermutlich aufgrund der geringen Kenntnislage. Trotzdem machte es deutlich, wie wenig Beachtung manche Kommunen den Islamgemeinden schenkten, aber auch, dass sich die Mitglieder der Moscheegemeinden in diesen Fällen aus eigenem Antrieb kaum an kommunalen Prozessen beteiligten. In Beratungsgesprächen war es in solchen Fällen wichtig, die kommunalen Akteur*innen auf Kennenlerngespräche mit den Islamgemeinden vor Ort vorzubereiten und ihnen Basisinformationen über die übergeordneten islamischen Verbände zu geben, zu denen die lokalen Gemeinden gehörten. Die Kontaktpflege zu Muslim*innen fällt meist in das Aufgabengebiet der Integrationsbeauftragten oder einer Person aus der jeweiligen Abteilung für Integration. Sie können und sollten den ersten Schritt unternehmen. Allerdings ist es ebenso wichtig, dass auch Verantwortliche aus der jeweiligen Verwaltungsspitze Gespräche führen und sich ein eigenes Bild von den Islamgemeinden machen. Für Muslim*innen könnte dies auch als Zeichen der Wertschätzung ihnen gegenüber aufgenommen werden und womöglich dazu führen, dass sie mehr Möglichkeiten der Teilhabe an kommunalen Prozessen erkennen und diese künftig wahrnehmen. Für uns als Berater*innen-Team waren solche Beratungen in der Regel einfacher zu gestalten als in anderen Fällen. Ich hatte manchmal das Gefühl, dass beteiligte Personen einfach nur dankbar waren, dass jemand mit Expertise zu ihnen kam und ihnen mit Informationen sowie Empfehlungen etwas mehr Sicherheit hinsichtlich des weiteren Vorgehens gab.

Schwieriger – und das kam häufiger vor – war es, wenn Kommunen mehrere Islamgemeinden und -vereine zu gemeinsamen Gesprächen einladen wollten. Hierbei mussten einige komplizierte Fragen – die zum Teil bereits an anderen Stellen des Buches behandelt wurden – mitbedacht werden. Wird die alevitische Gemeinde zu einem Treffen mit Muslim*innen eingeladen oder nicht? Wie sieht es mit der Ahmadiyya aus? Was kann man tun, wenn ihre Mitglieder, die Ahmadis, von anderen Gruppen als Nichtmuslim*innen diffamiert werden? Die komplizierteste Frage aber war und ist zum Teil heute noch, wie die Hizmet-Vereine eingebunden werden können. In Gesprächen dazu kamen wir manchmal an unsere Grenzen, denn es gab eine Menge Konfliktpotenzial zu berücksichtigen. An einigen Stellen verlangten uns kommunale Akteur*innen einiges ab, wenn sie uns erklärten, dass sie nun versuchen wollten einen Versöhnungsprozess zwischen den Gruppen herbeizuführen. Davon konnten wir – manchmal auf eine etwas vehemente Art und Weise – nur abraten, weil man sich dabei eigentlich nur »die Finger verbrennen« konnte. Denn die Konfliktlagen bestehen nicht selten aus einem tief verwurzelten Geflecht verschiedener theologischer, politischer oder herkunftsbedingter Fragen, die von einer Verwaltung kaum aufgelöst werden können. Viel wichtiger ist es, die Vielfalt der Muslim*innen in der Kommune im Blick zu haben, diese einzuladen und in solchen Gesprächen deutlich zu machen, dass es in kommunalen Prozessen weder um theologische Fragen geht noch Konflikte aus dem Ausland hier ausgetragen werden sollten. Es muss also von kommunaler Seite ein klares Zeichen gesetzt werden. Wenn einige Gruppen nicht zusammenarbeiten wollen oder einander gar meiden, dann ist es ihre Angelegenheit. Das kann eine Kommune nicht beeinflussen. Allerdings kann die Kommune verlangen, dass alle zu solchen Gesprächen eingeladenen Gäste sich respektvoll begegnen und verhalten.

6.3.2 Der interreligiöse Dialog

Die Anschläge vom 11. September 2001 auf das World Trade Center waren ausschlaggebend dafür, dass sich in vielen deutschen Städten Dialogkreise gründeten, an denen hauptsächlich Christ*innen und Muslim*innen teilnahmen. Dabei ging es vor allem darum, den islamischen Glauben und muslimisches Leben etwas näher kennenzulernen. Muslim*innen fanden sich dabei oft in einer Verteidigungshaltung wieder und mussten mit Vorurteilen aufräumen. Wenn ich mich heute noch mit Muslim*innen zu ihren Dialogerfahrungen unterhalte, dann kommt sogar bei vielen überzeugten Dialogverfechter*innen, die sich seit Jahren in diesem Bereich engagieren, etwas Frust zum Vorschein, weil man nicht das Gefühl hat, als Partner*in auf Augenhöhe wahrgenommen zu werden. Allerdings – und das wird von muslimischer Seite nicht selten betont – übernehmen die Kirchen durchaus die Funktion der Brückenbauerinnen, wenn es um Angelegenheiten von Muslim*innen in der Kommune geht. Dies wird vor allem bei Moscheebauprozessen deutlich, wie bereits im Kapitel dazu erwähnt wurde. An vielen Stellen waren die Kirchen vor Ort an solchen Prozessen aktiv beteiligt und haben das Recht von Muslim*innen auf würdige Gebetsstätten auch gegen kritische Stimmen verteidigt. Auch das ist ein Ergebnis der Dialogarbeit.

Auf kommunaler Ebene ist in Zusammenhang mit dem interreligiösen Dialog zwischen organisierten Religionsgemeinschaften die Entwicklung und Etablierung von »Lokalen Räten der Religionen« besonders erwähnenswert. Dabei handelt es sich um ein Modellprojekt, das in einer Kooperation des Ministeriums für Soziales, Gesundheit und Integration Baden-Württemberg und der Tübinger Stiftung Weltethos von 2017 bis 2021 durchgeführt wurde. Minister Manfred Lucha ersetzte 2017 den in der vorherigen Legislaturperiode von der damaligen Integrationsministerin Bilkay Öney eingerichteten »Runden Tisch Islam« durch einen »Runden Tisch der Religionen«. In diesem Rahmen wurde auch das neue Projekt für die kommunale Ebene angestoßen. In Städten wie Heidelberg, Stuttgart und Ulm hatten sich bereits zuvor Räte aus eigenem Antrieb gebildet. Nun wollte man in mehreren Kommunen ähnliche Räte einrichten, die perspektivisch von den Kommunen selbst getragen, begleitet und finanziell unterstützt werden sollten. In über zehn Kommunen gelang das Vorhaben, das eine gute Grundlage für den intensiven Austausch zwischen den verschiedenen Religionsgemeinschaften schafft.[127] Wir wurden von verschiedenen Stellen um Rat gefragt, wenn es etwa um die Zusammensetzung der Islamgemeinden ging oder es zu Meinungsverschiedenheiten aufgrund der Besetzung der Räte kam. Ganz reibungslos lief es bei der Bildung der Räte nicht immer. In manchen Kommunen sahen z. B. die christlichen Großkirchen keinen Sinn in der Gründung eines solchen Rates. Anderswo führten Kontroversen unter Muslim*innen dazu, dass das Projekt in der entsprechenden Kommune nicht umgesetzt werden konnte.[128] Natürlich können solche Räte nicht alle Probleme lösen und das müssen sie auch nicht. Vielmehr sollten sie als Foren verstanden werden, die sich mit Fragen und Anliegen der Religionen vor Ort auseinandersetzen und Zeichen für Verständigung und das friedliche Zusammenleben setzen.

In Beratungen und anderen Austauschgesprächen wurde ich an mehreren Stellen von kirchlichen Akteur*innen mit Fragen konfrontiert, die mich doch sehr wunderten. Eine Frage, auf die ich mehrfach eingehen musste, war, ob man bei der Einladung von Muslim*innen das Kreuz in den Räumlichkeiten abhängen solle, um eventuelle Irritationen zu vermeiden. Man wollte hier vorbeugen, ohne wirklich schon einmal eine ablehnende Haltung von Muslim*innen in dieser Frage erfahren zu haben. Das Kreuz ist tatsächlich ein schwieriges Thema in der islamischen Lehre und die Frage nach der Kreuzigung Jesu bildet einen der größten Unterschiede zwischen Christentum und Islam. Nach koranischer Aussage ist Jesus nicht getötet oder gekreuzigt worden. Gott habe ihn vielmehr gerettet und in den Himmel geholt. Dort verweile er bis zu seiner Rückkehr auf die Erde als Messias. Für einen theologisch geführten Dialogprozess ist diese Thematik eine zentrale Herausforderung, die uns die Grenzen des Dialogs aufzeigt. Und diese Grenzen muss man dann auch akzeptieren. Das macht meines Erachtens den Dialog ehrlich. Zur Ehr-

127 | Siehe dazu u. a.: https://sozialministerium.baden-wuerttemberg.de/fileadmin/redaktion/m-sm/intern/downloads/Downloads_Runder-Tisch-Religionen/Leitfaden_Rat_der_Religionen_Sozialministerium_BW_Stiftung_Weltethos.pdf; https://www.weltethos.org/wp-content/uploads/2022/09/Abschlussbroschu%CC%88re_Lokale-Ra%CC%88te-der-Religionen_2021.pdf [beide Zugriffe: 14.07.2022].

128 | https://www.akademie-rs.de/programm/meldungen/einzelansicht/news/religionen-als-part nerinnen-im-raum [Zugriff: 14.07.2022].

lichkeit gehört aber auch, dass man zu den eigenen Symbolen und Traditionen steht.[129] An der einen oder anderen Stelle habe ich in diesem Zusammenhang mit meiner entschiedenen Reaktion bei einigen beratenen Christ*innen zunächst für Verwunderung gesorgt – von einem muslimischen Gesprächspartner hatte man vielleicht etwas anderes erwartet –, um dann große Zustimmung zu bekommen. Meine Gesprächspartner*innen hatten es eigentlich gut gemeint. Sie wollten tolerant sein und die Begegnung mit Muslim*innen nicht gefährden. Doch ich spürte immer wieder Unsicherheiten, gerade bei Personen, für die diese Themen neu waren. Und diese Unsicherheiten führten dazu, dass man ohne Not über »faule Kompromisse« nachdachte.

Eine weitere Erfahrung, die mich prägen sollte, war eine Beratung im Frühjahr 2018, in der kommunale und kirchliche Akteur*innen anwesend waren. Es ging dabei unter anderem um die Möglichkeiten von Kooperationen mit muslimischen Partner*innen und wir sprachen über die verschiedenen Islamgemeinden und -vereine. Zwischendurch wurde das Gespräch etwas schwierig, als ich die damals aktuelle und nicht ganz einfache Situation in der türkischen Community zu analysieren versuchte und dabei bezüglich potenzieller Partner*innen mehrfach zur Vorsicht mahnte. Schließlich äußerte eine am Gespräch beteiligte Person, dass man unbedingt Lösungen finden müsse. Denn man besitze nur befristete Arbeitsverträge und brauche nachweisbare Erfolge, um Chancen auf eine Weiterbeschäftigung zu haben. Diese Aussage war ehrlich und sie sagte viel aus. Ich teilte den Anwesenden mit, dass auch ich mich in einem befristeten Arbeitsverhältnis befände und ihre Sorgen durchaus nachvollziehen könne. Ohne den in der Beratung anwesenden Personen, die ich als freundliche und offene Menschen kennengelernt hatte, den ehrlichen Willen zum Dialog und zur Kooperation mit Muslim*innen absprechen zu wollen oder die finanziellen Rahmenbedingungen zu verkennen, wird hier doch deutlich, dass ihre Hauptmotivation auf einem persönlichen Interesse beruhte. Und das ist kein Einzelfall. Damit läuft man aber schnell Gefahr, Überzeugungen aufzugeben und Kompromisse einzugehen, die man vielleicht lieber ein zweites Mal überdenken sollte.

---

129 | Siehe dazu auch das Interview mit mir zu dieser Thematik: Bundesverband Kirchenpädagogik, Warum das Kreuz für den Islam ein Problem ist, in: kirchenPÄDAGOGIK. Zeitschrift des Bundesverbandes Kirchenpädagogik e. V., Ausgabe 2019, S. 16–17. Das Interview ist online abrufbar unter: https://www.akademie-rs.de/fileadmin/akademie-rs/redaktion/pdf/Fachbereiche/ISL/2019_Kirchenpaedagogik_Warum_das_Kreuz_fuer_den_Islam_ein_Problem_ist.pdf [Zugriff: 25.08.2022].

Empfehlungen

- In Kommunen, in denen der Kontakt noch nicht ausgeprägt ist, sollten die Integrationsbeauftragten den ersten Schritt machen und die jeweiligen Islamgemeinden und -vereine besuchen. Dabei sollte zwar das Kennenlernen im Vordergrund stehen. Diese Gelegenheit könnte aber auch für zwei weitere Ziele genutzt werden: Zum einen lassen sich die Anliegen der Muslim*innen erkunden und zum anderen können ihnen Möglichkeiten zur Einbindung in kommunale Handlungsfelder aufgezeigt werden. In einem zweiten Schritt könnten die islamischen Vertreter*innen zu einem Gespräch mit der Verwaltungsspitze eingeladen werden. Auch hierbei ist es wichtig, ihnen die Möglichkeit zu geben, über ihre Situation, Erfahrungen und Wünsche zu sprechen. Die kommunale Seite sollte aber auch die eigenen Positionen vermitteln und z.B. äußern, was man sich von Muslim*innen in der Kommune wünscht. Dies könnte – vor allem in Kommunen mit großer und vielfältiger muslimischer Präsenz – z.B. einschließen, dass Konflikte aus dem Ausland nicht hier ausgetragen werden dürfen. Die Kommune muss entscheiden, wen sie zu Gesprächen einlädt und kann sich nicht durch andere vorschreiben lassen, wer dazugehört und wer nicht. Darauf kann eine Verwaltungsspitze bestehen.

- Islamgemeinden sollten stets im Blick behalten, wer allgemein Ansprechpartner*in für Islamfragen in der jeweiligen Kommune ist. Das sind in der Regel die Integrationsbeauftragten. Bei einem konkreten Anliegen kann über die Integrationsbeauftragten, die dafür zuständige Stelle gefunden und angesprochen werden. Nicht alle Anliegen können sofort umgesetzt werden. Viele Prozesse benötigen Zeit. Dafür braucht es auch eine gute Vorausplanung in der jeweiligen Gemeinde. Auf der anderen Seite empfiehlt es sich wiederum, dass die Islamgemeinden jeweils feste Ansprechpartner*innen benennen und dies sowie deren Verfügbarkeit gegenüber der kommunalen Verwaltung kommunizieren. Das könnte die Kommunikation an vielen Stellen etwas einfacher gestalten.

- Wir haben in der Islamberatung von Anfang an eine klare Botschaft: Keine falsche Toleranz im interreligiösen Dialog! Es bedarf einer Schärfung des eigenen Profils und einer Klärung der Fragen, was einem selbst wichtig oder heilig ist, bevor ein Dialogprozess mit Andersgläubigen gestartet wird. So ist ein authentisches Auftreten möglich, das wiederum für den Aufbau eines aufrichtigen Vertrauensverhältnisses wichtig ist. Wenn Muslim*innen zu Gast bei Christ*innen sind oder etwa für ein Familienfest Räumlichkeiten in einer kirchlichen Einrichtung mieten, dann kann darauf bestanden werden, dass sie die christlichen Glaubenssymbole akzeptieren und z. B. ein dort aufgehängtes Kreuz nicht abnehmen. Diese Toleranz kann man einfordern und sie sollte gleichzeitig auch selbst gelebt werden.

- Der interreligiöse Dialog und Kooperationen in diesem Bereich sind – auch für den gesellschaftlichen Zusammenhalt – enorm wichtig. Wer in diesem Arbeitsfeld tätig ist, sollte bei allem – auch legitimen – persönlichen Interesse darauf achten, dass das große Ganze nicht aus den Augen verloren wird. Karrieren, Weiterbeschäftigung oder Imagepflege dürfen Teil des Interesses sein. Trotzdem sollten – bei aller Kompromissbereitschaft, die bei Kooperationen und Projekten nötig ist – die inhaltliche Ausrichtung und die Auswahl der Partner*innen mit den eigenen Überzeugungen übereinstimmen.

7. Alltagspraktische Fragen

Zu unserem Beratungsangebot gehört es unter anderem, dass wir zu Fragen des praktischen Alltags im Zusammenleben mit Muslim*innen Informationen vermitteln und Handlungsempfehlungen formulieren. Einige dieser Fragen – wie etwa der Umgang mit Gebetszeiten in Deutschkursen oder das Fasten im Monat Ramadan sowie Fragen im Bereich Gender – wurden insbesondere nach dem Zuzug von muslimischen Geflüchteten im Jahre 2015 an uns herangetragen. In diesem Kapitel soll es um einige solcher Fragen gehen. Zunächst werden das Engagement der Islamverbände in der Geflüchtetenarbeit und damit verbundene Fragen behandelt.

7.1 Muslimisches Engagement in der Geflüchtetenarbeit

Dieses Unterkapitel ist aus verschiedenen Gründen wichtig. Die außergewöhnlich hohe Zuwanderung von geflüchteten Menschen 2015/16, die die damalige Bundeskanzlerin Angela Merkel zu dem Satz »Wir schaffen das« veranlasste, stellte Deutschland gefühlt auf den Kopf und bedeutete eine immense Herausforderung für die deutsche Gesellschaft. Diese sogenannte »Flüchtlingskrise« hatte natürlich Auswirkungen auf meinen Arbeitsalltag. Nicht nur in der Islamberatung, sondern auch bei Vortragsabenden und weiteren Veranstaltungen habe ich viele Erfahrungen in dem Themenkomplex »muslimische Geflüchtete« gesammelt und möchte hier nun einige dieser Erfahrungen kurz schildern, ohne Handlungsempfehlungen zu formulieren. Denn weder das Engagement von Muslim*innen in der Geflüchtetenarbeit noch die Gefühlslage in islamischen Gemeinden oder innerhalb der islamischen Community haben große öffentliche Beachtung gefunden. Doch einige Aspekte sind einfach wichtig, um bestimmte Verhaltensweisen von Muslim*innen und insbesondere den Helfenden in den Islamgemeinden etwas besser zu verstehen. Ich hatte auch immer wieder das Gefühl, dass Muslim*innen in diesem Zusammenhang Unrecht getan wird. Damit möchte ich in keiner Weise Partei ergreifen. Es geht mir aber um eine ausgewogene Darstellung und Fairness gegenüber den Islamgemeinden, die – auch in diesem Buch – oft kritisiert werden.

Ich möchte mit der Adventszeit 2015 starten. Damals kontaktierte ich Vertreter*innen aus den verschiedenen Islamverbänden und -gruppen sowie der AABF in Baden-Württemberg und bat sie jeweils um ein Statement zu ihrem Engagement in der Geflüchtetenarbeit. Diesen Schritt unternahm ich, weil ich in den Wochen davor von unterschiedlichen Seiten verbunden mit einem gewissen Klagen mehrfach danach gefragt wurde, welchen Beitrag denn Muslim*innen in der Betreuung der Geflüchteten leisteten. Man höre ja kaum etwas davon. Und es seien doch schließlich ihre Glaubensgeschwister, die nach Deutschland gekommen sind. Kommunen, kirchliche Einrichtungen und die Zivilgesellschaft kümmerten sich um die Geflüchteten, aber von einem Einsatz von Muslim*innen bekomme man nichts mit, so die Vorwürfe. Tatsächlich war dies in der ersten Zeit auch mein Eindruck. Einzelne Muslim*innen waren zwar durchaus in diesem Bereich aktiv, aber von den Islamgemeinden war wenig wahrnehmbar. Die Rückmeldungen auf meine Anfrage lassen sich folgendermaßen zusammenfassen: Es wurden Sammelaktionen etwa für Kleidung oder Spielzeug organisiert. Manche Moscheegemeinden boten ihre Räumlichkeiten als Rückzugsort für die Flüchtlinge an. Dort konnten sie z. B. in den Teestuben dem Alltag in den vollen Unterkünften ein wenig entkommen und Ruhe finden. Spieletage für Kinder wurden organisiert, damit diese sich zumindest für einige Stunden wie Kinder fühlen konnten. Zum Teil gab es auch das Angebot, geflüchtete Familien in den Räumen der Moschee wohnen zu lassen. Zudem wurden an manchen Stellen Deutschkurse angeboten oder es wurde Hilfestellung bei Behördengängen und bürokratischen Fragen geleistet. Daneben wurden Einladungen zu den Feierlichkeiten des Opferfests und zu weiteren religiösen Anlässen genannt. Alles in allem also ein nicht zu unterschätzendes Engagement, das sowohl bei Erstorientierung und -versorgung hilft als auch auf der zwischenmenschlichen Ebene wichtige Angebote macht.

Aber warum wurden diese Aktivitäten öffentlich nicht wahrgenommen? Ich kann mich erinnern, dass ich noch 2019 angeregte Diskussionen mit kommunalen Verantwortlichen führte, die nicht glauben konnten, dass die Islamgemeinden sich wirklich für Geflüchtete eingebracht hätten. Auf der Jahrestagung 2017 beschäftigten wir uns ausführlich mit dem Thema[130] und hatten unter anderem die Islamwissenschaftlerin Ju-

---

130 | Siehe zu dieser Jahrestagung den ausführlichen Bericht auf der Homepage der Akademie: https://www.akademie-rs.de/vrueck_21938 [Zugriff: 24.06.2022].

lia Gerlach zu Gast, die ihre im Frühjahr desselben Jahres bei der Bertelsmann Stiftung erschienene Broschüre »Hilfsbereite Partner: Muslimische Gemeinden und ihr Engagement für Geflüchtete« vorstellte. Darin
werden zehn exemplarische Projekte und Initiativen von Muslim*innen
in verschiedenen Regionen Deutschlands vorgestellt. In der Einleitung
der Broschüre werden zwei Gründe für die fehlende öffentliche Wahrnehmung des Engagements von Muslim*innen deutlich. Dort heißt es
zum ersten Grund:

> »Als dann im Sommer 2015 die Zahlen der Ankommenden drastisch
> anstiegen, intensivierten sie die Hilfe. Vielerorts blieb die Arbeit je-
> doch unkoordiniert und spontan. Es fehlten die Strukturen und das
> Personal, um sie effektiver und umfassender zu gestalten. Dies ist
> einer der Gründe, weshalb die Arbeit vieler Organisationen in der
> Öffentlichkeit wenig wahrgenommen wurde.«[131]

Neben den fehlenden Strukturen, die ich schon an mehreren Stellen dieses Buches als Schwachpunkt islamischer Verbandsarbeit genannt habe,
wird bei Gerlach als zweiter Grund der islamische Grundsatz betont,
dass man Gutes tun möge, jedoch ohne damit zu prahlen.[132] Gerade diese
Aussage habe ich im Kontext der Geflüchtetenarbeit immer wieder in
Gesprächen mit Muslim*innen gehört. Damit soll unter anderem ver-
mieden werden, dass sich die Hilfesuchenden bloßgestellt fühlen und bei
ihnen Schamgefühle entstehen könnten. Dieser eigentlich löbliche
Grundsatz wirkte sich gesellschaftlich für Muslim*innen also zum Teil
negativ aus. Meines Erachtens wären Muslim*innen gerade aber bei solchen Themen gut beraten, wenn sie ihre Aktivitäten deutlicher an die
Öffentlichkeit brächten. So können sie aktiv gegen Vorurteile angehen,
sich nicht zu engagieren, und gleichzeitig könnten sie auf diese Weise

131 | Julia Gerlach, Hilfsbereite Partner: Muslimische Gemeinden und ihr Engagement für Geflüch-
tete, Gütersloh 2017, online abrufbar unter: https://www.bertelsmann-stiftung.de/fileadmin/
files/BSt/Publikationen/GrauePublikationen/LW_Broschuere_Hilfsbereite_Partner_2017.pdf
[Zugriff: 24.06.2022], S.12.
132 | Ebd. Einen guten wissenschaftlichen Einblick in die Thematik bietet auch folgender Artikel:
Rauf Ceylan – Samy Charchira, Muslimische Gemeinden in der Flüchtlingsarbeit, in: Oliver
Hidalgo – Gert Pickel, (Hg.), Flucht und Migration in Europa. Politik und Religion, Wiesbaden
2019, S. 189–201. Interessant ist noch eine weitere Publikation der Bertelsmann Stiftung: Alexander-Kenneth Nagel – Yasemin El-Menouar, Engagement für Geflüchtete – eine Sache des
Glaubens? Die Rolle der Religion für die Flüchtlingshilfe, Gütersloh 2017, online abrufbar unter: https://www.bertelsmann-stiftung.de/de/publikationen/publikation/did/engagement-fuer-
gefluechtete-eine-sache-des-glaubens [Zugriff: 24.06.2022].

auch ihre Wahrnehmung als gute zivilgesellschaftliche Partner*innen verbessern. Gerade diese fehlende Wahrnehmung als Partner*innen beklagten mehrere muslimische Gesprächspartner*innen nämlich in dieser Zeit. Kommunen seien zu Beginn der »Flüchtlingskrise« zunächst aktiv auf Einrichtungen der Kirchen und der Zivilgesellschaft zugegangen, aber hätten die örtlichen Moscheegemeinden nicht von Anfang an in die gemeinsamen Bemühungen eingebunden. Später habe man die angebliche Passivität der Gemeinden kritisiert. Dieser Vorwurf der muslimischen Seite ist verständlich. An der einen oder anderen Stelle hätte man von Anfang an aktiver auf sie zugehen und Möglichkeiten der Zusammenarbeit eruieren müssen. Allerdings ist es auch nachvollziehbar, dass Kommunen sich in einer Krisenzeit, in der vieles schnell geregelt werden musste, zuerst an die etablierten Einrichtungen wenden, die auch über die nötigen Strukturen verfügen und zu denen sie einen kurzen Draht haben.

Jenseits der Struktur- und Einbindungsfragen hörte ich auch von Muslim*innen Vorbehalte gegenüber den neuen »Glaubensgeschwistern«, die jetzt nach Deutschland kamen, und gegenüber dem Umgang der deutschen Politik und Gesellschaft mit ihnen. An manchen Stellen wurden Neidgefühle offen ausgesprochen. Menschen, die ehemals als Geflüchtete nach Deutschland kamen, beschwerten sich darüber, dass den Syrer*innen alles Mögliche zur Verfügung gestellt werde. Das sei früher noch ganz anders gewesen und man habe selbst kaum etwas bekommen. Andere betonten, dass sie sich in Deutschland mit harter Arbeit etwas aufgebaut und sich integriert hätten. Nun befürchteten sie, dass durch den Zuzug der Geflüchteten neue Integrationsdebatten entstehen und ihnen wiederum schaden könnten. Damit sollten sie auch Recht behalten. In den Folgejahren wurden solche Debatten immer wieder öffentlich und medial geführt. In einem Beratungsgespräch, an dem neben kommunalen auch Akteur*innen islamischer Gemeinden teilnahmen, forderte einer der anwesenden Muslim*innen mehr Polizeipräsenz im öffentlichen Raum, insbesondere um die Geflüchteten im Blick zu behalten. Er sei selbst als Flüchtling nach Deutschland gekommen und habe nichts gegen Flüchtlinge, allerdings habe er Sorge um seine Tochter, die schon einmal von jungen Geflüchteten belästigt worden sei, erklärte er. Des Weiteren hörte ich an einigen Stellen, dass es in Moscheegemeinden die Sorge gab, jemand aus dem Kreise der Geflüchteten, die die Moschee besuchten, könnte dem sogenannten »Islamischen Staat«

(IS) angehören. Was würde geschehen, wenn dieser dann einen Anschlag verübte? Würde man in der Öffentlichkeit nicht zumindest darüber spekulieren, ob die Moscheegemeinde diese Person unterstützt haben könnte? Dann würde die Moschee in Haftung genommen werden und in Verruf geraten.

All die angeführten Beispiele zeigten, wie komplex diese Thematik ist, und sie verdeutlichten mir, dass man es sich mit der Bewertung der Sachlage oftmals zu einfach machte. Es braucht mehr als den eigenen Blickwinkel, um in solchen Zusammenhängen faire Urteile fällen zu können. Mir haben meine breite Vernetzung und die vielen Hintergrundgespräche geholfen, verschiedene Aspekte besser zu verstehen. Es ist mir ein Anliegen, mit diesem Kapitel für mehr Sensibilität zu werben, damit keine Vorurteile aus Missverständnissen und Unwissenheit entstehen. Und auch dafür steht die Islamberatung.

7.2 Umgang mit religiöser Praxis

In diesem Kapitel werden Fragen zum Umgang mit Gebetszeiten z. B. in Deutschkursen für Geflüchtete und bei anderen Aktivitäten sowie mit dem Fastengebot im Monat Ramadan behandelt. Um den Stellenwert dieser beiden Gebote zu verstehen, soll es zunächst eine kurze Einführung dazu geben.

7.2.1 Exkurs: Beten und Fasten

Das Beten und das Fasten gehören neben dem Glaubensbekenntnis, der Zahlung einer Almosensteuer und der Pilgerfahrt nach Mekka zu den fünf Säulen des Islam, die als zentrale Elemente islamischen Glaubens verstanden werden. Nach der islamischen Lehre sollen Muslim*innen täglich fünfmal beten. Die Gebetszeiten richten sich nach dem Sonnenstand und unterscheiden sich je nach Ort. Die Gebete werden zu verschiedenen Tageszeiten gesprochen und bestehen aus überwiegend feststehenden Texten sowie Körperhaltungen, die – je nach Gebetszeit – mehrfach wiederholt werden. Bevor die Gebete gesprochen werden können, sind einige Voraussetzungen zu erfüllen. So werden unter anderem Arme, Gesicht und Füße rituell gewaschen. Für den Ort, an dem das Gebet verrichtet werden soll, muss die Gebetsrichtung ermittelt werden. Muslim*innen beten in Richtung Mekka (Saudi-Arabien), der Geburtsstadt des Propheten Muhammad, in der auch die Kaaba, die Pilgerstätte des Islam, steht. Zudem braucht es einen reinen Ort. Häufig verwenden Muslim*innen dafür einen Gebetsteppich. Dieser ist jedoch nicht obligatorisch und kann z. B. durch Decken, Laken oder auch die eigene Jacke ersetzt werden. Die Dauer eines Gebets hängt von der betenden Person und den jeweiligen Umständen ab. Es kann – etwa am Arbeitsplatz – wenige Minuten oder aber länger dauern, z. B. im privaten Bereich oder in der Moschee bei einem Gemeinschaftsgebet. Wird eine Gebetszeit nicht eingehalten, dann kann das jeweilige Gebet zu einem späteren Zeitpunkt nachgeholt werden.

Der islamische Fastenmonat Ramadan ist Muslim*innen besonders heilig, da der Tradition nach Muhammad eben in diesem Monat im Jahre 610 n. Chr. die erste göttliche Offenbarung empfangen haben soll, womit auch seine Prophetie beginnt. In diesem Monat ist Muslim*innen auferlegt, von der Morgendämmerung bis zum Sonnenuntergang weder zu essen noch zu trinken und auch keinen Geschlechtsverkehr auszuüben.[133] Das Rauchen ist ebenfalls untersagt. Dies kann natürlich eine große Herausforderung darstellen, wenn man bedenkt, dass der Ramadan – dem islamischen Mondkalender folgend – auch in die Sommermonate fallen kann, in denen die Fastenspanne in Deutschland an den einzelnen Tagen bis zu 18 oder 19 Stunden dauert. Es gibt jedoch für einige Personengruppen Ausnahmenregelungen: So sind z. B. Reisende, Kranke, Schwangere, Frauen während der Menstruation oder Schwerarbeitende von der Fastenpflicht im Ramadan ausgenommen. Sie können das Fasten für die versäumten Tage nachholen oder, wenn sie gar nicht fasten können, eine Spende leisten. Die Fastenpflicht beginnt mit der Pubertät. Unter anderem gilt das Fasten als Prüfung für die eigene Willensstärke. Zudem soll für Gott eine bestimmte Zeit lang auf Grundbedürfnisse verzichtet werden. Damit ist auch ein sozialer Aspekt verbunden: Spürt man selbst Hunger und Durst, dann lässt sich eher nachvollziehen, wie es Bedürftigen geht, die stets mit Hunger zu kämpfen haben. Dadurch steigt die Bereitschaft, sich stärker für Ärmere und das Allgemeinwohl zu engagieren. Muslim*innen sind während des Ramadans tatsächlich sehr spendabel und die Gastfreundschaft ist besonders ausgeprägt. Auffällig ist, dass auch viele Muslim*innen, die sonst wenig Bezug zur Religion haben, im Ramadan fasten und sich an andere islamische Gebote bzw. Verbote

---

133 | Neben diesen praktischen Aspekten wird auch immer betont, dass ethisch-moralische Grundsätze während des Ramadans besonders beachtet werden sollen. So sollen etwa üble Nachrede, Verleumdung, Lüge, Beleidigungen und Streit unbedingt vermieden werden.

halten. Ich neige dazu, in diesem Zusammenhang von »Ramadanmuslim*innen« zu sprechen, so, wie im christlichen Kontext von »Weihnachtschrist*innen« die Rede ist.

7.2.2 Gebete während Deutschkursen für Geflüchtete

Im Frühjahr 2016 wandte sich Gari Pavković, der Integrationsbeauftragte der Stadt Stuttgart, mit einer Anfrage an mich, die inhaltlich neu für die Islamberatung war. Er berichtete davon, dass Lehrkräfte, die im Auftrag der Stadt Stuttgart Deutschkurse für Geflüchtete leiteten, sich über das Verhalten einiger Kursteilnehmer*innen beklagten. Diese verließen nämlich zum Teil während der Kurse die Räume, um draußen ihre Gebete zu verrichten. Dies störe immer wieder den Unterricht und die Teilnehmer*innen selbst verpassten Inhalte. Die an mich gestellten Fragen waren: Wie lässt sich damit umgehen und wie können die Lehrkräfte insgesamt mehr Informationen zur Alltagspraxis von Muslim*innen bekommen? Interessanterweise werde ich bis heute noch – vor allem bei Vorträgen und dem Fortbildungskurs »Islam im Plural«, aber auch bei Beratungen – auf die Frage nach dem Umgang mit den Gebetszeiten während Deutschkursen und anderer Aktivitäten angesprochen. Und wahrscheinlich wird es auch in Zukunft ein Thema bleiben, für das Lösungsansätze gefunden werden müssen. Ich erklärte Gari Pavković, dass das Gebet nicht direkt bei Anbruch der jeweiligen Gebetszeit verrichtet werden müsse. In der Regel bietet die islamische Lehre eine gewisse Flexibilität in der Umsetzung der Gebote. So haben Muslim*innen nach vielen Lehrmeinungen für die Verrichtung eines Gebets Zeit bis zum Anbruch des nächsten Gebets. Es empfiehlt sich zwar, das Gebet möglichst zeitig zu verrichten, und frommen Muslim*innen ist dies oft auch wichtig, allerdings gibt es einen religiös legitimierten Spielraum. Um die Lehrkräfte grundlegend in die Thematik einzuführen und ihnen Handlungsempfehlungen für bestimmte Situationen zu geben, organisierte die Stadt Stuttgart eine Abendveranstaltung, bei der ich einen Vortrag hielt und mich mit den Anwesenden über ihre Erfahrungen austauschte. Erst dabei wurde mir richtig bewusst, wie sehr sich die Lehrkräfte an diesem Verhalten störten. Unter anderem wurde auch geschildert, dass mehrere Male der Unterricht durch den Gebetsruf aus Mobiltelefonen einiger Teilnehmer*innen unterbrochen worden sei. Es brauchte also einen Ansatz, der ihnen in der praktischen Arbeit wirklich weiterhelfen konnte.

Und so formulierte ich folgende Empfehlung, die wir im Team bis heute weitergeben.

Empfehlung

- Wie im Exkurs erklärt, hat das Gebet im islamischen Glauben einen hohen Stellenwert und ist für Menschen, die sich daran halten, ein Bestandteil ihrer religiösen Alltagspraxis. Das sollte man respektieren und muslimischen Kursteilnehmer*innen auch die Möglichkeit zur Verrichtung der jeweiligen Gebete geben. Der Unterricht sollte dadurch nicht gestört werden. Von vielen Muslim*innen wird eine gewisse Flexibilität im Umgang mit den religiösen Geboten, etwa beim Einhalten der Gebetszeiten, im Alltag bereits gelebt. Manche neu eigenwanderte Muslim*innen müssen zunächst noch Lösungen für sich entwickeln, wie sie ihren Glauben besonders auch in einem mehrheitlich nicht-muslimisch geprägten Umfeld leben. Dies ist für den Integrationsprozess der Menschen sehr förderlich und wichtig. Die Anbieter der Kurse oder die Lehrkräfte wiederum können sich vor dem Unterricht die islamischen Gebetszeiten anschauen. Diese lassen sich schnell auf verschiedenen Internetportalen finden. Sollte ein Gebet in die Zeit des Unterrichts fallen, dann kann die Lehrkraft zu Beginn des Kurses das Gespräch mit den Teilnehmer*innen suchen und ihnen mitteilen, dass sie die Gebetszeit recherchiert und im Blick habe, zugleich aber auch eine gewisse Flexibilität seitens der Muslim*innen erwarte. Des Weiteren kann – vor allem wenn ohnehin schon eingeplant – eine Pause angesetzt werden, die mit dem Unterrichtsverlauf vereinbar ist, aber auch die Möglichkeit zum Beten gewährleistet. Konkret kann es so aussehen: Wenn der Kurs z. B. von 14 bis 17 Uhr stattfindet und das Nachmittagsgebet an diesem Tag auf ca. 15 Uhr fallen sollte, dann kann die Pause etwa auf 15.30 Uhr angesetzt werden. Damit hätte man einen Kompromiss angeboten, der die Anliegen beider Seiten berücksichtigt: Die Verrichtung des Gebets und einen störungsfreien Unterricht, auf den – das muss klar sein – alle Teilnehmer*innen und Lehrkräfte einen Anspruch haben.

7.2.3 Umgang mit islamischem Fasten im Alltag

Zur islamischen Fastentradition und den damit verbundenen Fragen bzw. Herausforderungen wurden wir im Rahmen der Islamberatung erstmals im Herbst 2016 von einer kirchlichen Einrichtung zu Rate gezogen. Es ging um Erfahrungen mit Geflüchteten und deren Verhalten im Ramadan. Danach wurden diese und ähnliche Fragen immer wieder thematisiert. So war ein Sportevent, das auch Migrant*innen und damit auch Muslim*innen erreichen sollte, für einen Termin geplant, der im islamischen Fastenmonat lag. In einigen weiteren Beratungen kamen Fragen rund um den Ramadan auch immer wieder zur Sprache. Allerdings ist diese Thematik bereits seit vielen Jahren – besonders an Schulen – ein Thema, für das sich keine einheitliche und für alle Seiten zufriedenstellende Lösung finden lässt. Dazu ist der Umgang von Muslim*innen mit dem Fastengebot zu heterogen. Wir wurden unter anderem danach gefragt, wie mit dem Fasten von Kindern umzugehen sei oder von Geflüchteten, die gerade in eine Arbeitsstelle oder ein Praktikum vermittelt wurden, aber durch das Fasten ihre Leistung nicht hundertprozentig abrufen konnten und daraufhin Probleme mit dem Arbeitgeber bekamen. Und wie verhält es sich mit Sport während der Fastenzeit?

Auf die an uns gestellten Fragen reagierten wir mit Impulsen und haben unter anderem diese Empfehlungen formuliert.

Empfehlungen

- Zunächst ist eines sehr wichtig: Der Ramadan ist Muslim*innen heilig und ist oft auch für nicht sehr religiöse Menschen eine wichtige Zeit im Jahr. Daher sollte man nicht despektierlich darüber sprechen. Ich betone das an dieser Stelle, weil ich immer wieder die Erfahrung mache, dass auf eine unangemessene und für manche Muslim*innen zum Teil auch verletzende Art und Weise über das islamische Fasten gesprochen wird. Dennoch darf Kritik an der Umsetzung geäußert werden, wenn z. B. kleine Kinder fasten und dadurch gesundheitliche Probleme auftreten oder Erwachsene in diesem Monat ihrer Arbeit nicht angemessen nachgehen können. Im Falle der Kinder können wir Erzieher*innen und Lehrer*innen nur darin bestärken, ihrer üblichen Aufsichtspflicht nachzugehen. Sollten also fastende Kinder z. B. während des Schulalltags etwa aufgrund von Dehydrierung schwach werden, dann sollte man ihnen genauso Wasser zu trinken geben wie bei nicht-muslimischen Kindern auch. Empfehlenswert wäre es aus unserer Sicht, dass Schulen und weitere Bildungseinrichtungen einen kurzen Leitfaden für den Umgang mit solchen Situationen erarbeiten, den man auch muslimischen Familien vor Beginn der

Fastenzeit geben oder mit ihnen besprechen könnte, damit diese darauf vorbereitet sind, in welchen Fällen die Lehrkräfte wie handeln könnten. Ein solcher Leitfaden könnte z. B. vom Kultusministerium Baden-Württemberg in Zusammenarbeit mit Expert*innen auf diesem Gebiet erarbeitet werden.[134] Die Stiftung Sunnitischer Schulrat wäre dabei eine geeignete Ansprechpartnerin.[135]

- Es ist auch nicht Sinn und Zweck des Fastens im Ramadan, dass sich die Fastenden selbst schaden. Das ist unter Muslim*innen eigentlich eine weit geteilte Überzeugung. Im Fall der Erwachsenen – und das haben wir vor allem, wenn es um Geflüchtete oder neu eingewanderte Muslim*innen geht, immer wieder betont – muss ihnen zugestanden werden, dass sie der Fastentradition nachgehen können. Allerdings muss ihnen – und das ist auch im Sinne der Integration enorm wichtig – vermittelt werden, dass sie dies mit ihrem Arbeitsalltag vereinbaren müssen. Sie müssen sich weiterhin an die Arbeitszeiten halten und sollten in diesem Monat imstande sein, weiterhin ihre Leistung abzurufen. Wenn Arbeitgeber*innen die Möglichkeit sehen, im Ramadan Kompromisse im Arbeitsalltag einzugehen, dann wäre das natürlich ein großes Entgegenkommen.[136]

- Der Umgang mit Sport während des Ramadans hat 2010 im Profifußball für Schlagzeilen gesorgt, als es zwischen Vereinen und muslimischen Fußballspielern zu Unstimmigkeiten kam. Der Zentralrat der Muslime hat damals mittels eines Gutachtens der Azhar-Universität[137] schlichten können. Gemäß dem Gutachten dürfen Profis ihr Fasten unterbrechen. Dies gelte aber nicht für Hobbysportler*innen.[138] Bei den Hobbyvereinen herrscht an dieser einen Stelle eine gewisse

134 | Vergleichbare Vorgaben finden sich bereits in Rheinland-Pfalz (https://eltern.bildung-rp.de/fileadmin/user_upload/eltern.bildung-rp.de/Flyer_Muslimische_Kinder_und_Jugendliche_in_der_Schule.pdf) und Mecklenburg-Vorpommern (https://www.bildung-mv.de/export/sites/bildungsserver/downloads/schule/Ramadan_Brief_Schuljahr_2021_2022.pdf) [beide Zugriffe: 03.08.2022].

135 | Die Stiftung Sunnitischer Schulrat hat gemeinsam mit der Stadt Mannheim und dem Ökumenischen Bildungszentrum sanctclara die Broschüre »Ramadan in unserer Schule. Kleine Handreichung für Lehrkräfte« erarbeitet.

136 | Für Tipps damit in der Praxis siehe: https://www.iga-info.de/fileadmin/redakteur/Veroeffentlichungen/iga_Wegweiser/Dokumente/iga-Broschuere-Ramadan_Arbeiten.pdf sowie https://www.unternehmen-integrieren-fluechtlinge.de/wegweiser/ten-waehrend-des-ramadan/ [beide Zugriffe: 03.08.2022].

137 | Die Azhar-Universität gilt als eine der zentralen Autoritäten in der islamischen Welt, deren Lehrmeinungen vor allem unter sunnitischen Muslim*innen breite Anerkennung erfahren.

138 | https://zentralrat.de/16130.php [Zugriff: 01.07.2022]. Siehe dazu auch: https://de.qantara.de/content/ramadan-vs-europameisterschaft-die-fussball-em-im-islamischen-fastenmonat [Zugriff: 01.07.2022].

Unsicherheit, wie mit fastenden Sportler*innen umgegangen werden kann. Hier gilt es unserer Auffassung nach mit den betroffenen Personen über die Handhabung des Trainings und der Wettkämpfe das Gespräch zu suchen und zu beobachten, ob und wie sie beides miteinander vereinbaren können. Für öffentliche Sportevents, von denen sich möglichst alle Menschen, also auch Muslim*innen, angesprochen fühlen sollen, empfiehlt es sich, die Veranstaltung nicht in die Zeit des Fastenmonats zu legen.

7.3 Städtische Räumlichkeiten für Beschneidungsfeste

Ausschließlich zum Thema Beschneidung gab es nur eine einzige explizite Beratung. Allerdings wurde die Beschneidung von muslimischen Jungen in Beratungsgesprächen zu anderen Fragen oder auch im Rahmen des Qualifizierungsangebots »Islam im Plural« und anderer Veranstaltungen von kommunalen und kirchlichen Akteur*innen mehrfach thematisiert. Dabei ging es hauptsächlich darum, dass muslimische Familien mit türkischem Hintergrund städtische oder kirchliche Stellen nach der Möglichkeit gefragt hatten, Räumlichkeiten für ein Beschneidungsfest zu mieten. In diesem Zusammenhang bestanden – trotz einer inzwischen klaren rechtlichen Situation – Unsicherheiten, ob Beschneidungen aus religiösen Gründen in Deutschland überhaupt zulässig seien. Neben der Bedeutung der Beschneidung wurde auch danach gefragt, ob Feierlichkeiten nach einer Beschneidung in so einem großen Rahmen, mit zum Teil mehreren hundert Personen, üblich seien und warum sich die Familien zur Anmietung von Räumen an die Kommunen oder Kirchen wenden und diese Feiern nicht in Moscheen ausrichten würden.

Die Unsicherheiten in Zusammenhang mit dieser Thematik hängen mit der öffentlich und medial kontrovers geführten Diskussion um die Beschneidung im Jahre 2012 zusammen. Damals hatte das Landgericht Köln[139] das Ritual als strafbare Körperverletzung bewertet. Anlass war ein Fall, in dem es nach der Beschneidung eines kleinen Jungen zu Komplikationen gekommen war. Sowohl von jüdischer als auch von muslimischer Seite gab es Proteste gegen dieses Urteil. In beiden Religionen hat die Beschneidung nämlich einen hohen Stellenwert.

---

139 | LG Köln vom 7. Mai 2021 – 151 Ns 169/11, online unter: https://openjur.de/u/433915.html [Zugriff: 13.06.2022].

7.3.1 Exkurs: Bedeutung der Beschneidung im Islam

Die Beschneidung von Jungen gilt nach der Lehrmeinung aller großen sowohl sunnitischen wie schiitischen islamischen Rechtsschulen als obligatorisch (*wadschib*) oder als dringend empfohlen (*sunna*) und wird aus den islamischen Quellen – Koran und Sunna[140] – hergeleitet. Im Islam wird das Ritual in erster Linie als Reinheitsgebot verstanden und hat nicht die weitreichende religiöse Dimension wie im Judentum. Dort gilt die Beschneidung, die in der Regel am achten Tag nach der Geburt vollzogen wird, als »Eintritt in die jüdische Gemeinschaft und symbolisiert den Bund zwischen Gott und Abraham beziehungsweise zwischen Gott und den Juden«.[141] Muslim*innen sind an keine bestimmte Zeit bei der Durchführung der Beschneidung gebunden. Das Lebensalter, in dem die Beschneidung üblicherweise durchgeführt wird, ist vielmehr von Region zu Region verschieden: Während manche sie im Säuglings- oder Kleinkindalter vollziehen, wird sie vor allem in der Türkei bevorzugt etwas später durchgeführt.[142] Gerade in der Türkei gibt es auch die Tradition, diesen Akt mit einer zum Teil sehr aufwendigen Feier zu verbinden. Die Jungen werden dabei mit Prinzenkostümen bekleidet und erhalten viele Geschenke. Viele türkeistämmige Familien pflegen diese Tradition auch in Deutschland. Die Feier findet hierzulande in der Regel, einige Zeit nachdem der Eingriff in einer Klinik oder ärztlichen Praxis vorgenommen wurde, statt.

7.3.2 Der rechtliche Rahmen

Als Reaktion auf die Entscheidung des Landgerichts Köln wurde noch im Jahr 2012 ein klarer rechtlicher Rahmen für die Beschneidung von Jungen geschaffen. In das Bürgerliche Gesetzbuch (BGB) wurde der folgende § 1631d eingefügt[143]:

---

140 | Als Sunna wird die Tradition des Propheten Muhammads bezeichnet. Sie ist neben dem Koran die zweite maßgebliche Quelle der islamischen Lehre. In Überlieferungen werden Muhammads Handlungsweisen beschrieben, die als Vorbild für die Gläubigen gelten sollen. Besonders die überlieferten Prophetenaussprüche (Hadithe) haben in der Lehre und auch im islamischen Alltag eine hohe Bedeutung.

141 | https://www.zentralratderjuden.de/judentum/riten-und-gebraeuche/geburt-und-beschneidung-der-beginn-des-lebens/ [Zugriff: 19.04.2022].

142 | Zur Beschneidung im Islam siehe die Erklärungen von Mathias Rohe in: https://www.deutsche-islam-konferenz.de/SharedDocs/Standardartikel/DE/Infothek/Archiv/beschneidung-grund lagen-inhalt.html [Zugriff: 19.04.2022].

143 | Der Gesetzentwurf mit Begründung findet sich in der Bundestags-Drucksache 17/11295, abzurufen unter https://dserver.bundestag.de/btd/17/112/1711295.pdf [Zugriff: 19.04.2022].

§ 1631d BGB. Beschneidung des männlichen Kindes:
(1) Die Personensorge umfasst auch das Recht, in eine medizinisch nicht erforderliche Beschneidung des nicht einsichts- und urteilsfähigen männlichen Kindes einzuwilligen, wenn diese nach den Regeln der ärztlichen Kunst durchgeführt werden soll. Dies gilt nicht, wenn durch die Beschneidung auch unter Berücksichtigung ihres Zwecks das Kindeswohl gefährdet wird.
(2) In den ersten sechs Monaten nach der Geburt des Kindes dürfen auch von einer Religionsgesellschaft dazu vorgesehene Personen Beschneidungen gemäß Absatz 1 durchführen, wenn sie dafür besonders ausgebildet und, ohne Arzt zu sein, für die Durchführung der Beschneidung vergleichbar befähigt sind.

Damit wurde klargestellt, dass eine medizinisch nicht notwendige Beschneidung eines minderjährigen Jungen unter diesen Voraussetzungen mit Einwilligung der Eltern nicht rechtswidrig ist.

Die Frage danach, warum die Feierlichkeiten nicht in einer Moschee stattfinden, kann mit zwei Faktoren zusammenhängen. Zum einen hat nicht jede Moscheegemeinde entsprechende Räumlichkeiten, um in ihnen ein Fest mit so vielen Menschen zu begehen. Zum anderen haben nicht alle Muslim*innen – etwa säkular eingestellte – Bezug zu einer Moscheegemeinde oder sind gar Mitglieder dort und womöglich sind sie gar nicht interessiert daran, einen solchen Bezug herzustellen. Für sie hat die Beschneidung nicht nur eine religiöse, sondern manchmal vielmehr eine kulturelle Bedeutung.

Wiederum richtet sich die Frage, ob die Kommunen verpflichtet sind, kommunale Räume zu vermieten, nach den jeweils landesrechtlich, aber überall ähnlich geregelten kommunalrechtlichen Vorschriften. In Baden-Württemberg ist der Zugang zu kommunalen Räumlichkeiten in § 10 Abs. 2 der baden-württembergischen Gemeindeordnung (GemO) niedergelegt; darin heißt es:

»Die Gemeinde schafft in den Grenzen ihrer Leistungsfähigkeit die für das wirtschaftliche, soziale und kulturelle Wohl ihrer Einwohner erforderlichen öffentlichen Einrichtungen. Die Einwohner sind im Rahmen des geltenden Rechts berechtigt, die öffentlichen Einrichtungen der Gemeinde nach gleichen Grundsätzen zu benutzen. Sie sind verpflichtet, die Gemeindelasten zu tragen.«

Rechtlich sind die Gemeinden daher verpflichtet, ihren Einwohner*innen Stadthallen oder andere Räume unter denselben Voraussetzungen wie bei anderen Anlässen zu vermieten. Kirchliche Einrichtungen sind an die kommunalrechtlichen Vorgaben nicht gebunden und angesichts des kirchlichen Selbstbestimmungsrechts auch nicht an das Allgemeine Gleichbehandlungsgesetz (AGG).

Empfehlung

- Die Beschneidung ist gesellschaftlich weiterhin ein nicht ganz unumstrittenes Thema, auch wenn öffentlich nicht mehr so viel darüber gesprochen wird. Sie ist in Deutschland aber gesetzlich geregelt. Daher können – ähnlich wie bei anderen Anlässen – auch für Beschneidungsfeiern (nach rechtmäßigen Beschneidungen) Räumlichkeiten zur Verfügung gestellt werden. Wenn die kommunalen Akteur*innen sichergehen möchten, dass die Beschneidung ordnungsgemäß durchgeführt worden ist, können sie die Antragsteller*innen im Vorfeld um einen schriftlichen Nachweis der Praxis oder Klinik, in der der Eingriff vorgenommen wurde, bitten. Da es sich bei der Beschneidung um ein intimes Thema handelt, sollte die notwendige Diskretion und Sensibilität gewahrt werden.
- Kirchengemeinden, die solche Anfragen bekommen, müssen im Einzelfall für sich entscheiden, ob sie ihre Räume für solche Feierlichkeiten vermieten wollen. Im Sinne des interreligiösen Miteinanders wäre eine positive Haltung dazu empfehlenswert.

8. Fazit

Ursprünglich war ich von diesem Buchprojekt nicht ganz überzeugt. Ein Buch zur Islamberatung erschien mir nicht unbedingt sinnvoll. Denn die Islamberatung lebt davon, immer auf die individuelle Situation in den einzelnen Kommunen zugeschnitten zu sein. Auch wenn sich Anfragen ähneln, gibt es zum Teil entscheidende Unterschiede, die bei der Bewertung von Sachverhalten und dem Formulieren von Handlungsempfehlungen jeweils in die Waagschale geworfen werden müssen. Die Islamberatung lebt auch vom Austausch mit den beratenen Akteur*innen und dem Verhältnis, das unser Team mit ihnen in einem oder mehreren Gesprächen aufbaut. Keine Handreichung und kein Buch können dies ersetzen. Im Laufe des Schreibprozesses sind mir zwei Aspekte deutlich geworden. Vor allem durch die Rückmeldungen meiner Korrekturleser*innen – ob Partner*innen oder kommunale Akteur*innen, die einzelne Kapitel oder Passagen gelesen haben – ist mir zum einen klar geworden, wie hoch und wie unterschiedlich die Ansprüche an dieses Buch sind. Zwischendurch bin ich ins Grübeln geraten und hatte das Gefühl, dass ich das gesamte Konzept überdenken müsste. Allerdings bin ich zum anderen in längeren Schreibphasen immer mehr zur Erkenntnis gekommen, dass es richtig ist, dieses Buch zu schreiben, um damit für einige zentrale Themenbereiche Orientierungshilfen nach bestem Wissen und Gewissen anzubieten. Inzwischen fühlt es sich gut an, das Buch geschrieben zu haben, weil ich es im Großen und Ganzen auf die gleiche Weise geschrieben habe, in der ich auch die Islamberatung geleitet und durchgeführt habe. Ich bin der Berater und damit derjenige, der im Feld tätig ist und die vielen Erfahrungen und Beobachtungen macht, von denen auch dieses Buch lebt. Ich bin derjenige, der viel Lob, Anerkennung und Dankbarkeit erfahren und mit vielen beratenen Personen ein freundschaftliches Verhältnis aufgebaut hat. Zugleich habe ich auch Arroganz, Ablehnung und bedrohliche Situationen erlebt. Für niemanden – auch nicht Personen aus dem Umfeld der Islamberatung – ist all dies im ganzen Umfang nachvollziehbar. Daher habe ich versucht, der Islamberatung im Laufe der Zeit – vor allem in ihrer inhaltlichen und strategischen Ausrichtung – immer mehr meinen Stempel aufzudrücken. Ich habe sie so umgesetzt, wie ich es nach gründlicher Abwägung von Erfahrungen und Informationen im Sinne der Islamberatung für richtig gehalten habe. Konsequenterweise musste sich all dies auch in diesem Buch widerspiegeln. So konnte es nicht nur Prozesse beschreiben sowie Informationen und Handlungsempfehlungen liefern. Es brauchte zum anderen aber auch meine persönlichen Erfahrungen, damit es authentisch ist, so wie die Islamberatung. Das war mein Hauptanspruch an dieses Buch.

In den inzwischen über sieben Jahren Wirken als Islamberater habe ich selbst viel gelernt und mir sind viele Erlebnisse und Begegnungen im Kopf hängen geblieben. So stelle ich fest: Geht es um muslimisches Leben in Deutschland und vor allem in der Kommune, dann gibt es noch zu viele offene Fragen und Unsicherheiten. Oft bin ich danach gefragt worden, warum wir in manchen Kommunen mehrfach beraten haben oder noch beraten. Die aufgeworfenen Fragen müssten doch eigentlich nach ein oder höchstens zwei Gesprächen geklärt sein. Aber genau

hierin liegt meines Erachtens das große Missverständnis: Die konkreten Fragen sind vielleicht beantwortet, aber es tauchen immer wieder neue Fragen auf. Denn: Konstellationen verändern sich. Organisationen verändern sich. Kommunen verändern sich. Handelnde Personen verändern sich. Und dem muss von Zeit zu Zeit auch Rechnung getragen werden. Es muss also nicht unbedingt immer etwas schiefgelaufen sein, damit wir erneut angefragt wurden. Auch das musste ich verstehen. Manchmal stecken dahinter also nur praktische Gründe und keine größeren Konflikte.

In einigen Kommunen habe ich die Erfahrung gemacht, dass Verwaltungsspitzen und kommunale Akteur*innen in einer überheblichen Art über Muslim*innen sprechen, die mich zum Teil – in der Wortwahl und der Haltung insgesamt – erschreckte. Es kann nicht sein, dass Muslim*innen oder die Islamorganisationen pauschal abgewertet werden. Außerdem ist es auch nicht richtig, wenn Urteile über die lokale Gemeinde gefällt wurden, ohne dass mir als geladenem Berater wirklich Raum für Erklärungen gegeben wurde. In solchen – zum Glück wenigen – Beratungen musste ich mir regelrecht Gehör verschaffen. Es waren unter anderem solche Situationen, in denen ich Sinn und Unsinn des ganzen Projekts hinterfragt habe. In vielen Kommunen gibt es aber durchaus einen guten Willen. Vor allem haben wir in Baden-Württemberg sehr viele engagierte Integrationsbeauftragte, die ihrer Arbeit mit viel Herzblut nachgehen. Ich habe zahlreiche im Bereich der Integration wirkende Personen kennengelernt und habe ein gutes Vertrauensverhältnis zu ihnen aufbauen können. Sie pflegen Kontakte zu den Islamgemeinden und -vereinen und behandeln deren Anliegen seriös. Aber sie brauchen Unterstützung bei der Einordnung von Angelegenheiten, die an sie herangetragen werden.

Viele islamische Gemeinden wiederum sind sehr engagiert darin, die religiösen Bedürfnisse von Muslim*innen zu bedienen und ihnen eine religiöse Heimat zu bieten. Darüber hinaus versuchen sie, sich im Rahmen ihrer Möglichkeiten im interreligiösen Dialog und in kommunalen Handlungsfeldern einzubringen und das zivilgesellschaftliche Engagement ihrer Mitglieder zu fördern. Ich betone »im Rahmen ihrer Möglichkeiten«, weil – und dass sollten wir nicht vergessen – islamische Verbands- und Gemeindearbeit überwiegend ehrenamtlich geleistet wird. Das erfährt zu wenig Anerkennung in der Gesellschaft und wird nicht selten vergessen oder ignoriert. Das Fehlen von Strukturen in den meisten Gemeinden erschwert oftmals eine Partnerschaft oder einen Dialog auf Augenhöhe, sowohl mit der Kommune als auch mit anderen Religionsgemeinschaften. In einigen Gesprächen mit Muslim*innen, die einen Bezug zu Moscheegemeinden hatten oder dort gar selbst in der Verantwortung standen, wurde nicht nur mir mitgeteilt, dass es oft sehr schwierig sei, den älteren Gemeindmitgliedern die Notwendigkeit von hauptamtlichem Personal zu vermitteln. Diese spendeten gerne für den Bau einer repräsentativen Moschee, aber nicht für Personalstellen. Doch das erscheint mir als einer der wichtigsten Prozesse, die die Islamverbände mittelfristig in Angriff nehmen sollten. Zudem müssen sie sich – wie in Kapitel 4 mehrfach beschrieben – den schwierigen Fragen stellen, die an sie gerichtet werden. Gerade weil es am nötigen Vertrauen in das Wirken der Verbände und deren Gemeinden fehlt, wird die Islamberatung als neutrale Stimme so häufig konsultiert. Dabei habe ich, insbesondere wenn es darum ging, das Handeln islamischer Akteur*innen zu erklären, an vielen Stellen und in verschiedenen Zusammenhängen immer wieder betont, dass uns ihre Aktivitäten und Ziele nicht gefallen müssen. Aber wir müssen trotzdem versuchen sie zu verstehen, um Ansätze für einen entsprechenden Umgang damit zu finden.

Eine der prägendsten persönlichen Erfahrungen, an die ich bis heute noch manchmal denken muss, machte ich im November 2018 bei einem Besuch in einer Kindertagesstätte nicht weit von Stuttgart entfernt. Damals fühlte ich mich auf dem Höhepunkt meines Wirkens. Die von mir verantworteten Projekte liefen sehr gut und ab dem 1. Januar 2019 sollte ich einen Fachbereich an der Akademie leiten. Bei diesem Termin fand ich eine sehr freundliche und engagierte Belegschaft vor, die viele alltagspraktische Fragen hatte. Diese für mich leicht zu beantwortenden Fragen stellten für die Erzieher*innen eine große Herausforderung dar. Das Gespräch ging mir sehr nah und beschäftigte mich lange Zeit. Ich fragte mich, wie man es schaffen könnte, solche Einrichtungen, die an der Basis arbeiten, mehr zu unterstützen. Außerdem fragte ich mich, ob die Politik samt dem dazugehörenden Verwaltungsapparat diese wichtigen Themen noch ausreichend im Blick hatte. In der Folge hinterfragte ich mehr denn je das gesamte Feld des interreligiösen Dialogs, in dem ich selbst seit Jahren tätig war. Wird nicht zu oft auf einer Metaebene gearbeitet? Werden dabei für die gesamte Gesellschaft essentielle Handlungsfelder, wie sie mir in der Kindertagesstätte vor Augen geführt wurden, kaum berücksichtigt? Hätten islamische Akteur*innen aus den Verbänden oder gar den Gemeinden, die vor Ort existierten, wirklich helfen können, so wie sie es für sich beanspruchen? Und schließt die Islamberatung mit ihrer Arbeit vielleicht diese Lücke oder zumindest einen Teil davon?

Wir diskutieren seit über einem Jahrzehnt über die Frage, ob denn der Islam zu Deutschland gehört. Ist diese Frage nicht einfach nur populistisch? Kann sie wirklich mit ja oder nein beantwortet werden? Wenn ich auf diese Frage eingehe, so lautet meine Antwort seit über einem Jahrzehnt, dass der Islam nicht zur deutschen Identität gehört. Aber was ist Identität überhaupt? Hat nicht jede und jeder von uns eine eigene Meinung dazu? Aber wer würde schon den Islam nennen, wenn man nach einer deutschen Identität fragt? Muslim*innen selbst – dies habe ich in meinen eigenen Workshops erfahren – nennen viele andere Elemente, aber nicht unbedingt den Islam, wenn sie an deutsche Identität denken. Allerdings gehört der Islam zur deutschen Realität. Und er wird mit ziemlich großer Wahrscheinlichkeit dauerhaft ein Teil der deutschen Realität bleiben. Es ist daher sinnvoller, die Kraft in realitätsbezogene Prozesse zu investieren, als sich mit solchen nicht zielführenden Fragen zu beschäftigen. Was nützt es einer Kindertageseinrichtung mit ihren Alltagsfragen, wenn politisch und medial über die Aussage von Christian Wulff kontrovers diskutiert wird? Oft habe ich das Gefühl, dass diejenigen, die die Frage nach der Zugehörigkeit des Islam zu Deutschland mit nein beantworten, die ablehnende Haltung brauchen, um sich besser zu fühlen; um die eigene Identität zu stärken, indem andere ausgeschlossen werden.

Ich könnte noch über weitere Erfahrungen und Erkenntnisse schreiben, aber es ist Zeit, noch einen Ausblick zur Zukunft der Islamberatung in Baden-Württemberg zu wagen. Das Beratungsangebot wird nachgefragt und wird wahrscheinlich noch in zehn Jahren nachgefragt werden. Die Diözese Rottenburg-Stuttgart hat mit der Etablierung eines Fachbereichs, an dem die Islamberatung angesiedelt ist, und der Verstetigung meiner Arbeit einen sehr großen Schritt unternommen. Sie hat damit die Grundlage dafür geschaffen, dass unter anderem die Islamberatung weitergeführt werden kann. Die Akademie der Diözese Rottenburg-Stuttgart hat sich als idealer Ort erwiesen, weil sie in Baden-Württemberg und darüber hinaus Akteur*innen aus verschiedenen Arbeitsfeldern erreicht und unter anderem auf kirchlicher, politischer, kommunaler, zivilgesellschaftlicher, muslimischer und sicherheitsbehördlicher Ebene als ein zentraler Player wahrgenommen wird, mit dem gerne Partnerschaften eingegangen werden. Die Islamberatung kann aber, wie im einleitenden Kapitel erwähnt, nur mit externer Förderung in dieser Form weiterbestehen und kostenlos angeboten werden. Sobald die Beratungen kostenpflichtig werden, wird die Nachfrage enorm sinken.[144] Wir alle würden uns natürlich einen längeren Förderungszeitraum wünschen, der uns die Möglichkeit gibt, dass wir uns einige Jahre auf die inhaltliche Arbeit konzentrieren. Die Islamberatung ist ein bedeutender Schwerpunkt meines Fachbereichs an der Akademie. Sie ist eine sehr aufwendige und anspruchsvolle Tätigkeit, die für sich allein genommen schon Vollzeitbeschäftigung für mehrere Personen bieten würde. In dieser Situation auch noch regelmäßig neue Anträge auf Förderung mit ungewissem Ausgang zu stellen, ist zermürbend. Doch das wird wahrscheinlich eher Wunschdenken bleiben und die Islamberatung in Baden-Württemberg wird ihr Angebot zu gegebener Zeit massiv einschränken oder komplett einstellen müssen.

Für mich persönlich ist die Islamberatung ein sehr aufregendes Arbeitsfeld, das ich nicht missen möchte. Ich konnte in all den Jahren viele interessante Erfahrungen sammeln. Es ist aber nicht immer ein »Zuckerschlecken«.

Das Berater*innenteam hat mich mit den unterschiedlichen inhaltlichen Stärken der einzelnen Personen nochmals bereichert. Dies gilt ebenso für den Austausch mit den Projektpartner*innen und die Zusammenarbeit mit Tim Florian Siegmund, der seit März 2020 die für die

---

144 | Dies wurde uns aus Gesprächen mit mehreren beratenen Stellen sowie der Evaluation durch die Hochschule Kehl ersichtlich. Siehe dazu: https://www.akademie-rs.de/themen/themenuebersicht/aktuell/positives-fazit-nach-knapp-fuenf-jahren-islam-beratung [Zugriff: 13.09.2022].

Islamberatung sehr wichtige Funktion der wissenschaftlichen Assistenz mit großem Eifer und Sachverstand ausfüllt.

Die Islamberatung arbeitet unter dem Slogan »Gesellschaft gemeinsam gestalten«, der auch für die Arbeitsweise der Akademie steht. Darin steckt ein großer Anspruch, der unterschiedlich definiert werden kann. »Gesellschaft gemeinsam gestalten« bedeutet für mich in erster Linie, in den Dialog zu gehen und sich diesem zu stellen. Und zu einem ehrlichen Dialog gehört es einfach auch, dass wir die »harten Brocken« angehen und nicht nur an der Oberfläche bleiben. Wir müssen auch mal »Tacheles reden«. Vielleicht ist dies das größte Versäumnis der Vergangenheit in so manchen Dialogprozessen gewesen. Man wollte Partner*innen nicht verlieren und ist daher schwierigen Themen lieber aus dem Weg gegangen. Aber kann man auf diese Weise etwas verändern? Auf Veranstaltungen wie etwa den Jahrestagungen der Islamberatung habe ich als Moderator von Podiumsdiskussionen meine Redner*innen immer wieder sehr gefordert, indem ich kritisch nachgefragt und leidenschaftlich diskutiert habe, um auch tatsächlich etwas anzuschieben. Zu nennen ist hier der von mir immer wiederholte Hinweis, dem repräsentativen Moscheebau werde eine höhere Priorität eingeräumt als dem Aufbau hauptamtlicher Personalstellen vor Ort. Dies erhitzte die Gemüter und rief zum Teil Abwehrreflexe bei muslimischen und manchmal auch nichtmuslimischen Beteiligten hervor. Doch es gehört dazu, den Finger in die Wunde zu legen, wenn man versucht Prozesse anzustoßen. Solche Themen wurden schließlich in Beratungen mehrfach von kommunalen Akteur*innen aufgeworfen. Für Herangehensweisen wie diese habe ich vor allem von Teilnehmer*innen unserer Veranstaltungen viel Zuspruch bekommen, mir aber nicht nur Freund*innen gemacht. Einige Personen nehmen inzwischen Abstand von mir. Das ist schade und ich würde es mir gerne anders wünschen, aber damit muss man umgehen können. Ich bin im Laufe der Jahre immer pragmatischer geworden und habe verstanden, dass Ideale in der Realität des Alltags nicht immer umsetzbar sind. Mein Anspruch ist es aber, der Verantwortung gerecht zu werden, die meine Tätigkeit mit sich bringt. Ich möchte versuchen – und hoffe, dies ist mir auch mit diesem Buch gelungen – zumindest Impulse zu setzen und einen Beitrag zu leisten, damit wir die Gesellschaft gemeinsam gestalten. Dafür steht die Islamberatung in Baden-Württemberg!

9. Zusammenfassende Empfehlungen

Die folgenden Empfehlungen nehmen verschiedene Adressat*innen in den Blick und können als Bündelung der wichtigsten Ergebnisse verstanden werden. Zum Teil basieren sie auf Empfehlungen, die in vorherigen Kapiteln formuliert wurden.

Kommunen

- Muslimisches Leben wird dauerhaft ein Teil Deutschlands sein. Im kommunalen Zusammenleben entscheiden sich Prozesse wie Integration, Teilhabe und gesellschaftliches Engagement. Kommunen müssen sich demnach darauf einstellen, dass sie sich mit Fragen zum Islam und Anliegen von Muslim*innen kontinuierlich beschäftigen müssen. Dabei muss der immer heterogener werdenden Islamlandschaft Beachtung geschenkt werden. Kommunale Akteur*innen, die für dieses Themengebiet verantwortlich sind, sollten stets eine aktuelle und möglichst umfangreiche Kenntnislage über die Situation vor Ort haben. Dazu gehört es, die entsprechenden Ansprechpartner*innen in den Gemeinden und Vereinen zu kennen. Gutes Hintergrundwissen zu den islamischen Verbänden und deren Organisationsstrukturen sowie zu islamischen Strömungen, aber auch Basiswissen zum islamischen Glauben sind in der Auseinandersetzung mit Muslim*innen sicherlich von Vorteil.
- Anliegen von Muslim*innen sollten in der Kommune genauso ernst genommen werden wie solche von Anhänger*innen anderer Religionsgemeinschaften oder Vereinen auch. Schließlich sind sie Bürger*innen der Kommune und haben ein Anrecht darauf, gehört zu werden, wenn sie sich sowie ihre Themen und Bedürfnisse einbringen und Wünsche äußern. Generell ablehnende Haltungen kommunaler Gremien gegenüber Anliegen von islamischen Gemeinden und Vereinen sind fatal und führen zum Vertrauensverlust in die Kommune. Allerdings sollten Kommunen aber auch die eigenen Leitlinien und Positionen gegenüber muslimischen Vertreter*innen deutlich machen. Dazu gehört unter anderem, dass sie sich keine Vorschriften von rivalisierenden muslimischen Gruppen machen lassen, mit welchen Gemeinden und Vereinen Gespräche geführt werden, und dass islamisch-theologische Unterschiede sowie Konflikte aus

dem Ausland für die Einbindung in kommunale Handlungsfelder nicht entscheidend sind und auch nicht dort ausgetragen werden dürfen.

- Kommunale Verwaltungen, die insbesondere die Genehmigung von Moscheebauprojekten oder anderen Anliegen von Muslim*innen erteilen, müssen zum Teil mit Protesten aus der Bevölkerung rechnen. Die Gemüter können manchmal auch durch die regionale mediale Berichterstattung oder (rechts-)populistische Stimmen erhitzt werden. Darauf sollten kommunale Verantwortliche vorbereitet sein. Es ist sicherlich nicht falsch, wenn man in solchen Zusammenhängen von Anfang an versucht, durch Transparenz die Menschen mitzunehmen. Falls notwendig, sollte die Verwaltungsspitze öffentlich Stellung zu ihrer Entscheidung beziehen und dazu stehen.

Islamische Organisationen, Gemeinden und Vereine

- Islamische Vereinigungen sind hauptsächlich auf ehrenamtliche Strukturen angewiesen. Das findet in der Bewertung ihrer Arbeit kaum Berücksichtigung und nur wenig Anerkennung. Allerdings erschwert die Abhängigkeit von ehrenamtlichem Engagement nicht selten eine Zusammenarbeit auf Augenhöhe. Daher ist die Etablierung von professionellem und hauptamtlichem Personal auch auf Gemeindeebene essentiell, um sich vor allem in kommunalen Prozessen insgesamt besser aufzustellen und eigene Anliegen besser vertreten zu können. Dies benötigt – wie aus den bereits erwähnten Erfahrungen hervorgeht – einen internen generationsübergreifenden Dialog in den Verbänden und ihren Gemeinden, um auch die älteren Mitglieder von der Sinnhaftigkeit sowie den Vorteilen professioneller Strukturen zu überzeugen. Bezüglich der Finanzierung von Personalstellen könnte es ein erster Schritt sein, wenn etwa beim Finanzierungsplan von Moscheebauten Kosten für Personal mitbedacht werden. So hätten zumindest Gemeinden mit repräsentativen Moscheen hauptamtliche Vertreter*innen.
- Insbesondere in der islamischen Jugendverbandsarbeit können Coaching-Projekte mit anderen etablierten Jugendverbänden die Möglichkeit zur Aufnahme von Knowhow und der Weg zum Strukturaufbau sein. Bund, Länder und zivilgesellschaftliche Einrichtungen sollten ihre Angebote zur Professionalisierung von Jugendorganisati-

onen dahingehend prüfen, ob sie auch muslimische Organisationen wirksam ansprechen und erreichen.

- Im Kapitel 4, in dem es um die Erfahrungen mit islamischen Gemeinden und Vereinen ging, wurde an einigen Stellen den behandelten islamischen Gruppen empfohlen, sich Themen zu stellen, die in ihren Zusammenhängen als umstritten gelten (z. B. Rückbindung der DİTİB an die türkische Religionsbehörde, fehlende Sichtbarkeit der Frauen beim VIKZ, Aufarbeitung der vom Verfassungsschutz erhobenen Vorwürfe gegen die IGMG). Ansonsten bleiben solche Themen als dauerhafter Makel haften und haben negativen Einfluss auf das Vertrauensverhältnis, das für Kooperationen und anderweitige Prozesse enorm wichtig ist. Dabei ist es entscheidend, dass über solche Angelegenheiten in geeigneten Rahmen diskutiert wird und Muslim*innen eine faire Chance bekommen, ihre Sicht auf die Dinge darzustellen.
- Ein innerislamischer Dialog in Deutschland erscheint auf verschiedenen Ebenen notwendig. Vor allem auf der kommunalen Ebene sind das gegenseitige Kennenlernen und die Zusammenarbeit an manchen Prozessen förderlich. Ein gutes Verhältnis der islamischen Gruppen untereinander würde den Kommunen den Austausch sowie ihre Einbindung in kommunale Handlungsfelder an vielen Stellen wahrscheinlich einfacher machen. Muslim*innen sollten in dieser Frage mehr Pragmatismus aufbringen. Theologische Differenzen sind in vielen kommunalen Angelegenheiten nicht ausschlaggebend.

Kirchen

- Kirchliche Stellen in Deutschland beschäftigen sich seit Jahrzehnten mit Islamfragen und dem Dialog mit Muslim*innen. Die Expertise und Erfahrungen kirchlicher Mitarbeiter*innen und Einrichtungen in diesem Themenfeld werden auch nicht selten von kommunalen, politischen oder zivilgesellschaftlichen Stellen und Institutionen geschätzt. In kommunalen Handlungsfeldern, wie etwa bei Moscheebauprozessen, werden sie nicht selten als Brückenbauerinnen wahrgenommen. Dieses Engagement sollte auch zukünftig genügend Raum in der kirchlichen Arbeit bekommen. Dabei ist es entscheidend, dass das kirchliche Personal, das an der Basis mit solchen Fragen und Angelegenheiten arbeitet, auch über genügend Kenntnisse dazu verfügt. Daher ist es wichtig, Qualifizierungsangebote zu entwickeln und anzubieten.

- Ich wiederhole an dieser Stelle nochmal: Keine falsche Toleranz im interreligiösen Dialog! Christ*innen und christliche Einrichtungen insgesamt sollten zunächst in internen Prozessen das eigene Profil definieren und dieses auch in Dialogprozessen selbstbewusst zur Geltung bringen. Dialog ist natürlich auch immer mit Kompromissen verbunden. Allerdings ist die Aufgabe eigener essentieller Positionen in keiner Weise zielführend. Diskussionen um das Kreuz in christlichen Einrichtungen sollten eigentlich kein Thema sein.

Landespolitik Baden-Württemberg

- In Baden-Württemberg dominiert auf politischer Ebene in Islamfragen seit Jahren die Thematik rund um die Einführung des islamischen Religionsunterrichts an Schulen. Es gibt aber noch andere wichtige Fragen und Diskurse, denen nachgegangen werden sollte.
- Insbesondere wäre es förderlich, Leitlinien für die eigene Islampolitik zu formulieren und dabei etwa den Umgang mit den verschiedenen islamischen Organisationen in den Blick zu nehmen und z. B. festzuhalten, mit wem und unter welchen Bedingungen Partnerschaften, Staatsverträge etc. möglich sind. Darüber hinaus sollten diese Leitlinien auch integrationspolitische Themen sowie Maßnahmen gegen den wachsenden antimuslimischen Rassismus beinhalten.

Medien

- Medien müssen kritisch, aber ausgewogen und fair berichten. Das durch Medien vermittelte Bild von Islam und muslimischem Leben in Deutschland ist oft verzerrt, auf Probleme oder Defizite reduziert und der Islam wird häufig als ursächlich für völlig unterschiedliche Missstände dargestellt. Medien geben nicht nur einfach die gesellschaftliche Stimmung wieder, sie können für sie vielmehr auch mitverantwortlich sein. Für ein ausgewogenes Islambild benötigt es mehr Muslim*innen in den Redaktionen, wie uns Journalist*innen selbst mehrfach erklärt haben. Das könnte sicherlich förderlich sein, um Sachverhalte besser einordnen zu können. Allerdings reicht das Bekenntnis zum Islam nicht aus, um auch wirklich Expertise zu theologischen, historischen und gesellschaftlichen Themen mit Islambezug nachweisen zu können. Meines Erachtens braucht es insgesamt mehr Vielfalt in Redaktionen und eine ständige kritische Auseinandersetzung z. B. mit diesen Fragen: Welche Themen werden platziert, welche Perspektiven werden eingenommen und woher stammt die Expertise dazu? Eine insgesamt sachlichere und weniger emotionalisierende Haltung in der Berichterstattung zum Themengebiet wäre angebracht und könnte zu einem differenzierteren, sachlicheren Bild des Islam und muslimischen Lebens in der deutschen Gesellschaft beitragen.

Verwendete Literatur

Agai, Bekim, Die Arbeit der Gülen-Bewegung in Deutschland: Akteure, Rahmenbedingungen, Motivation und Diskurse, in: Walter Homolka et al. (Hg.), Muslime zwischen Tradition und Moderne. Die Gülen-Bewegung als Brücke zwischen den Kulturen, Freiburg im Breisgau 2010, S. 9–55.

Akca, Ayşe Almıla, Moscheeleben in Deutschland. Eine Ethnographie zu islamischem Wissen, Tradition und religiöser Autorität, Bielefeld 2020.

Aksünger-Kizil, Handan, Jenseits des Schweigegebots. Alevitische Migrantenselbstorganisationen und zivilgesellschaftliche Integration in Deutschland und den Niederlanden, Münster 2013.

Bernhardt, Reinhold – Fürlinger, Ernst (Hg.), Öffentliches Ärgernis? Moscheebaukonflikte in Deutschland, Österreich und der Schweiz, Zürich 2015.

Bernlochner, Max, Der ›Runde Tisch Islam‹ Baden-Württemberg – Lösungsorientierte Zusammenarbeit auf Augenhöhe, in: Mathias Rohe et al. (Hg.), Handbuch Christentum und Islam in Deutschland. Grundlagen, Erfahrungen und Perspektiven des Zusammenlebens, Freiburg 2014, S. 1182–1192.

Blume, Michael, Deutsche Muslime zwischen Säkularisierung und Radikalisierung – Die Mär vom starken Islam, in: Herder Korrespondenz 72 (9/2018), S. 19–22, online unter: https://www.herder.de/hk/hefte/archiv/2018/9-2018/die-maer-vom-starken-islam-deutsche-muslime-zwischen-saekularisierung-und-radikalisierung/ [Zugriff: 16.09. 2022].

Brachat-Schwarz, Werner, Wie viele Musliminnen und Muslime leben in Baden-Württemberg. Ansatz und Ergebnisse einer Schätzung zur muslimischen Bevölkerung im Südwesten, in: Statistisches Monatsheft Baden-Württemberg 4/2020, S. 3–10, online unter: https://www.statistik-bw.de/Service/Veroeff/Monatshefte/PDF/Beitrag20 _04_01.pdf [Zugriff: 22.08.2022].

Bobzin, Hartmut, Der Koran. Aus dem Arabischen neu übertragen. München 2010.

Boos-Nünning, Ursula, Beten und Lernen. Eine Untersuchung der pädagogischen Arbeit in den Wohnheimen des Verbands Islamischer Kulturzentren (VIKZ), Juni 2010, online unter: https://web.archive.org/web/20160903205550if_/http://www.vikz.de/ index.php/pressemitteilungen/items/besserer-start-ins-leben-dank-wohnheim besuch.html?file=tl_files/vikz/Pressemittelungen-VIKZ/Studie:%20Beten%20 und%20Lernen.pdf [Zugriff: 16.08.2022].

Bundesministerium des Innern und für Heimat, Verfassungsschutzbericht 2021, online unter: https://www.verfassungsschutz.de/SharedDocs/publikationen/DE/ verfassungsschutzberichte/2022-06-07-verfassungsschutzbericht-2021-startseiten modul.pdf?__blob=publicationFile&v=2 [Zugriff: 10.08.2022].

Bundesministerium des Innern und für Heimat, Politisch motivierte Kriminalität im Jahr 2021. Bundesweite Fallzahlen, online unter: https://www.bmi.bund.de/SharedDocs/ downloads/DE/veroeffentlichungen/nachrichten/2022/pmk2021-factsheets.pdf?__ blob=publicationFile&v=1 [Zugriff: 13.06.2022].

Bundesverband Kirchenpädagogik, Warum das Kreuz für den Islam ein Problem ist, in: kirchenPÄDAGOGIK. Zeitschrift des Bundesverbandes Kirchenpädagogik e.V., Ausgabe 2019, S. 16–17. Das Interview ist online abrufbar unter: https://www.akade mie-rs.de/fileadmin/akademie-rs/redaktion/pdf/Fachbereiche/ISL/2019_Kirchen paedagogik_Warum_das_Kreuz_fuer_den_Islam_ein_Problem_ist.pdf [Zugriff: 25.08.2022].

Ceylan, Rauf – Charchira, Samy, Muslimische Gemeinden in der Flüchtlingsarbeit, in: Oliver Hidalgo – Gert Pickel, (Hg.), Flucht und Migration in Europa. Politik und Religion, Wiesbaden 2019, S. 189–201.

Ceylan, Rauf – Kiefer, Michael, Salafismus. Fundamentalistische Strömungen und Radikalisierungsprävention, Wiesbaden 2013.

Corrado, Monica, ›Liebe für alle, Hass für keinen‹. Geschichte und Doktrin der Ahmadiyya-Bewegung des Islams, in: Religionen unterwegs 17/3 (2011), S. 4–11.

Eißler, Friedmann (Hg.), Aleviten in Deutschland. Grundlagen, Veränderungsprozesse, Perspektiven, EZW-Texte Nr. 211, Berlin ³2017.

El-Mafaalani, Aladin, Das Integrationsparadox. Warum gelungene Integration zu mehr Konflikten führt, Köln 2018.

Gerlach, Julia, Hilfsbereite Partner: Muslimische Gemeinden und ihr Engagement für Geflüchtete, Gütersloh 2017, online abrufbar unter: https://www.bertelsmann-stiftung.de/fileadmin/files/BSt/Publikationen/GrauePublikationen/LW_Broschu ere_Hilfsbereite_Partner_2017.pdf [Zugriff: 24.06.2022].

Hafez, Kai, Das Bild des Islam in den Medien. Rassismus im neuen Gewand, in: Herder Korrespondenz S2/2015 S. 42–45, online unter: https://media.herder.de/files/herkorr-69-2015-spezial-2-42-45-rassismus-im-neuen-gewand-das-bild-des-islam-in-den-medien-id-23672.pdf [Zugriff: 14.09.2022].

Hafez, Kai, Der Islam in den Medien. Ethno-religiöse Wahrnehmungen von Muslimen und Nicht-Muslimen in Deutschland, in: Mathias Rohe et al. (Hg.), Handbuch Christentum und Islam in Deutschland. Grundlagen, Erfahrungen und Perspektiven des Zusammenlebens, Freiburg 2014, S. 929–963.

Halm, Heinz, Der Islam. Geschichte und Gegenwart, München [10]2015.

Hamdan, Hussein, Die ›Islamberatung‹ in Baden-Württemberg in Zeiten der Corona-Pandemie, in: Mahmoud Abdallah et al. (Hg.), Religiöse Institutionen in Krisenzeiten zwischen Tradition und Transformation (= Theologie des Zusammenlebens, Bd. 5), Ostfildern, im Erscheinen.

Hamdan, Hussein, Zusammenleben gemeinsam gestalten. Islamberatung für Kommunen, in: die:gemeinde (Magazin für Städte und Gemeinden – Organ des Gemeindetages Baden-Württemberg) Januar 2022, S. 42–43, online unter: https://www.akademie-rs. de/fileadmin/akademie-rs/redaktion/pdf/Fachbereiche/ISL/2022-01_die_gemeinde_Islamberatung.pdf [Zugriff: 16.09.2022].

Hamdan, Hussein, Herausforderungen in der Begegnungsarbeit mit islamischen Jugendverbänden und Jugendgruppen – Junge Muslime als Partner, in: Christian Espelage – Hamideh Mohagheghi – Michael Schober (Hg.), Interreligiöse Öffnung durch Begegnung. Grundlagen – Erfahrungen – Perspektiven im Kontext des christlich-islamischen Dialogs, Hildesheim – Zürich – New York 2021, S. 479–485, online unter: https://hildok.bsz-bw.de/frontdoor/index/index/docId/1197 [Zugriff: 13.06.2022].

Hamdan, Hussein, Muslime als Partner. Ein Projekt zur Einordnung von Islamfragen in Kommunen, in: Journal für politische Bildung 7 (3/2017), S. 30–35.

Hamdan, Hussein, Muslime in Deutschland. Geschichte – Gegenwart – Chancen, Heidelberg 2011. Der Band ist abrufbar unter: https://www.akademie-rs.de/fileadmin/veranstaltungen/publikationen/pdf/20180426_e-book_hussein_muslime-in-deutsch land-2011.pdf [Zugriff: 04.04.2022].

Hamdan, Hussein – Reich, Christina, Handreichung für das Zusammenleben in der Kommune. Islamberatung in Baden-Württemberg, Stuttgart 2020, online unter: https:// www.akademie-rs.de/handreichung-fuer-kommunen [Zugriff: 16.03.2022].

Hamdan, Hussein – Schmid, Hansjörg, Junge Muslime als Partner. Ein empiriebasierter Kompass für die praktische Arbeit, Weinheim – Basel 2014. Das Inhaltsverzeichnis ist online abrufbar unter: https://www.akademie-rs.de/fileadmin/veranstaltungen/publikationen/pdf/20140909hamdanschmid_jungemuslime%20inhalt%20und%20 vorwort.pdf [Zugriff: 13.06.2022].

Hamdan, Hussein – Schmid, Hansjörg, Aufbrüche der neuen Generation. Wie junge Muslime die deutsche Gesellschaft mitgestalten wollen, in: Herder Korrespondenz 68 (10/2014), S. 519–524.

Haug, Sonja – Müssig, Stephanie – Stichs, Anja, Muslimisches Leben in Deutschland. Im Auftrag der Deutschen Islam Konferenz, Nürnberg 2009, S. 102–105, online unter: https://www.deutsche-islam-konferenz.de/SharedDocs/Anlagen/DE/Ergebnisse-Empfehlungen/MLD-Vollversion.html [Zugriff: 12.04.2022].

Jonker, Gerdien, Eine Wellenlänge zu Gott. Der ›Verband der Islamischen Kulturzentren‹ in Europa, Bielefeld 2002.

Kandel, Johannes, Islamismus in Deutschland. Zwischen Panikmache und Naivität. Freiburg im Breisgau 2011, S. 96–142.

Karahan, Engin, Heimat finden im Fremden? Auseinandersetzungen in der Islamischen Gemeinschaft Millî Görüş e. V. (IGMG) zwischen Ankommen und Fremdbleiben, Landesarbeitsgemeinschaft Mobile Jugendarbeit/Streetwork Baden-Württemberg e. V. 2022, online unter: https://fexbw.de/wp-content/uploads/2022/07/heimatimfrem-den_karahan.pdf [Zugriff: 12.08.2022].

Knufinke, Ulrich, Schwäbische Moscheen, Petersberg 2018.

Korn, Lorenz, Die Moschee. Architektur und religiöses Leben, München 2012.

Lathan, Andrea, Reform, Glauben und Entwicklung: Die Herausforderungen für die Ahmadiyya-Gemeinde, in: Dietrich Reetz (Hg.), Islam in Europa: Religiöses Leben heute. Ein Porträt ausgewählter islamischer Gruppen und Institutionen, Münster u. a. 2010, S. 79–108.

Lemmen, Thomas, Muslime in Deutschland. Eine Herausforderung für Kirche und Gesellschaft, Baden-Baden 2001.

Lemmen, Thomas, Islamische Bestattungen in Deutschland, Altenberg 1999.

Ministerium des Inneren, für Digitalisierung und Kommunen Baden-Württemberg, Verfassungsschutzbericht 2021, online unter: https://www.verfassungsschutz-bw.de/site/pbs-bw-lfv-root/get/documents_E1602656720/IV.Dachmandant/Datenquelle/PDF/2022_Aktuell/Verfassungsschutzbericht%20Baden-W%C3%BCrttemberg%20 2021.pdf [Zugriff: 10.08.2022].

Nagel, Alexander-Kenneth – El-Menouar, Yasemin, Engagement für Geflüchtete – eine Sache des Glaubens? Die Rolle der Religion für die Flüchtlingshilfe, Gütersloh 2017, online abrufbar unter: https://www.bertelsmann-stiftung.de/de/publikationen/publikation/did/engagement-fuer-gefluechtete-eine-sache-des-glaubens [Zugriff: 24.06.2022].

Ostwaldt, Jens, Islamische und migrantische Vereine in der Extremismusprävention. Erfahrungen, Herausforderungen und Perspektiven, Frankfurt/M. 2020.

Pfündel, Katrin – Stichs, Anja – Tanis, Kerstin, Muslimisches Leben in Deutschland 2020. Studie im Auftrag der Deutschen Islam Konferenz, Nürnberg 2021, online unter: https://www.bamf.de/SharedDocs/Anlagen/DE/Forschung/Forschungsberichte/fb38-muslimisches-leben.html [Zugriff: 16.08.2022].

Rohe, Mathias, Der Islam in Deutschland. Eine Bestandsaufnahme, München ²2018.

Schiffauer, Werner, Nach dem Islamismus. Die Islamische Gemeinschaft Milli Görüş. Eine Ethnographie, Berlin 2010.

Schmid, Hansjörg – Akca, Ayşe Almıla – Barwig, Klaus, Gesellschaft gemeinsam gestalten. Islamische Vereinigungen als Partner in Baden-Württemberg, Baden-Baden 2008. (Das Buch ist bereits vergriffen, steht aber als Online-Publikation zur Verfügung: http://www.akademie-rs.de/fileadmin/user_upload/image_archive/buecher/pdf/20120229gesellschaftgemeinsamgestalten.pdf [Zugriff: 10.01.2022]).

Schmidinger, Thomas, ›Legalistischer Islamismus‹ als Herausforderung für die Prävention. Was tun, wenn Gewalt nicht das Problem ist?, Bundeszentrale für politische Bildung 2020, online unter: https://www.bpb.de/themen/infodienst/322922/legalistischer-islamismus-als-herausforderung-fuer-die-praevention/ [Zugriff: 12.08.2022].

Schmitt, Thomas – Klein, Jonas, Moscheen – islamische Sakralbauten in Deutschland, Leibniz Institut für Länderkunde 2019, online unter: http://aktuell.nationalatlas.de/moscheen-6_09-2019-0-html/ [Zugriff: 13.06.2022].

Schneiders, Thorsten Gerald (Hg.), Salafismus in Deutschland. Ursprünge und Gefahren einer islamistisch-fundamentalistischen Bewegung, Bielefeld 2014.

Seidensticker, Tilman, Islamismus. Geschichte, Vordenker, Organisationen, München ⁴2016.

Sökefeld, Martin (Hg.), Aleviten in Deutschland. Identitätsprozesse einer Religionsgemeinschaft in der Diaspora, Bielefeld 2008.

Volm, Florian, Die Gülen-Bewegung im Spiegel von Selbstdarstellung und Fremdrezeption. Eine textuelle Performanzanalyse der Schriften der BefürworterInnen (Innenperspektive) und KritikerInnen (Außenperspektive), Baden-Baden 2018.

Wunn, Ina (unter auszugsweiser Mitarbeit von Brigitte Mitzkat), Der Verband islamischer Kulturzentren VIKZ, in Wunn, Ina et al., Muslimische Gruppierungen in Deutschland, Stuttgart 2007, S. 71–84.

Yaşar, Aysun, Die DİTİB zwischen der Türkei und Deutschland. Untersuchungen zur Türkisch-Islamischen Union der Anstalt für Religion e. V., Würzburg 2012.

Internetverweise

AABF – Alevitische Gemeinde Deutschland: https://alevi.com/aru/ [Zugriff: 18.08.2022].

AABF – Alevitische Gemeinde Deutschland: https://alevi.com/ueber-uns/ [Zugriff: 18.08.2022].

AABF – Alevitische Gemeinde Deutschland: https://alevi.com/wp-content/uploads /2020/12/Erkl%C3%A4rung-Kd%C3%96R-10_12_2020.pdf [Zugriff: 18.08.2022].

Akademie der Diözese Rottenburg-Stuttgart: https://www.akademie-rs.de/programm/ meldungen/einzelansicht/news/ramadan-in-zeiten-von-corona [Zugriff: 04.04.2022].

Akademie der Diözese Rottenburg-Stuttgart: https://www.akademie-rs.de/programm/ meldungen/einzelansicht/news/islamberatung-an-der-hochschule-kehl [Zugriff: 23.03.2022].

Akademie der Diözese Rottenburg-Stuttgart: https://www.akademie-rs.de/programm/ meldungen/einzelansicht/news/junges-muslimisches-engagement-foerdern [Zugriff: 13.04.2022].

Akademie der Diözese Rottenburg-Stuttgart: https://www.akademie-rs.de/programm/ meldungen/einzelansicht/news/islam-beratung-ist-ein-grosser-erfolg [Zugriff: 08.04.2022].

Akademie der Diözese Rottenburg-Stuttgart: https://www.akademie-rs.de/programm/ meldungen/einzelansicht/news/religionen-als-partnerinnen-im-raum [Zugriff: 14.07.2022].

Akademie der Diözese Rottenburg-Stuttgart: https://www.akademie-rs.de/projekte/ handreichung-islamberatung [Zugriff: 28.04.2022].

Akademie der Diözese Rottenburg-Stuttgart: https://www.akademie-rs.de/projekte/islam-im-plural [Zugriff: 11.01.2022].

Akademie der Diözese Rottenburg-Stuttgart: https://www.akademie-rs.de/themen/ themenuebersicht/aktuell/junge-muslime-als-partner [Zugriff: 10.01.2022].

Akademie der Diözese Rottenburg-Stuttgart: https://www.akademie-rs.de/themen/ themenuebersicht/aktuell/medienecho-islam-beratung/ [Zugriff: 16.03.2022].

Akademie der Diözese Rottenburg-Stuttgart: https://www.akademie-rs.de/themen/ the menuebersicht/aktuell/moscheen-und-moscheebaukonflikte [Zugriff: 16.03. 2022].

Akademie der Diözese Rottenburg-Stuttgart: https://www.akademie-rs.de/themen/ themenuebersicht/aktuell/positives-fazit-nach-knapp-fuenf-jahren-islam-beratung [Zugriff: 23.03.2022].

Akademie der Diözese Rottenburg-Stuttgart: https://www.akademie-rs.de/vrueck_21938 [Zugriff: 24.06.2022].

Akademie der Diözese Rottenburg-Stuttgart: https://www.akademie-rs.de/programm/ meldungen/einzelansicht/news/wie-laesst-sich-das-islambild-in-den-medien-veraen dern [Zugriff: 29.07.2022].

Akademie der Diözese Rottenburg-Stuttgart: https://www.akademie-rs.de/programm/ meldungen/einzelansicht/news/julia-ley [Zugriff: 29.07.2022].

Akademie der Diözese Rottenburg-Stuttgart: https://www.akademie-rs.de/themen/ themenuebersicht/aktuell/salafismusislamismus [Zugriff: 08.08.2022].

Akademie der Diözese Rottenburg-Stuttgart: https://www.akademie-rs.de/fileadmin/ akademie-rs/redaktion/pdf/Fachbereiche/ISL/2020-11-13_Suedwest_Presse_DITIB. pdf [Zugriff: 15.08.2022].

Akademie der Diözese Rottenburg-Stuttgart: https://www.akademie-rs.de/programm/ meldungen/einzelansicht/news/islam-beratung-ist-ein-grosser-erfolg [Zugriff: 16.08.2022].

Akademie der Diözese Rottenburg-Stuttgart: https://www.akademie-rs.de/programm/ meldungen/einzelansicht/news/alevitische-theologie-ausbauen [Zugriff: 18.08.2022].

Akademie der Diözese Rottenburg-Stuttgart: https://www.akademie-rs.de/ahmadiyya [Zugriff: 27.09.2022].

AMJ – Ahmadiyya Muslim Jamaat Deutschland: https://ahmadiyya.de/home [Zugriff: 04.08.2022].

Arbeitsgemeinschaft der Evangelischen Jugend in Deutschland: https://www.aej.de/po-litik/zusammenleben-in-der-migrationsgesellschaft/im-tandem-vorankommen [Zu-griff: 14.04.2022].

Badische Zeitung: https://www.badische-zeitung.de/grosser-andrang-beim-fasten brechen--153214285.html?mode=in#downloadpaper [Zugriff: 05.07.2022].

Bund Alevitischer Gemeinden: https://alevitische-gemeinden.de/ [Zugriff: 18.08.2022].

Bund der Alevitischen Jugendlichen in Deutschland (BDAJ): https://www.bdaj.de/ [Zugriff: 14.04.2022].

Bund Muslimischer Pfadfinderinnen und Pfadfinder Deutschlands (BMPPD): https://muslimische-pfadfinder.de/ [Zugriff: 14.04.2022].

Christian Gehring, MdL: https://www.christian-gehring.de/aktuelles/oeffentliche-gebets rufe-durch-muezzins-von-moscheen/ [Zugriff: 11.04.2022].

CLAIM – Allianz gegen Islam- und Muslimfeindlichkeit: https://www.claim-allianz.de/ [Zugriff: 13.06.2022].

Der Paritätische Nordrhein-Westfalen: https://www.paritaet-nrw.org/soziale-arbeit/ projekte/qualifizierung-muslimischer-und-alevitischer-wohlfahrtspflege/ [Zugriff: 10.01.2022].

Deutsch Türkisches Journal: https://dtj-online.de/alevitische-gemeinde-erlangt-koerper schaftsstatus/ [Zugriff: 18.08.2022].

Deutsch Türkisches Journal: https://dtj-online.de/ditib-jugend-bdmj-ruecktritt/ [Zugriff: 19.04.2022].

Deutsche Islam Konferenz: https://www.deutsche-islam-konferenz.de/SharedDocs/Stan dardartikel/DE/Infothek/Archiv/beschneidung-grundlagen-inhalt.html [Zugriff: 19.04.2022].

Deutsche Welle: https://www.dw.com/de/ditib-wird-doch-nicht-geheimdienstlich-beobachtet/a-46654761 [Zugriff: 15.08.2022].

Deutscher Bundestag: https://dserver.bundestag.de/btd/17/112/1711295.pdf [Zugriff: 19.04.2022].

Deutschlandfunk: https://www.deutschlandfunk.de/alevitische-bestattung-sehnsucht-nach-der-reifen-seele-100.html [Zugriff: 06.05.2022].

Deutschlandfunk: https://www.deutschlandfunkkultur.de/gebetsrufe-koeln-moschee-beantragt-muezzin-ruf-100.html [Zugriff: 11.04.2022].

Diözese Rottenburg-Stuttgart: https://glaubensfragen-oekumene.drs.de/interreligioeser-dialog/schwerpunkt-islam.html [Zugriff: 13.06.2022].

Domradio.de: https://www.domradio.de/themen/islam-und-kirche/2020-05-01/und-ploetzlich-gruesst-der-muezzin-corona-zeiten-ertoent-vielen-orten-der-gebetsruf-lautsprecher [Zugriff: 18.01.2022].

Fachstelle Extremismusdistanzierung (FEX): https://fexbw.de/ [Zugriff: 14.04.2022].

Hessisches Kultusministerium: https://kultusministerium.hessen.de/presse/nach-der-entscheidung-des-verwaltungsgerichtshofs [Zugriff: 15.08.2022].

IGBD – Islamische Gemeinschaft der Bosniaken in Deutschland: http://igbd.org/ [Zugriff: 04.08.2022].

IGMG - Islamische Gemeinschaft Millî Görüş: https://www.igmg.org/selbstdarstellung/ [Zugriff: 11.08.2022].

Initiative Gesundheit und Arbeit (iga): https://www.iga-info.de/fileadmin/redakteur/ Veroeffentlichungen/iga_Wegweiser/Dokumente/iga-Broschuere-Ramadan_Arbei-ten.pdf [Zugriff: 03.08.2022].

Islamberatung in Bayern: https://www.islamberatung-bayern.de/ [Zugriff: 08.02.2022].

JUMA Baden-Württemberg: https://www.juma-ev.de/juma/juma-bawue/ [Zugriff: 14.04.2022].

Kompetenznetzwerk Islam- und Muslimfeindlichkeit: https://kompetenznetzwerk-imf. de/ueber-das-kompetenznetzwerk/wer-wir-sind/ [Zugriff: 14.04.2022].

Konex - Kompetenzzentrum gegen Extremismus in Baden-Württemberg: https://www. konex-bw.de/ [Zugriff: 10.08.2022].

Konrad-Adenauer-Stiftung: https://www.kas.de/de/veranstaltungsberichte/detail/-/ content/dialog-mit-dem-schwarzbrotminister- [Zugriff: 09.05.2022].

Landesrecht BW: https://www.landesrecht-bw.de/jportal/?quelle=jlink&query=Bestatt G+BW&psml=bsbawueprod.psml&max=true&aiz=true [Zugriff: 28.04.2022].

Ludwigsburger Kreiszeitung: https://www.lkz.de/lokales/stadt-ludwigsburg_artikel,-das-groesste-fastenbrechen-europas-findet-hier-statt-_arid,481763.html [Zugriff: 04.07. 2022].

Ludwigsburger Kreiszeitung: https://www.lkz.de/lokales/stadt-ludwigsburg_artikel,-religionen-und-ihre-bestattungskultur-_arid,598670.html [Zugriff: 29.04.2022].

Media Tenor: http://de.mediatenor.com/de/bibliothek/newsletter/1100/das-medienbild-zum-islam-treibt-die-angst-bedford-strohm-und-papst-franziskus-setzen-positive-aktzente-fuer-ihre-kirchen [Zugriff: 29.07.2022].

Mediendienst Integration: https://mediendienst-integration.de/gruppen/islam-und-muslime.html [Zugriff: 13.06.2022].

Ministerium für Bildung Rheinland-Pfalz: https://eltern.bildung-rp.de/fileadmin/user_up load/eltern.bildung-rp.de/Flyer_Muslimische_Kinder_und_Jugendliche_in_der_Schule.pdf [Zugriff: 03.08.2022].

Ministerium für Bildung, Wissenschaft und Kultur Mecklenburg-Vorpommern: https://www.bildung-mv.de/export/sites/bildungsserver/downloads/schule/Ramadan_Brief_Schuljahr_2021_2022.pdf [Zugriff: 03.08.2022].

Ministerium für Soziales, Gesundheit und Integration Baden-Württemberg: https://sozialministerium.baden-wuerttemberg.de/de/integration/runder-tisch-der-religio nen/ [Zugriff: 28.04.2022].

Ministerium für Soziales, Gesundheit und Integration Baden-Württemberg: https://sozialministerium.baden-wuerttemberg.de/fileadmin/redaktion/m-sm/intern/downloads/Downloads_Runder-Tisch-Religionen/Leitfaden_Rat_der_Religionen_Sozialministerium_BW_Stiftung_Weltethos.pdf [Zugriff: 14.07.2022].

Muslimisches Jugendwerk: https://muslimisches-jugendwerk.de/ [Zugriff: 19.04.2022].

Netzwerk Unternehmen integrieren Flüchtlinge: https://www.unternehmen-integrieren-fluechtlinge.de/wegweiser/ten-waehrend-des-ramadan/ [Zugriff: 03.08.2022].

Pädagogische Hochschule Weingarten: https://alevitische-theologie.ph-weingarten.de/das-fach/aktuelle-informationen [Zugriffe: 19.08.2022].

Qantara.de: https://de.qantara.de/content/ramadan-vs-europameisterschaft-die-fussball-em-im-islamischen-fastenmonat [Zugriff: 01.07.2022].

RBB – Rundfunk Berlin-Brandenburg: https://www.presseportal.de/pm/51580/3634522 [Zugriff: 19.04.2022].

Reutlinger Generalanzeiger: https://www.gea.de/reutlingen_artikel,-fastenbrechen-auf-reutlinger-marktplatz-_arid,5374233.html [Zugriff: 05.07.2022].

Reutlinger Generalanzeiger: https://www.gea.de/reutlingen_artikel,-muslime-feiern-fastenbrechen-auf-dem-marktplatz-_arid,4874828.html [Zugriff: 05.07.2022].

Robert Bosch Stiftung: https://www.bosch-stiftung.de/de/news/forum-fluechtlinge-im-schloss-bellevue-integration-ermoeglichen-zusammenhalt-staerken [Zugriff: 09.05. 2022].

Robert Bosch Stiftung: https://www.bosch-stiftung.de/de/publikation/musliminnen-und-muslime-laendlichen-raeumen-sachsen-sachsen-anhalt-und-thueringen [Zugriff: 01.06.2022].

RTF.1: https://www.rtf1.de/mediathek.php?id=9346 [Zugriff: 05.07.2022].

Schwäbisch Gmünd: https://www.schwaebisch-gmuend.de/pressedetails/gemeinsames-oeffentliches-fastenbrechen.html [Zugriff: 04.07.2022].

Schwäbisch Gmünd: https://www.schwaebisch-gmuend.de/pressedetails/pressemel dung25208.html [Zugriff: 04.07.2022].

Schwäbische Zeitung: https://www.schwaebische.de/landkreis/landkreis-tuttlingen/tuttlingen_artikel,-tuttlinger-dekane-beklagen-kontaktverlust-zu-ditib-_arid,11026262.html [Zugriff: 09.04.2022].

Schwarzwälder Bote: https://www.schwarzwaelder-bote.de/inhalt.rottenburg-appell-an-religioese-toleranz.53a3b4d8-a396-48dc-8f64-c2b14a194344.html [Zugriff: 18.01. 2022].

Shems – Sozialnetzwerk europäischer Sufis: http://www.shems.org/ [Zugriff: 04.08.2022].

SPD-Regionalzentrum Stuttgart: https://www.spd-rz-stuttgart.de/meldungen/bestat tungsgesetz-beerdigung-in-tuechern-kuenftig-moeglich/ [Zugriff: 28.04.2022].

Staatsministerium Baden-Württemberg: https://www.baden-wuerttemberg.de/de/service/presse/pressemitteilung/pid/iftar-empfang-anlaesslich-des-muslimischen-fastenbre chens-im-ramadan-1/ [Zugriff: 09.05.2022].

Staatsministerium Baden-Württemberg: https://www.baden-wuerttemberg.de/de/service/presse-pressemitteilung/pid/landesregierung-ruft-runden-tisch-islam-ins-leben/ [Zugriff: 28.04.2022].

Stiftung Dialog und Bildung: https://sdub.de/ [Zugriff: 19.08.2022].

Stiftung Dialog und Bildung: https://sdub.de/transparenz/ [Zugriff: 19.08.2022].

Stiftung Sunnitischer Schulrat: https://sunnitischer-schulrat.de/ [Zugriff: 15.08.2022].

Stiftung Weltethos: https://www.weltethos.org/wp-content/uploads/2022/09/Abschluss broschu%CC%88re_Lokale-Ra%CC%88te-der-Religionen_2021.pdf [Zugriff: 14.07. 2022].

Stuttgarter Nachrichten: https://www.stuttgarter-nachrichten.de/inhalt.guelen-schule-in-ludwigsburg-tuerkeikonflikt-schule-muss-schliessen.54237107-c2bc-4c2a-919c-1d1484e307c0.html [Zugriff: 19.08.2022].

Stuttgarter Zeitung: https://www.stuttgarter-zeitung.de/inhalt.erste-moschee-im-land-halbmond-am-ortsrand.8531e424-116a-4ce2-be85-78d7ed78b744.html [Zugriff: 07.04.2022].

Stuttgarter Zeitung: https://www.stuttgarter-zeitung.de/inhalt.islamunterricht-islam unterricht-ohne-ditib.6b579a09-9ec8-44b0-99b2-cfdbd6a84b24.html [Zugriff: 15.08.2022].

Sufi-Zentrum Rabbaniyya: http://sufi-zentrum-rabbaniyya.de/ [Zugriff: 04.08.2022].

SWR – Südwestrundfunk: https://www.swr.de/swraktuell/radio/islam-in-deutsch land-100.html [Zugriff: 29.07.2022].

Tageschau: https://www.tagesschau.de/inland/mittendrin/mittendrin-grabschaendung-iserlohn-103.html [Zugriff: 06.05.2022].

Tageschau: https://www.tagesschau.de/investigativ/swr/guelen-bewegung-105.html [Zugriff: 19.08.2022].

Tagesspiegel: https://www.tagesspiegel.de/berlin/senat-prueft-gleichstellung-mit-christ lichen-kirchen-berlin-will-alevitische-gemeinde-offiziell-als-religionsgemeinschaft-anerkennen/27637598.html [Zugriff: 18.08.2022].

Tagesspiegel: https://www.tagesspiegel.de/politik/moscheeverband-verfassungsschutz-prueft-beobachtung-von-ditib/23096228.html [Zugriff: 15.08.2022].

Tagesspiegel: https://www.tagesspiegel.de/politik/verfassungsschutz-milli-goerues-koennte-aus-der-beobachtung-herausfallen/11990882.html [Zugriff: 11.08.2022].

Turuq: https://turuq.org/ [Zugriff: 10.08.2022].

Tuttlingen: https://www.tuttlingen.de/de/Die-Stadt/Tuttlingen-aktuell/Pressemitteilun gen/Pressemitteilung?id=9643 [Zugriff: 09.04.2022].

UIAZD – Union der Islamisch Albanischen Zentren in Deutschland: https://www.uiazd. de/sq/uber-uns/ [Zugriff: 04.08.2022].

Universität Hamburg: https://www.gw.uni-hamburg.de/studium/studiengaenge/aleviti sche-religion.html [Zugriffe: 19.08.2022].

VIKZ – Verband der Islamischen Kulturzentren Landesverband Baden-Württemberg: https://bw.vikz.de/de/ [Zugriff: 16.08.2022].

VIKZ – Verband der Islamischen Kulturzentren: https://www.vikz.de/de/ [Zugriff: 16.08.2022].

Wegberater: https://wegberater.freiburg.de/pb/1366578.html [Zugriff: 10.08.2022].

Welt: https://www.welt.de/regionales/nrw/article240229177/Erster-Muezzin-Ruf-in-Koeln-weiter-nicht-abzusehen.html [Zugriff: 23.08.2022].

YouTube: https://www.youtube.com/watch?v=xeekJhfOP1g [Zugriff: 10.08.2022].

ZDF: https://www.zdf.de/kultur/forum-am-freitag [Zugriff: 29.07.2022].

ZDF: https://www.zdf.de/kultur/forum-am-freitag/forum-am-freitag-vom-11-mai-2018 -100.html [Zugriff: 16.03.2022].

ZDF: https://www.zdf.de/kultur/forum-am-freitag/forum-am-freitag-vom-21-septem ber-2018-100.html [Zugriff: 29.04.2022].

ZDF: https://www.zdf.de/nachrichten/panorama/islam-oeffentlicher-gebetsruf-koeln-debatte-100.html [Zugriff: 11.04.2022].

Zeit Online: https://www.zeit.de/politik/deutschland/2021-07/guelen-bewegung-deutschland-tuerkei-putsch-demokratie-menschenrechte-tayyip-erdogan/komplett ansicht [Zugriff: 19.08.2022].

Zentralrat der Juden in Deutschland: https://www.zentralratderjuden.de/judentum/riten-und-gebraeuche/geburt-und-beschneidung-der-beginn-des-lebens/ [Zugriff: 19.04. 2022].

Zentralrat der Muslime in Deutschland: https://zentralrat.de/16130.php [Zugriff: 01.07.2022].